山东省美丽乡村建设标准化实践

安洁　孟露露　张杰　王爽　吴菁　编著

山东大学出版社

前　言

党中央始终把解决好农业、农村、农民问题作为全党工作的重中之重。加强农村生态文明建设，改善人居环境，建设美丽乡村已多次被写入党中央和国务院的重要文件中。2012 年 11 月 8 日，党的十八大召开，首次提出了努力建设美丽中国的任务和目标。美丽中国的建设重点和难点在于农村。2013 年，中央一号文件提出要推进农村生态文明建设，努力建设美丽乡村。

美丽乡村建设，是生态文明建设、美丽中国建设的重要组成部分，是中共山东省委、省政府作出的重大决策部署。2011 年 5 月，中共山东省委、省政府在蒙阴县召开全省生态文明乡村建设现场会议，并于 6 月出台了《关于加强生态文明乡村建设的意见》(鲁发[2011]10 号)，标志着山东省生态文明乡村建设正式启动，确立了“产业生态高效、环境优美宜居、生活文明健康”的总体思路，提出分三步走，到 2025 年基本建成生态文明乡村的奋斗目标。

标准化是美丽乡村建设的抓手和创新驱动力，山东省美丽乡村建设融合了生产美、生态美、生活美，坚持标准化理念，经历了一个认识不断深入、内涵不断深化的过程。2014 年，山东省人民政府办公厅印发了《关于推进“山东标准”建设的意见》(鲁政办发[2014]47 号)，提出推进生态文明乡村标准体系建设，落实《关于加强生态文明乡村建设的意见》(鲁发[2011]10 号)，总结生态文明乡村建设的先进典型和经验，加强农村社区建设公共管理服务体系、生态环境治理和人居环境改善等标准的制(修)订工作并组织实施，全面提升新农村和城乡一体化建设水平。

2014 年，山东省质监局下发了制定《美丽乡村建设规范》(DB37/T 2737)系列地方标准的通知。标准由山东省标准化研究院牵头组织起草，先后于 2015 年、2016 年正式发布实施。标准在编制过程中参考了国家标准的框架结构，分八个标准，从规划编制、基础设施与村容环境、产业发展、公共服务、乡风文明、村务管理与长效管理、评价规范、标准体系建设等八个方面，对国家标准提出的要素进行了细化，主要指标根据山东省实际情况进行了修改，多数指标和要求严于国家标准中的要求，并能够适应山东工作实际。《美丽乡村建设规范》系列地方标准的制定，将山东省美丽乡村的建设经验、成果进行了标准转化，总结规范了村庄建设过程中的规划编制、建设设计、资源配置等内容，提出了产业发展与乡村建设相协调的发展理念，并首次对乡风文明和村务管理提出了建设要求，为全省继续开展美丽乡村建设提供了可操作的工作指导，为进一步深化农村综合改革提供了发展目标与参考依据，也为“美丽山东”“生态山东”建设提供了重要的技术支撑。2016 年 8 月，中共山东省委、省政府专门出台了《关于推进美丽乡村标准化建设的意见》，强调推进美丽乡村标准化建设，以创新、协调、绿色、开放、共享的发展理念为引领，以全面建成美丽乡村为目标，以基础设施建设、公共服务提升、村容村貌整治为重点，对照《美丽乡村建设规范》(DB37/T 2737)，查漏补缺、精准建设，改造升级、规范管理，突出特色、分类施策，常抓不懈、持续推进，用标准化的理念推进美丽乡村建设，并且把美丽乡村覆盖率纳入 17 市经济社会发展综合考核。

为了便于大家学习理解《美丽乡村建设规范》(DB37/T 2737)系列地方标准，推进标准在山东省的有效实施，山东省标准化研究院组织编写了《山东省美丽乡村建设标准化实践》一书。全书由三篇组成：第一篇介绍了美丽乡村的科学内涵、美丽乡村标准化的内涵、美丽乡村的发展历程、全国及山东省的美丽乡村建设与标准情况；第二篇对系列标准的主要特点、主要内容进行了详细解读；第三篇介绍了山东省蓬莱市、威海市汪疃、滨州市狮子刘、济南市孝直、临沂市竹泉村、青岛市唐家庄等六个省级美丽乡村标准化试点和威海市梧桐庵、滨州市庄科李、菏泽市军屯等三个省级美丽乡村示范村的经验和成果。

本书的编写工作参考并引用了大量的相关学术文献和一线素材，力求理论与实践相结合，图文并茂，通俗易懂。尽管撰稿、审稿和编辑人员付出了辛勤劳动，但因水平有限，难免存在疏漏和不足之处，恳请广大读者不吝指正。

编者

2018 年 12 月

目 录

第一篇 美丽乡村与标准化

第二篇 《美丽乡村建设规范》系列标准解读

第三篇 山东省美丽乡村建设标准化实践(案例)

第一篇

美丽乡村与标准化

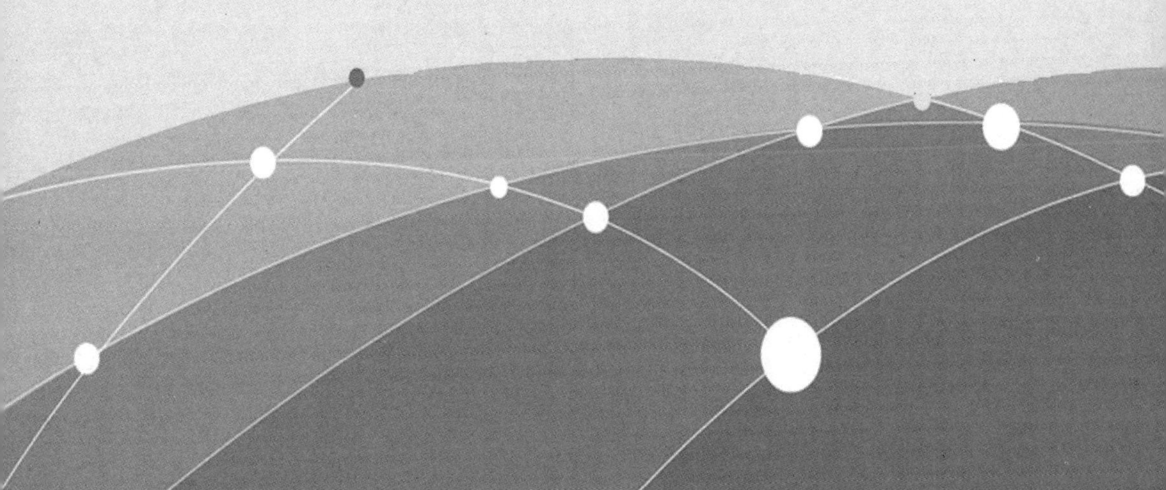

第一章　美丽乡村的科学内涵

第一节　国家标准对美丽乡村的定义

国家标准《美丽乡村建设指南》(GB/T 32000—2015)中，将“美丽乡村”定义为：“经济、政治、文化、社会和生态文明协调发展，规划科学、生产发展、生活宽裕、乡风文明、村容整洁、管理民主，宜居、宜业的可持续发展乡村(包括建制村和自然村)。”美丽乡村建设涵盖了五大内容体系：“乡村产业—农民生活—农村环境—乡村治理—乡村文化”，产业持续发展在美丽乡村建设中居于基础地位，农民生活舒适是美丽乡村建设的出发点和落脚点，生态环境良好是美丽乡村的基本要素，乡村文化繁荣是美丽乡村建设的重要内涵，吸引农民广泛参与的乡村治理机制是美丽乡村建设的内生动力，它们之间相互影响、相互支撑、相互促进，各方面因素协调发展。

美丽乡村建设是遵循可持续发展的理念，在有效的体制机制保障下，通过科学的规划布局，发挥农村特色产业的支撑作用，打造美丽的村容村貌，传承乡土中国的农业文明，改善农民的生活品质，完善乡村的社会管理，建成宜居、宜业的现代农村。

第二节　国家层面的美丽乡村内涵

党中央始终把解决好农业、农村、农民问题作为全党工作的重中之重。加强农村生态文明建设，改善人居环境，建设美丽乡村已多次被写入党中央和国务院的重要文件中。2012 年 11 月 8 日，党的十八大召开，明确提出要“把生态文明建设放在突出位置，融入经济建设、政治建设、文化建设、社会建设各方面和全过程，努力建设美丽中国，实现中华民族永续发展”。这是首次提出建设“美丽中国”的任务和目标。“美丽中国”建设是经济、政治、文化、社会、生态建设全程综合推进的一个过程，其工作的重点、难点在农村，亮点是乡村之美。同时，“美丽乡村”也是“美丽中国”在现实中扎实落地的基本支柱。2013 年，中央一号文件提出要推进农村生态文明建设，努力建设美丽乡村。2015 年，中央一号文件更加明确提出“中国要美，农村必须美”的工作要求，重点加大农村基础设施建设力度，提升农村公共服务水平，全面推进农村人居环境整治。

“美丽乡村”虽然是 2013 年才开始提出的新词汇，但其与我国新农村建设密不可分。它是顺应社会发展趋势的升级版的新农村建设，既秉承和发展了新农村建设“生产发展、生活宽裕、乡风文明、村容整洁、管理民主”的宗旨思路，延续和完善了相关的方针政策，又丰富和充实了其内涵实质，顺应和深化了对自然客观规律、市场经济规律、社会发展规律的认识和遵循。与之前某些省份进行的村庄整治提升工程相比，美丽乡村建设不仅仅关注于村容环境整治、优化人居环境，而且还更加注重生态环境资源的有效利用、更加关注人与自然的和谐相处、更加关注农业发展方式转变和农业功能多样性发展、更加关注农村可持续发展和保护传承农业文明，全面推动农村生态产业发展和生态文明建设，推动发展生态农业、低碳农业、绿色农业，构建与资源环境相协调的农村生产生活方式。与国家级生态村建设相比，美丽乡村建设更加注重“生活美好、人文和谐”的和谐社会建设，注重农村公共服务设施建设和农村社会管理，注重文化传承和乡风文明，丰富农村文化生活。

从党的十六届五中全会提出的“生产发展、生活宽裕、乡风文明、村容整洁、管理民主”的具体要求，扎实稳步推进社会主义新农村建设，到首次提及“美丽乡村”时提出的加强农村生态建设、环境保护和综合整治工作，努力建设美丽乡村的工作部署，再到农业部制定的“产业发展、生活舒适、民生和谐、文化传承、支撑保障”的具体目标，把建设美丽乡村、改善农村生态环境作为重点工作，可以看出，中国社会主义新农村建设必须统筹经济和社会的全面发展，美丽乡村建设应包含农业产业发展、人居环境改善、生态文化传承、村风文明建设和村务民主管理等多个方面。

为深入贯彻党的十八大精神，落实 2013 年中央一号文件关于推进农村生态文明、建设美丽乡村的要求，农业部办公厅发布《关于开展“美丽乡村”创建活动的意见》(农办科[2013]10 号)，提出按照“以人为本、强化主体，生态优先、科学发展，规划先行、因地制宜，典型引路、整体推进”的基本原则，组织开展“美丽乡村”创建活动。

生产、生活、生态“三生”和谐发展是农业部“美丽乡村”创建活动的总要求。农业部科技教育司唐珂司长在《推进升级版的新农村建设》中，从生产、生活与生态之间的关系视角指出“美丽乡村”是一个完整的概念，并用“四个美”简洁概括

“美丽乡村”，即“产业美、环境美、生活美、人文美”。“产业美”，即产业特色明显、产品优质安全、资源生态和谐；“环境美”，即布局规划合理、基础设施完善、人与环境和谐相处；“生活美”，即物质生活宽裕、社会保障有力、邻里亲朋和谐；“人文美”，即乡风朴实文明、地方文化鲜明、皆与传统和谐。其中，“生产美”是前提，“环境美”是特征，“生活美”是目的，“人文美”是灵魂。由此可见，美丽乡村是“生态宜居、生产高效、生活美好、人文和谐”的典范，是让农村人乐享其中，让城市人心驰神往的所在。

2018 年，中央一号文件指出，实施乡村振兴战略，提高农村民生保障水平，塑造美丽乡村新风貌。习近平总书记参加十三届全国人大一次会议山东代表团审议时，就实施乡村振兴战略特别是推动产业振兴、人才振兴、文化振兴、生态振兴、组织振兴和乡村振兴健康有序进行作出重要指示，要求山东充分发挥农业大省优势，打造乡村振兴的齐鲁样板，为山东省做好乡村振兴工作指明了前进方向，提供了根本遵循，注入了强大动力。中共山东省委、省政府为深入贯彻党的十九大和十九届二中、三中全会精神，坚决落实习近平总书记对新时代山东工作的总要求以及关于实施乡村振兴战略的重要指示，根据《中共中央　国务院关于实施乡村振兴战略的意见》和《中共山东省委、山东省人民政府关于贯彻落实中央决策部署实施乡村振兴战略的意见》，特编制《山东省乡村振兴战略规划(2018～2022 年)》。乡村振兴战略以及各种重要举措，为美丽乡村建设勾勒出了美丽中国新画卷，新时代的美丽乡村，从生产发展到产业兴旺，新气象的美丽乡村，从村容整洁到生态宜居，新作为的美丽乡村，从管理民主到治理有效，并带领农民一步步地走向生活富裕。

第三节　各地对美丽乡村的实践理解

从全国范围来看，各省(自治区)也根据自身的基础条件、地理文化、资源禀赋和发展模式等情况，积极开展美丽乡村的创建和试点工作，纷纷出台了行动计划或建设规划。各省(自治区)对美丽乡村的内涵尚无统一界定，但各有侧重，各具特色。一些地区在美丽乡村建设实践中探索形成了独特的发展模式，成为其他地区参考的典范，如安吉模式、湖州模式、临安模式、宁国模式等。各省(自治区)对美丽乡村的实践理解均紧紧围绕十六届三中全会提出的社会主义新农村建设二十字方针，即“生产发展、生活富裕、乡风文明、村容整洁、管理民主”，并在此基础上有所扩展或提升，如表 1-1 所示。

表 1-1　　各省(自治区)对美丽乡村内涵的实践理解

省(自治区)	主题	实践解析	来源
浙江	美丽乡村	科学规划布局美、村容整洁环境美、创业增收生活美、乡风文明身心美	《浙江省美丽乡村建设行动计划(2011～2015)》(浙委办[2010]141号)
安徽	美好乡村	生态宜居村庄美、兴业富民生活美、文明和谐乡风美	《安徽省美好乡村建设规划(2012～2020年)》(皖政[2012]97号)
贵州	四在农家·美丽乡村	富在农家增收入、学在农家长智慧、乐在农家爽精神、美在农家展新貌	《贵州省"四在农家·美丽乡村"基础设施建设六项行动计划》(黔府发[2013]26号)
广西	美丽广西·清洁乡村	村庄秀美、环境优美、生活甜美、社会和美	《广西壮族自治区美丽乡村建设试点实施方案》(桂农改办[2013]21号)
福建	美丽乡村	布局美、环境美、建筑美、生活美	《关于推进美丽乡村建设的指导意见》(闽宜居指办[2014]4号)
云南	美丽乡村	秀美之村、富裕之村、魅力之村、幸福之村、活力之村	《关于推进美丽乡村建设的若干意见》(云发[2014]13号)
吉林	美丽乡村	科学规划布局美、村容整洁环境美、创业增收生活美、乡风文明身心美、可持续发展生态美	《关于开展美丽乡村创建示范活动的方案》(吉新农村领导小组[2015]5号)
山东	生态文明乡村(美丽乡村)	规划科学、村容整洁、生产发展、乡风文明、管理民主,且宜居、宜业的可持续发展的乡村	《生态文明乡村(美丽乡村)建设规范》系列标准(DB37/T 2737—2015)

第四节　美丽乡村建设的主要内容

2008年,浙江安吉县在全国率先提出建设"中国美丽乡村"。"十一五"期间,全国多地按十六届五中全会的要求,纷纷制定社会主义新农村建设行动计划并付之行动,取得了一定的成效。这是美丽乡村的前期建设基础。自2013年开始,财政部和农业部在全国启动美丽乡村建设试点。浙江、安徽、福建、广西等试点的开展,为我国新农村建设开辟了一条新的途径。尽管各地在自然资源禀赋、社会经济发展水平、产业发展特点以及民俗文化传承等方面存在差异，但我国农耕文化源远流长，一脉相承，至今仍渗透在农村社会生活的方方面面。各地在美丽乡村建设中，均注重在农业生产、基础设施建设以及精神文明建设方面的内容，并将生活条件的改善与产业发展、生态环境保护并重。

一、综合整治村容村貌，改善农村人居环境

近年来，我国由于农村生活污染、面源污染以及工业污染、城市污染向农村转移造成的农业污染日益严重，农村环境质量明显下降，严重影响了农业生产发展和人民生命安全，加剧了社会矛盾。在各地开展的美丽乡村建设活动中，农村环境综合整治都是一项不可或缺的任务。首先，从各地推行"三清四改四通五化"等村镇环境综合整治措施，再到山东省提出农村"七改"，均体现了对农村基础设施建设的重视。农村环境整治往往面临耗时长、耗资大、困难重的难题，集中各处力量与时间进行集中整治、进行多渠道融资、制定标准规范等长效保持机制、树立典型等手段是有效的整治措施。其次，各地根据当地风土民情，因地制宜地开展特色乡村风貌建设，是建设美丽乡村的一大亮点。特色乡村建设主要分为两类。一是以农村自然田园风光为特色的美丽乡村。这类乡村建设重在突出自身田园、山野、溪流等特色资源，如浙江安吉县山区、半山区、丘陵地区的美丽乡村建设模式，江西婺源县世界濒危珍稀保护区模式，浙江省义乌市十里桃花坞模式等。二是以历史文化传承为特色的美丽乡村。这类乡村注重发掘和保护古村落、古民居、古建筑、古树名木和民俗文化等历史文化遗迹，将传统文明和现代文明进行有机结合，历史文化底蕴深厚，如山东临沂沂水县沂蒙风情红色文化村居、浙江温州市永嘉县温州文化创意村居等。

二、鼓励发展特色产业，带动乡村产业发展

特色产业类型主要包括以下几类：一是现代高效农业型美丽乡村。这类乡村一般同国家级、省级现代农业示范区建设相结合，农产品商品化率和农业机械化水平高，主导产业体现了当地农产品生产优势与特色，注重科技、生态、高效和低碳相结合的现代高效农业发展，能够实现农业规模化、产业化经营。二是休闲农业型美丽乡村。这类乡村以生态农业和休闲农业结合为主，围绕种植、养殖、旅游、观光、餐饮、休闲等活动，将农产品生产、观光旅游、文化传承和科普教育等内容融入休闲旅游产业发展中来，主要类型有农家乐、农业观光园、观赏林业和采摘林业、休闲体验渔业、农村主题社区等，农民可以实现就地就近创业就业。三是城乡结合产业型美丽乡村。这类乡村一般位于城市近郊的乡村，是城市基本农副产品的生产供给地，不仅保障了大城市粮食副食品供应稳定与安全，而且还是统筹城乡发展的重要途径。

三、健全公共服务体系，提高公共服务水平

国家基本公共服务体系“十二五”规划纲要将建立健全农村基本公共服务体系摆在了优先位置。不管是进行老村整治的建制村，还是合村并建的新型农村社区，均较以往更注重养老院、中小学、文体场馆等公共服务设施建设。同时，由于新型农村社区在资源、资金、人力等条件上具有优越性，往往公共服务设施更为完善，公共服务水平也更高。例如，山东平阴孝直镇和圣苑社区在建设时，专门研制了和圣苑美丽乡村信息服务平台，不仅能实现信息传送、远程教育等功能，而且还集成了社区计生、卫生、工商、民政、安保等服务，居民足不出户即可办理业务；山东齐河县南北社区则更注重服务水平的提高，社区通过建设国家服务业标准化试点，有效地提高了社区公共服务质量和社区居民的满意度。

四、推进乡风文明建设，促进乡风文明和谐

在建设乡风文明的过程中，通过与当地产业科技应用、环境卫生整治、文体活动、村规民约等形式的结合，能够将科技、文化、卫生和道德约束等精神文明建设的内容一点一滴地逐渐深入农民心中，例如浙江江山开展的“五村联创”活动。同时，随着2010年环保部国家级生态乡镇项目的推行，生态文明的理念逐渐融入农村经济社会发展规划布局中，深入农民思想理念中，使农民愿意积极主动考虑农村环境保护和生态建设，促进农村生产、生活方式的转变。民俗文化是乡村宝贵的非物质文化遗产，美丽乡村乡风文明建设更加注重农村传统耕读文化、孝德文化以及表演、手工艺、民俗活动等传统民俗文化的存留与传承，通过将当地传统民俗文化与休闲旅游产业相结合来推动美丽乡村建设，例如浙江陶山镇荣祥村“农耕文化博物馆”、永嘉县楠溪江文化园等。

五、创新农村管理机制，鼓励实施长效管理

美丽乡村建设在管理模式方面，一般采用政府主导、社会参与的形式，建立健全农村基层组织，尤其是农村自治组织，调动广大群众的积极性和主动性，形成自上而下的组织体系，例如永嘉县“九联系”制度、广西村屯自治管理组织。在具体执行方面，提倡在村风民俗、村内治安、公共卫生等领域形成村规民约。例如在环境整治方面，建立长效管理机制，实施分类考核评价细则；在村务管理方面，健全村民自治制度，实行村务公开和民主管理，如“民主恳谈”“四议两公开”“四权四制”和村务契约化管理等模式，都是自治制度的具体表现形式。

第二章　美丽乡村标准化的内涵

标准作为一种技术规则，是指为了在一定范围内获得最佳秩序，经协商一致制定并由公认机构批准，共同使用和重复使用的一种规范性文件。它具有权威、科学、技术、民主、系统和可操作性等特点，有着更为广泛的公众参与度和认同度，是规范人类社会生产和生活秩序的基石，也是提升公共服务和社会管理效能、促进产业发展、提高服务质量的重要技术手段。国家标准《标准化工作指南　第1部分：标准化和相关活动的通用术语》(GB/T 2000.1—2014)对“标准化”给出了如下定义：为了在既定范围内获得最佳秩序，促进共同效益，对现实问题或潜在问题确立共同使用和重复使用的条款以及编制、发布和应用文件的活动。从这个定义中可以看出，标准化不是一个孤立的事物，而是一个活动的过程，主要是制定标准、实施标准、进而修订标准的过程。标准化是一项有目的的活动，主要作用在于为了其预期目的改进产品、过程或服务的适用性，防止贸易壁垒，并促进技术合作。标准化活动是建立规范的活动，这些规范具有共同使用和重复使用的特征，并且为解决现存问题或潜在问题而建。

美丽乡村标准化是对社会生产和服务活动的技术要求进行统一规范的行为，包含三个主题词：社会生产、服务活动、技术要求。社会生产和服务活动达到规范的技术要求，这个行为叫作“标准化”。美丽乡村标准化建设就是围绕美丽乡村建设对象而开展的包括标准体系建设、标准化研究、标准制(修)订、标准宣贯实施、标准化试点等一系列在内的标准化活动。可以说，“美丽乡村”建设是方向，“标准化”建设是一种实现“美丽乡村”建设更快、更稳、更规范发展的手段，在有效保障美丽乡村规划更合理、建设高质量、管理高效率、维护可持续、服务有依据、评价更科学等方面具有独特的优势。由于各地经济、社会、生态等基础条件和发展模式的多样化和差异化，美丽乡村建设内容和标准化对象广泛，环节较多，要素丰富，涵盖基础设施、村容村貌、生产生活、公共服务、社会管理等各个方面。

美丽乡村建设是一项庞大的系统性综合工程，涉及经济、政治、文化、社会、生态文明建设的方方面面。从标准化的视角,探讨构建与我国经济社会发展水平相适应的美丽乡村标准体系,提出标准体系框架的构建原则、结构要素和形成路径等,对于美丽乡村工作具有重要的实践指导和参考意义。同时,引入和贯彻标准化的理念,实施标准化的手段和方法,将全国各地美丽乡村建设的经验、成果以标准形式固化下来,以作为可参考、可借鉴、可复制的样本,不断带动美丽乡村建设向广度和深度进发。

第三章　美丽乡村的发展历程

2005 年 10 月，党的十六届五中全会提出建设社会主义新农村的重大历史任务，提出了“生产发展、生活宽裕、乡风文明、村容整洁、管理民主”的具体要求。

2007 年 10 月，党的十七大顺利召开，会议提出“要统筹城乡发展，推进社会主义新农村建设”。

“十一五”期间，全国多地按十六届五中全会的要求，为加快社会主义新农村建设，努力实现生产发展、生活富裕、生态良好的目标，纷纷制定美丽乡村建设行动计划并付之行动，并取得了一定的成效。

2008 年，浙江省安吉县正式提出“中国美丽乡村”计划，出台《建设“中国美丽乡村”行动纲要》，提出利用 10 年左右时间，把安吉县打造成为中国最美丽的乡村。

2009～2013 年的中央一号文件连续五年提出加强农村基础设施的要求。

2012 年，国务院农村综合改革工作小组发布了《关于开展农村综合改革示范试点工作的通知》(国农改[2012]12 号)，提出开展以美丽乡村建设等十项主要改革重点的示范试点。

在 2013 年中央一号文件中，第一次提出了努力建设“美丽乡村”的奋斗目标，进一步加强农村生态建设、环境保护和综合整治工作，推进农村生态文明建设，创建生态文明示范县和示范村镇，开展宜居村镇建设综合技术集成示范。

为了进一步推动中国美丽乡村建设，2013 年 2 月，农业部发布《关于开展“美丽乡村”创建活动的意见》(农办科[2013]10 号)，将美丽乡村建设由地方行动升级为国家行动，并将“美丽乡村”目标及考核体系建设作为当前美丽乡村建设的重点工作。

2013 年 7 月 22 日，中共中央总书记、国家主席、中央军委主席习近平来到进行城乡一体化试点的鄂州市长港镇峒山村。他说：“实现城乡一体化，建设美丽乡村，是要给乡亲们造福，不要把钱花在不必要的事情上，比如说‘涂脂抹粉’，房子外面刷层白灰，一白遮百丑。不能大拆大建，特别是古村落要保护好。”

2013 年 7 月，财政部发布了《关于发挥一事一议财政奖补作用，推动美丽乡村建设试点的通知》(财农改[2013]3 号)，决定采取一事一议财政奖补方式在全国启动美丽乡村建设试点。

2013 年 11 月 5 日，国家标准化管理委员会和财政部联合发布国标委农联[2013]79 号文件，计划开展农村综合改革标准化试点工作。

2013 年 11 月 13 日，农办科[2013]7 号 64 号文件公布北京市韩村河村等 1100 个乡村为全国“美丽乡村”创建试点乡村。

2014 年，中央一号文件提出开展村庄人居环境整治，加大生态保护建设力度，通过建设美丽乡村，建设农民美好生活的要求。

2014 年 4 月，国家标准委和财政部批准开展农村综合改革标准化试点工作，在浙江、安徽、福建、广西、海南、重庆、贵州等 13 个省(自治区、直辖市)选择已开展美丽乡村建设工作的县(市、区)开展美丽乡村标准化试点。

2014 年 5 月 16 日，国务院办公厅印发《关于改善农村人居环境的指导意见》(国办发[2014]25 号)，提出要突出重点，在农村基础设施、生态环境等方面循序渐进地改善农村人居环境。此外，还要健全保护和完善机制。

2015 年，中央一号文件指出围绕城乡发展一体化，深入推进新农村建设；加大农村基础设施建设力度；全面推进农村人居环境整治；引导和鼓励社会资本投向农村建设，鼓励各地从实际出发开展美丽乡村创建示范；推进农村一、二、三产业融合发展。立足资源优势，以市场需求为导向，大力发展特色种养业、农产品加工业、农村服务业，扶持发展一村一品、一乡(县)一业，壮大县域经济，带动农民就业致富。积极开发农业多种功能，挖掘乡村生态休闲、旅游观光、文化教育价值。扶持建设一批具有历史、地域、民族特点的特色景观旅游村镇，打造形式多样、特色鲜明的乡村旅游休闲产品。

2015 年 5 月 5 日，中共中央、国务院印发了《关于加快推进生态文明建设的意见》，建设“美丽中国”自此有了纲领性文件。该意见提出新型工业化、城镇化、信息化、农业现代化、绿色化的“新五化”，诸多政策方针的提出都为美丽乡村的绿色发展给予了明确的指导方向，奠定了坚实的思想基础。作为“美丽中国”建设工作的重点和难点，“美丽乡村”建设成为我国在生态文明这一全人类发展命题中的主要发力点。

2016 年，中央一号文件指出要开展农村人居环境整治行动和美丽乡村建设，遵循乡村自身发展规律，实施农村生活垃圾治理五年专项行动，全面启动村庄绿化工程，开展生态乡村建设，加快农村生活污水治理和改厕，开展生态文明示范村镇建设，鼓励各地因地制宜地探索各具特色的美丽乡村建设模式。

2016 年 2 月 18 日，国家标准化管理委员会印发了《2016 年全国标准化工作要点》(国标委办[2016]7 号),要求围绕建制镇、美丽乡村、农村公共服务、农村产权交易和农业社会化服务等重点领域,加强农村综合改革方面标准研制,开展第二批农村综合改革标准化试点。

2017 年,中央一号文件指出要深入开展美丽宜居乡村建设。推进农村生活垃圾治理专项行动,实施农村新能源行动,并加快修订村庄和集镇规划建设管理条例,大力推进县域乡村建设规划编制工作。同时要深化农村公路管养体制改革,积极推进城乡交通运输一体化,实施农村饮水安全巩固提升工程和新一轮农村电网改造升级工程,完善农村危房改造政策,加强农村公共文化服务体系建设,支持重要农业文化遗产保护。

2018 年,中央一号文件提出要坚持把解决好“三农”问题作为全党工作重中之重,坚持农业、农村优先发展,按照产业兴旺、生态宜居、乡风文明、治理有效、生活富裕的总要求,建立健全城乡融合发展体制机制和政策体系,统筹推进农村经济建设、政治建设、文化建设、社会建设、生态文明建设和党的建设,加快推进乡村治理体系和治理能力现代化,加快推进农业农村现代化,走中国特色社会主义乡村振兴道路,让农业成为有奔头的产业,让农民成为有吸引力的职业,让农村成为安居乐业的美丽家园。

第四章　全国美丽乡村建设与标准化

第一节　美丽乡村建设的典型模式

2014年2月24日，在贵州省黔西南州兴义市举办的“第二届中国美丽乡村·万峰林峰会——美丽乡村建设国际研讨会”上，中国农业部科技教育司发布了中国“美丽乡村”十大创建模式，分别是产业发展型、生态保护型、城郊集约型、社会综治型、文化传承型、渔业开发型、草原牧场型、环境整治型、休闲旅游型、高效农业型模式。每种“美丽乡村”建设模式分别代表了某一类型乡村在各自自然资源禀赋、社会经济发展水平、产业发展特点以及民俗文化传承等条件下建设美丽乡村的成功路径和有益启示，为各地在建设“环境美”“生活美”“产业美”“人文美”的美丽乡村中提供有效借鉴。

一、产业发展型

产业发展是建设美丽乡村的重要支撑。在东部沿海等经济相对比较发达的地区，已经形成了以工业企业、农业特色产业及其他产业带动的美丽乡村发展模式，即产业发展型。其特点是主导产业优势和特色明显，规模化程度高，农民收入高，农民专业合作社、龙头企业发展基础好，产业化水平高，基本能够实现“一村一品”“一乡一业”，实现了农业生产集聚、农业产业规模经营、产业链条不断延伸，集体经济具有一定规模，产业带动效果明显。

产业发展型模式主要适用于我国东部沿海经济发达地区、大中城市能够辐射和带动的地区以及产业发展基础好的地区。该模式的规划路径是：初步构建美丽乡村旅游产业链，针对每一个乡村特色，以主导产业融合工业、农业等相关产业，衍伸文化创意、文化休闲等特色产业，加速产业带动效应。典型案例是江苏省张家港南丰镇永联村。永联曾被称为“华夏第一钢村”，村党委利用永钢集团的产业优势，创办劳动密集型企业，壮大经济实力，然后以工业反哺农业，强化农业产业化经营、土地集约化经营，成立永联苗木公司，将全村4700亩(约313公顷)可耕地全部实行流转，在获得巨大经济效益的同时，也带来了巨大的生态效益。在此基础上，永联村先后投入2.5亿元，积极发展以农业观光、农事体验、生态休闲、自然观光、农耕文化为主的休闲观光农业，大大提高了农民的收入水平。

二、生态保护型

生态保护型模式的特点是自然条件优越，资源环境优势明显，具有丰富的森林资源和水资源，具有传统的田园风光和乡村特色，把资源环境优势转变为经济优势的潜力大，能够实现经济、社会、环境效益的协调统一，适合发展农村生态旅游。

生态保护型模式主要适用于生态环境良好、环境污染少和自然风光较优美的地区。该模式的规划路径是：以优质生态环境为依托、以规模化单一的农业资源为基础、以泛旅游产业集群化为方向的区域生态农业旅游综合开发项目。典型案例是浙江省安吉县山川乡高家堂村。高家堂村区域面积7平方千米，其中山林9729亩(648.6公顷)、水田386亩(约25.7公顷)，是一个竹林资源丰富、自然环境保护良好的浙北山区村。高家堂以生态建设为载体，将自然生态与美丽乡村完美结合，围绕“生态立村—生态经济村”这一核心，在保护生态环境的基础上发展林业产业和生态休闲产业，建设高效毛竹林现代园区和世界银行毛竹林阔叶林树套种项目，建设兴林富民高效林业基地、有机竹笋生产关键技术推广应用示范林，成立竹笋专业合作社，流转全村3800多亩(约253.3公顷)毛竹林，极大地提高了林业单产。2011年，以仙龙湖水库为辐射点，高家堂村成立安吉蝶兰风情旅游公司，正式作为乡村经营主体对外运营。同时，建成的海博休闲山庄等项目使得高家堂村休闲产业得到不断发展。现如今，高家堂村以生态农业、生态旅游为特色的生态经济呈现良好的发展势头，开辟了一条集休闲、度假、观光、娱乐为一体的村庄经营可持续发展之路。全村已形成竹产业生态、生态型观光型高效竹林基地、竹林鸡规模养殖等。富有浓厚乡村气息的农家生态旅游等生态经济对财政的贡献率达到50%以上，成为经济增长支柱。

三、城郊集约型

城郊集约型模式的特点是区位优势明显，交通便捷，公共基础设施较为完善，经济效益好，农民收入水平相对较高，乡村种植、养殖等农业产业集约化、规模化经营水平高，实现了生产、加工、销售一体化经营，能够满足城市居民鲜活农产品供应，是大中城市重要的“菜篮子”基地。

城郊集约型模式主要适用于大中城市郊区的美丽乡村。该模式的规划路径是:在大都市的卫星乡镇及一二线城市周边,以科学种养殖、多产融合农业产业园、品质乡村旅游为导向,建设新型城镇化和新农村社区。典型案例是上海市松江区泖港镇。泖港镇地处上海市松江区南部、黄浦江南岸,是松江浦南地区三镇的中心,东北距上海市中心 50 千米,北距松江区中心 10 千米。该镇以创建高产田为抓手,大力发展环保农业;以"三净"(气净、水净、土净)品牌为优势,大力发展农副经济;以乡土民俗为核心,充分整合生态农业、生态食品、农业观光、农业养殖、村落文化、会务培训、疗养度假、农家餐饮等各类乡村旅游资源,发展生态旅游。此外,泖港镇还鼓励兴办家庭农场,自 2007 年起走上了以家庭农场为主要经营模式的农业发展道路,如今已基本实现了家庭农场的专业化、规模化经营。截至 2012 年上半年,泖港镇已有 20324 亩(约 1354.9 公顷)土地交由家庭农场经营,占全镇粮田面积的 87%。同时,乡村旅游已成为该镇农业经济新的增长点。据不完全统计,仅 2013 年就先后接待游客约 15 万人次,实现旅游总收入近 3000 万元,利润总额达 500 多万元,带动农副产品销售 1500 多万元,解决了 300 多名当地农民的就业问题。泖港镇成为了上海的"菜篮子""后花园",服务于以上海为主的周边大中城市。

四、社会综治型

社会综治型模式主要集中在人口较多、规模较大、居住较集中的村镇,统筹新型城镇化和美丽乡村建设。该模式可以有效拉动农村经济发展,提升居民生活质量,是加快农村综合改革发展的重要切入点。

该模式的规划路径是:充分发挥区位优势,培育主导产业,壮大集体经济,实现良性发展;推动农村社区教育、医疗、文化、体育等公共服务;鼓励挖掘特色产业链,打造农业品牌;开展规模化经营,落实各项惠农政策,拓宽农民转移就业和创新创业。典型案例是吉林省松原市扶余市弓棚子镇广发村。广发村充分利用资源优势,重点发展特色花生和优质烤烟主导产业,并成立专业合作社;加强基础设施建设,实现生产区、生活区分离,完善人畜饮水设施和生活垃圾、污水处理利用设施;大力推广应用农村节能建筑,普及清洁能源,推广可再生能源,环境卫生设施配套,改厨、改厕全面完成;加大庭院绿化,传播环保理念,倡导低碳生活;重视精神文明建设,定期开展"文明家庭""美丽家庭"评选活动,营造良好的社会氛围,促进社会风气的改善。

五、文化传承型

文化传承型模式的特点是:第一,文化资源丰富,具有较高的历史、文化、艺术或科学价值；第二，文化资源得到有效保护，文化展示和传承潜力大；第三，注重自然生态平衡，保护与发展并进，开发利用效益明显；第四，民风朴实，群众活动健康丰富。

文化传承型模式主要适用于具有特殊人文景观、传统文化的地区，包括古村落、古建筑、古民居特殊人文景观以及历史人物、民间艺术、园林艺术、民俗风情、文化遗址等文化资源丰富的地区。该模式的规划路径是：以整体保护、合理利用、公众参与、改善生活为原则，恢复村落风水格局，修复传统建筑，保留典型景观，注重自然生态平衡，保护与发展并进，形成农村生态文明新风尚。典型案例是河南省洛阳市孟津县平乐镇平乐村。平乐村地处汉魏故城遗址，因62年东汉明帝为迎接大汉图腾筑“平乐观”而得名。千百年来，平乐村民有着崇尚文化艺术的优良传统。改革开放后，富裕起来的农民开始追求高雅的精神文化生活，从事书画艺术的人越来越多。随着牡丹花会的举办和旅游业的日益繁荣，与洛阳有着深厚历史渊源而又雍容华贵的牡丹成为洛阳的重要文化符号。平乐村按照“有名气、有特色、有依托、有基础”的标准，以牡丹画产业发展为龙头，扩大乡村旅游产业规模，探索出了一条新时期依靠文化传承建设“美丽乡村”的发展模式。如今，平乐村“小牡丹画出大产业”，拥有国家、省市画协、美协会员20多名，牡丹画专业户100多个，牡丹绘画爱好者300余人，年创作生产牡丹画8万幅，作品远销西安、上海、香港等地和新加坡、日本等国，销售收入超过500万元，荣获“河南特色文化产业村”“文化艺术之乡”等称号。

六、渔业开发型

渔业开发型模式是以渔业为主，通过发展渔业促进就业，挖掘传统渔文化，开发渔业旅游资源，增加渔民收入，繁荣农村经济，所以渔业在农业产业中占主导地位。该类型村庄的特点是集约养殖水平高、渔业产加销产业链日益完善、渔民生活方式向陆地定居生活转变以及休闲渔业发展迅速。

渔业开发型模式主要适用于沿海、江、河、湖、库和内陆水网地区的传统渔区。该模式的规划路径是：坚持发挥优势、综合发展，依靠市场配置资源的基础性作用，深化渔业结构调整，着力提升发展质量，加快建设捕、养、加、贸、游等多种功能于一体的现代渔业产业体系，挖掘渔民文化和渔业旅游资源，促进渔业发展，增加渔民收入。典型案例是甘肃省天水市武山县。武山县位于甘肃省东南部、天水市西端的渭河上游，渭河及其支流榜沙河、山丹河、大南河、聂河流经全县，充沛的水资源为发展渔业提供了良好的基础。多年以来，在县委、县政府以及上级业务部门的指导帮助下，认真贯彻落实渔业发展相关政策，试验推广冷水鱼养殖，培育发展休闲渔业，全县渔业实现了长足发展。2016年，全县养鱼水面达 520 亩(约 34.7 公顷),水产品总产量达到 540 吨,其中冷水鱼 180 吨,渔业总产值(包括服务性收入)达 1300 余万元。武山县形成了以冷水鱼养殖配套餐饮休闲观光为主要经营项目的休闲渔业模式,全县渔业产业实现了从粗放到精养,从单一的养卖到提供垂钓、餐饮、休闲观光等综合服务方式的巨大转变,产生了显著的经济、生态和社会效益,显示出了盎然的生命力,为全县渔业指出了一条做强、做大之路。

七、草原牧场型

草原牧草型模式主要适用于占我国国土面积的 40%以上的牧区半牧区县(旗、市)。以草原畜牧业作为牧区经济发展的基础产业,是牧民收入的主要来源。发展草原牧场型"美丽乡村"既是推进生态文明建设的重要内容,也是实现牧区经济社会持续协调发展的有效途径。

该模式的主要特点是:牧草种类繁多,品质优良,人均草地资源丰富;畜牧业是牧民收入的主要来源,草原畜牧业正在由天然放牧向舍饲、半舍饲转变,畜牧业生产方式逐步转变;草原牧区正在推动牧民由游牧向定居、由半定居向完全定居转变,居住方式发生了很大变化;草原休闲观光产业发展迅速,带动了当地经济,促进了牧民增收致富。典型案例是内蒙古自治区锡林郭勒盟西乌珠穆沁旗浩勒图高勒镇脑干哈达嘎查。西乌珠穆沁旗是隶属内蒙古自治区锡林郭勒盟的一个旗,位于锡林郭勒盟东部,与通辽市、赤峰市及锡林郭勒盟的 8 个旗(县、市)相毗邻。乌珠穆沁草原不仅以草质优良而闻名,而且还有林地。东南山地的迪彦庙林场、他本林场,林木茂盛,自然景观也十分独特。在"美丽乡村"建设过程中,脑干哈达嘎查由党支部成员牵头,组建高产饲料基地、良种母牛育肥牛养殖等专业合作社;重新规划集中居民点,将生活区与生产区分离,并全部实现"三通一平";充分利用资源优势,大力发展农家乐等休闲旅游业,提高牧民收入;积极推行牧区初中"绿色证书"教育,大力普及高中阶段教育,加大"教育惠民"政策补贴力度,严格落实"两免一补"及牧区户籍家庭子女高中教育补助政策,规划期内使牧区适龄人口全部接受高中教育,牧区全部劳动力要掌握至少一门职业技能。

八、环境整治型

环境整治型模式主要适用于农村脏乱差等问题突出的地区,以及"三河三湖"(淮河、海河、辽河和太湖、巢湖、滇池)等重点流域,农村基础设施建设滞后,环境污染严重,当地农民群众对环境整治呼声高、反应强烈的地区。该类型村庄的特点是:通过环境整治,农村生活环境明显改善;农村生产方式有效转变,节水、节肥、节药等农业清洁生产技术广泛应用，现代生态农业、循环农业快速发展；农村环卫一体化长效机制日趋完善；集体经济实力有所增强。

该模式的规划路径是：以改水改厕、房屋整修、沟渠清淤、垃圾集中处理、污水净化处理、绿化亮化为工作重点，推进村庄环境综合治理，实现农村区域性路网、管网、河网、垃圾和污水处理网一体化建设，加快发展高效生态、循环农业。典型案例是广西壮族自治区桂林恭城瑶族自治县莲花镇红岩村。红岩村距桂林108千米，共103户407人，曾是典型的“吃粮靠返销、花钱靠贷款、生产靠救济”的贫困村，环境卫生较差。自20世纪90年代以来，红岩村坚定不移地发展“三位一体”的生态农业，因地制宜地种植月柿、柑橙等水果，在摆脱贫困的同时村内环境也得到了有效改善。自2003年以来，红岩村围绕新农村建设“二十字”方针，紧密结合农业结构调整和生态旅游，依托万亩月柿园风光发展农家乐，成为了一个集山水风光游览、田园农耕体验、住宿、餐饮、休闲和会议商务观光等为一体的生态特色旅游新村。红岩新村已成功地建起80多栋独立别墅，共拥有客房300多间，餐馆近40家，建成了瑶寨风雨桥、滚水坝、梅花桩、环形村道、灯光篮球场、游泳池、旅游登山小道等公共设施。同时，红岩村积极启动生活污水处理系统建设工程，现已成为广西第一个进行生活污水处理的自然村，使村里生态旅游业有了新的发展，成为开展乡村旅游致富的典范，先后荣获“中国乡村名片”“全国农业旅游示范点”“全国十大魅力乡村绿色家园”“全国生态文化村”“广西特色农业十大示范村生态旅游示范村”等荣誉称号。

九、休闲旅游型

休闲旅游型模式主要是适用于旅游资源丰富、休闲农业发达，适宜发展乡村旅游的地区。该模式以农业为基础，以休闲为目的，以农民为经营主体，以服务为手段，以城镇游客为消费群体，实现第一产业和第三产业的有机结合。该模式的特点是：旅游资源丰富，生态资源条件好，住宿、餐饮、娱乐、卫生、休闲旅游设施完善，区位综合优势明显，交通方便，适合休闲度假。

该模式的规划路径是：结合农业发展的自身条件和特点，因地制宜地发展休闲农业，规划建设家庭休闲农场、家庭农庄、企业乡村会所等，拓展农业的功能和内涵。典型案例是江西省婺源县江湾镇。江湾地处皖、浙、赣三省交界，旅游资源丰饶，具有全国罕见的大叶红楠木树和国家一级树种江南红豆杉等名贵古树，栖息着世界濒危珍稀多鸟种黄喉噪鹛以及国家重点保护的黑麂、白鹇鸟等。依托丰富的文化生态旅游资源，江湾积极引导开发农业观光旅游项目，打造篁岭梯田式四季花园生态公园，着力建设梨园古镇景区、莲花谷度假区，使之成为婺源“国家乡村旅游度假试验区”的典范。2013年，江湾镇接待游客达250万人次以上，联票收入6800万元，旅游综合收入5.56亿元，同时带动旅游工艺品生产销售、旅游管理导游等相关产业从业人员近3000人，旅游商品生产、饮食服务企业330多个。目前，江湾镇云集了梦里江湾AAAAA级旅游景区、古埠名祠汪口AAAA级旅游景区、生态家园晓起和AAAAA级标准的梯云人家篁岭四个品牌景区，正成为"美丽中国"在乡村的鲜活样本，并以旅游转型升级为拓展空间加快成为中国旅游第一镇。

十、高效农业型

高效农业型模式主要适用于具有优势农产品的地区，农业生产自然条件优越，农业产业规模化、产业化程度高。

高效农业型模式的特点是：以发展农业作物生产为主，农业生产自然条件优越，人均耕地资源丰富，农田水利等基础设施相对完善，农业机械化和集约化水平高。该模式的规划路径是：以保障粮食安全为目标，以当地特有的优质农业资源与差异化"高、精、尖、新"农业科普展示内容相结合，建立现代都市型生态科技农业产业示范园，增强农业装备水平，提升农业综合生产能力，推动农业转型升级，实现农业可持续发展。典型案例是福建省漳州市平和县三坪村。三坪村是国家AAAA级风景区——三平风景区所在地，全村共有山地60360亩(4024公顷)、毛竹18000亩(1200公顷)、蜜柚12500亩(约833.3公顷)、耕地2190亩(146公顷)。在创建"美丽乡村"过程中，该村充分发挥森林、竹林等林地资源优势，采用"林药模式"打造金线莲、铁皮石斛、蕨菜种植基地，以玫瑰园建设带动花卉产业发展，壮大兰花种植基地，做大、做强现代高效农业。同时整合资源，建设千亩柚园、万亩竹海、玫瑰花海等，发展特色观光旅游，构建观光旅游示范点，提高吸纳、转移、承载三平景区游客的能力，在吸引着众多的游客同时，也影响着当地村民的精神生活，带动了当地旅游产业的茁壮发展，走出了一条"美丽创造生产力"的和谐之路。该村先后获得"国家级生态村""福建省生态村""福建省特色旅游景观村"等荣誉称号。

第二节　美丽乡村标准化工作情况

十八届三中全会发布的《中共中央关于深化改革若干重大问题的决定》中强调政府要"加强发展战略、规划、政策、标准等制定和实施"，为标准化在支撑美丽乡村建设长效机制和模式创新、固化美丽乡村建设成果等方面的重要技术作用。2012年，国务院农村综合改革工作小组《关于开展农村综合改革示范试点工作的通知》(国农改[2012]12号)中明确指出应建立相关标准体系，做好建设、运行、维护及评价等各环节的标准制定、实施与监督，实行分类指导。2013 年 11 月 5 日，国家标准化管理委员会与财政部联合发布了《关于开展农村综合改革标准化试点工作的通知》，明确指出要初步建立结构合理、层次分明、符合当地实际情况的标准体系，重要标准应相对完善且有效实施，形成以标准化支撑农村公共服务的长效机制，促进城乡发展一体化。

2003 年，浙江开始实施“千村示范、万村整治”工程，把推进新农村建设作为重大战略任务来抓。2006 年，由安吉县主导制定的《生态村建设规范》(DB33/T 622—2006)浙江省地方标准发布实施，既是当时新农村建设的指导标准，又是今日美丽乡村建设标准的雏形。2009 年，浙江在国内率先提出建设“美丽乡村”，秉承“一张蓝图绘就，一届一届接力”的工作理念，已对 2.6 万个村进行了环境整治。2010 年，国家标准管理委员会首次将浙江省安吉美丽乡村标准化建设列为第七批农业标准化试点项目，安吉县以此为契机，充分发挥标准化在美丽乡村建设中的技术支撑作用。2012 年，安吉县主导制定的《农村生活污水处理技术规范》上升为省级地方标准；同年，安吉县美丽乡村建设系列地方标准及标准体系出台，以推进全县的美丽乡村建设。2014 年 4 月，由安吉美丽乡村系列标准提炼转化，浙江省发布了全国首个美丽乡村的地方标准《美丽乡村建设规范》(DB33/T 912—2014)，开启了标准化引领美丽乡村建设的新篇章，使美丽乡村各环节建设变得有据可依，使各环节创建工作变得简便、易行，创建内容与评价标准通过标准发布形式得以固化，方便了政府对美丽乡村建设的监督，有利于考核考评的公正、公平。在该标准发布实施之际，浙江省技术监督局制作了《美丽乡村标准支撑》宣传画册，介绍了浙江省美丽乡村标准化工作经验和近十年来的农业标准化工作成果，充分彰显了标准化作为科学化、民主化的制度形式，在支撑现代农业发展和社会主义新农村建设中的重要作用。此外，浙江省一直高度重视标准化工作并将其放在突出位置加以推进，编制完成六大《县域分区规划》《主体功能区规划》，科学确立全县产业和空间布局，并委托国内权威机构编制《生态文明建设纲要》，制定《美丽乡村建设行动纲要》和《总体规划》，出台《生态文明建设实施意见》，调整完善 15 个乡镇和 97 个行政村编制生态乡镇、生态村建设规划，形成了横向到边、纵向到底的建设规划体系。2016 年 3 月，安吉县又发布全国首个关于美丽乡村水环境创建地方标准——《美丽乡村水环境优美村创建标准》，用于指导美丽乡村水环境综合整治，根据各村水资源禀赋、水环境条件和经济社会发展状况因水制宜，形成各具特色的水环境优美村建设模式。该标准立足区域实际，以河流为骨架，以防洪保安、饮水安全为前提，以提升人居环境质量和水利基础支撑能力为主题，综合实施河道治理和水环境整治、小流域治理等项目，着力打造山青、水秀、岸绿、景美，村容、村貌整洁，自然生态良好的美丽乡村。

近年来，浙江省标准化研究院一直紧紧围绕“两美”浙江建设，以研究基于实践、成果用于实践为原则，重点针对美丽乡村、新型城镇化、生态文明等领域开展了标准化系列研究与技术服务工作，扎实推进基层标准化服务工作。2016 年 6 月，由浙江省标准化研究院主持的《村级公共服务中心建设与管理规范》及作为主要技术支撑单位协助海盐县、安吉县申报的《就地城镇化评价指标体系》《家庭农场管理与评价规范》及《农业气象防灾减灾建设规范》共 4 项美丽乡村重点领域标准获得国家标准立项。

2012 年，永春县率先在福建省探索开展美丽乡村建设。自被列为国家级美丽乡村标准化试点县以后，在原有建设基础上，按照县委、县政府“立足全县抓提升、着眼全省做示范、面向全国做样板”的要求，永春县引入了标准化元素，积极探索“美丽乡村＋标准化”的新模式，提升全县的美丽乡村建设工作，积极打造“乡村有个性，美丽有标准”的美丽乡村建设新名片。2014 年 9 月，永春县在福建省率先发布了《美丽乡村建设规范》县级技术规范，把美丽乡村建设从一个宏观的方向性概念转化为可操作的具体实践，实现了永春县美丽乡村建设有标可依，有效地提升了美丽乡村建设的水平和质量。此外，永春县还制定出台了《美丽乡村考评办法》技术规范，作为全县美丽乡村年度考评的统一要求。福建省沙县也结合当地美丽乡村建设实际，经过深入调研，分析总结，确定了基本要求、村庄建设、生态环境、经济发展、社会事业发展、社会建设与文明建设、组织建设与常态化管理等七个子体系组成的生态村落型和新型社区型两个标准体系，并从标准的角度总结、提炼和升华，完成了农村生活垃圾处理、农村土地流转管理与服务、农村金融服务、休闲农业庄园建设、村容村貌整治、农村无害化卫生厕所等 16 项沙县美丽乡村建设规范的制定工作。2014 年，福建省质量技术监督局组织福建省标准化研究院和永春、长泰、沙县 3 个获批国家级美丽乡村标准化试点县，本着“请进来、走出去、广收集、勤交流、多修改”的原则，于 10 月发布了省级地方标准《美丽乡村建设指南》(DB35/T 1460—2014)。这项标准根据建设“机制活、产业优、百姓富、生态美”新福建的战略要求，借鉴了台湾“富丽新农村”建设经验，规定了基本要求、村庄规划、村庄建设、生态环境、产业发展、公共服务、文体建设、乡风文明、基层建设、长效管理等 10 个方面内容，提炼了 33 项量化指标，突出规划引领、个性营造、重点把握、文化传承、生态文明，体现了福建美丽乡村的特色，为全省开展美丽乡村建设提供了非常明确、具体的考核依据和可操作的实践指导，有力地推动了美丽乡村高质量建设、高效率治理、可持续维护、规范化服务、科学化评价，也为《美丽乡村建设指南》国家标准的制定提供了借鉴。

2015 年 6 月 1 日，随着国家标准《美丽乡村建设指南》(GB/T 32000—2015)

的发布，填补了我国现有标准体系中在国家层面尚没有与美丽乡村系统性建设相关标准的空白，从村庄规划、生态环境、长效管理等多个方面，对美丽乡村建设提出了指导性意见。这项标准突出规划引领，强调规划应做到因地制宜、村民参与、合理布局和节约用地；突出个性营造，选择具有乡土特色的规划和建筑风格，对关键控制点提出具体的技术指标要求，让人一目了然；突出重点把握，在标准内容安排上，对村庄规划和建设、生态环境、经济发展、公共服务等与农业生产、农村发展、农民生活关系密切的内容进行重点规范，强调"生产、生活、生态"三生协调发展；突出文化传承，对文化体育、乡风文明等方面内容进行规范；突出生态文明，对环境质量、污染防治、生态保护与整理、村容整治等百姓关心的农村环境问题提出明确要求。

第三节　美丽乡村标准化试点情况

2010 年，国家标准化管理委员会首次将浙江安吉美丽乡村标准化建设列为第七批农业标准化试点项目。2011 年，国家标准化管理委员会正式启动了安吉县美丽乡村标准化示范县创建工作，创新地引入标准化的管理理念和手段，将标准化的应用从农业、工业逐渐转向美丽乡村、社会治理等更为广阔的领域，并取得了显著成效，率先建立了一整套美丽乡村建设标准体系。国务院农村综合改革工作小组于 2012 年发布了《关于开展农村综合改革示范试点工作的通知》(国农改[2012]12 号)，开展了以"美丽乡村"建设等十项主要改革重点的示范试点建设工作，明确指出应建立相关标准体系，做好建设、运行、维护、服务及评价等各环节的标准制定、实施与监督，实行分类指导。2013 年 7 月，财政部发布了《关于发挥一事一议财政奖补作用，推动美丽乡村建设试点的通知》(财农改[2013]3 号)，将"美丽乡村"建设作为一事一议财政奖补工作的主攻方向，启动美丽乡村建设试点。为深入贯彻党的十八大精神，加快推进美丽乡村试点建设，农业部 2013 年发布了《农业部办公厅关于开展"美丽乡村"创建活动的意见》(农办科[2013]10 号)和《农业部办公厅关于组织开展"美丽乡村"创建试点申报工作的通知》(农办科[2013]30 号)，按照规定程序对各省相关主管部门推荐的名单进行了研究，最终确定北京市韩村河村等 1100 个乡村为全国"美丽乡村"创建试点乡村。国家标准化管理委员会和财政部联合发布了《关于开展农村综合改革标准化试点工作的通知》(国标委农联[2013]79 号)和《关于下达农村综合改革标准化试点项目的通知》(国标委农联[2014]13 号)，确定了浙江安吉县、福建沙县等 25 个美丽乡村标准化试点，在浙江、安徽、福建、广西、海南、重庆、贵州 7 个省、自治区、直辖市开展美丽乡村标准化试点，拉开了全国各地美丽乡村标准化试点建设的帷幕。2016年11月，国家标准化管理委员会印发了《国家标准委关于下达第二批农村综合改革标准化试点项目的通知》(国标委农联[2016]81号)，下达了第二批农村综合改革标准化试点项目共50项，北京市张坊镇、山东费县、山东曲阜等33个美丽乡村标准化试点列入其中，进一步推进全国美丽乡村标准化试点建设。国务院农村综合改革工作小组办公室、农业部、国家住房和城乡建设部等中央各相关部委积极推进美丽乡村建设工作，契合了农民群众的需求，通过目标引导、政策扶持、项目带动、科技支撑、典型示范、宣传推介，产生了较好反响和较大影响，很快便在全国推动形成了各级政府高度重视、社会各界积极支持、农民群众热情参与的一种喜人的美丽乡村创建局面。

浙江省安吉县自2008年起，围绕“一个标准、四个方面、三十六项指标”创新开展美丽乡村标准化创建工作，在我国率先提出将标准化作为指导美丽乡村建设的重要手段，制定了36项考核标准，随着美丽乡村建设的深入推进，在全国率先构建了更加系统完善的标准化体系。2010年，经国家标准化委员会批准，安吉县正式开展“国家级美丽乡村标准化示范县”创建工作。2012年，浙江省安吉县省级社会主义新农村建设试验示范区工作领导小组印发了关于《安吉县建设“中国美丽乡村”考核指标与验收办法》(安新农[2012]2号)的通知，对指导思想、评定原则、考核指标、申报审核及评选程序、计分办法及奖励等36项考核指标计分进行了量化。安吉县对美丽乡村建设经验和成果进行总结、提炼，对发展模式和建设方法进行优化、引导，以研制标准、构建体系、实施标准为重点，率先建立了一整套美丽乡村建设标准体系，美丽乡村标准体系包含各项法律法规及标准、规范近280项，分为农村基础设施建设、环境提升、服务保障、产业经营、公共服务五个子体系，能够满足乡村建设的各方面需求。安吉县始终坚持以农民群众为主体，大大调动农民的积极性，实现“标准改变了习惯，习惯写进了标准”的经典模式。安吉县以全面的可实施性的标准体系，以点带面做好标准体系的推广、实施、改进工作，指导美丽乡村建设，以奖代补的政策提高了老百姓对美丽乡村建设的认可度和参与度，实现12个乡镇全覆盖，让老百姓的生活既有面子，又有里子。中央农村工作办公室主任陈锡文曾评价：“安吉进行的中国美丽乡村建设是中国新农村建设的鲜活样本。”2014年，安吉县被国家标准管理委员会、财政部选作首批农村综合改革美丽乡村标准化试点县，经过一年的努力，完成了围绕45项新建设指标的升级版美丽乡村标准体系的建设，重新梳理修订安吉地方标准规范，辅导尚书干等4个试点的精品示范村建设村级标准体系和特色标准。

2013年年底以来，福建省标准化研究院围绕建设“百姓富、生态美”的战略构想，根据《国家标准化管理委员会、财政部关于开展农村综合改革标准化试点工作的通知》等文件要求，制定了福建省国家级美丽乡村标准化试点工作推动方案和实施方案，以发挥标准化在农村"五位一体"建设中的作用，开展农村基础设施、农村生态环境、农村产业发展和农村公共文化服务等标准体系建设研究，制定相关特色地方标准，着力打造具有地方特色的全国美丽乡村标准化试点"福建版"。2014 年 4 月，国家标准委和财政部正式下达了标准化试点项目(国标委农联[2014]13 号)，福建省永春县人民政府、沙县人民政府、长泰县人民政府三个单位获批开展美丽乡村建设标准化试点建设，建设"村庄秀美、环境优美、生活甜美、社会和美"的宜居、宜业、宜游的美丽乡村，助力实现福建省"百姓富、生态美"的战略构想。自 2013 年初，沙县就出台了《美丽乡村建设典型培育实施方案》，致力建设环境整治型、田园风光型、新型社区型、生态休闲型美丽乡村。同年 10 月，沙县被列入省级"一事一议美丽乡村建设"试点县，按照"尊重主体、尊重规划、尊重自然"的原则，全面拉开"点上出彩、线上美丽、面上洁净"的美丽乡村建设序幕，重点围绕省道 304、国道 205 沿线基础条件好、地理位置特殊的 10 个县级典型村、20 个沿线重点整治村，初步形成了 2 条美丽乡村示范带，探索出美丽乡村建设的"沙县经验"。2014 年，沙县获批开展美丽乡村标准化试点建设后，成立美丽乡村建设标准化试点领导小组及其办事机构，起草标准体系，制定《沙县"美丽乡村建设标准化试点"国家级试点实施方案》，开展标准化基本理论和标准化专业知识培训，着力以农村基础设施标准体系和生态环境治理标准体系为研究重点，制定了美丽乡村规划建设、管理维护、服务评估等标准，形成一套可复制、可推广的标准体系。

2014 年，贵州省凤冈县人民政府、丹寨县人民政府、盘县人民政府、贵安新区管理委员会、贵阳市乌当区人民政府、余庆县人民政府等六个单位获国家标准委、财政部批准开展美丽乡村建设标准化试点，旨在通过试点工作，初步建立结构合理、层次分明、与当地经济社会发展水平相适应的标准体系，建立健全建设高质量、管理高效率、维护可持续、服务有依据、评价更科学的"美丽乡村"建设模式，形成以标准化支撑农村公共服务的长效机制，促进城乡公共服务均等化和城乡发展一体化。面对新形式、新要求，余庆县作为"四在农家"的发源地，余庆县人民政府紧紧抓住标准化这一科学治理工具，在总结提炼十多年建设经验的基础上，按照"简化、统一、协调、选优"的标准化工作原则，运用标准化的原理和方法，积极构建了涵盖基础设施建设、社会管理、生态环境、产业发展、考核评价等方面共计 198 项标准的西部山区美丽乡村建设标准体系并有效实施，进一步提高了美丽乡村建设和管理的内在质量。

第五章　山东省美丽乡村建设与标准化

第一节　美丽乡村工作的背景与意义

一、美丽乡村工作的背景

2012年，党的十八大最显著的亮点是建设生态文明，报告确立了生态文明建设的突出地位，把生态文明建设纳入了“五位一体”的总布局，融入经济建设、政治建设、文化建设、社会建设各方面和全过程，并首次提出努力建设“美丽中国”的任务和目标。“美丽中国”建设的重点和难点是美丽乡村建设。2013年，中央一号文件提出要推进农村生态文明建设，努力建设美丽乡村。开展美丽乡村建设，是贯彻十八大精神、实现全面建成小康社会目标的需要，是推进生态文明建设、实现永续发展的需要，是强化农业基础、推进农业现代化的需要，是优化公共资源配置的需要。

为了进一步推动中国美丽乡村建设，2013年2月，农业部办公厅发布《关于开展“美丽乡村”创建活动的意见》(农办科[2013]10号)，将美丽乡村建设由地方行动升级为国家行动，并将“美丽乡村”目标及考核体系建设作为当前美丽乡村建设的重点工作，切实抓好开展“美丽乡村”创建的重点工作。同年7月，财政部发布了《关于发挥一事一议财政奖补作用，推动美丽乡村建设试点的通知》(财农改[2013]3号)，决定采取一事一议财政奖补方式在全国启动美丽乡村建设试点，注重发挥财政资金“四两拨千斤”的引领撬动作用，通过局部试点工作，探索提炼好的经验做法和有效模式，为在更大范围内开展美丽乡村建设积累经验。2015年5月5日，中共中央、国务院印发了《关于加快推进生态文明建设的意见》，指出要加快美丽乡村建设，加强农村基础设施建设，进行农村环境集中连片整治，大力发展农业循环经济，加快发展乡村旅游休闲业，加强农村精神文明建设，以环境整治和民风建设为重点，扎实推进文明村镇创建工作，建设“美丽中国”自此有了纲领性文件。

生态文明乡村建设，是生态文明建设、美丽中国建设的重要组成部分，是中共山东省委、省政府作出的重大决策部署。2011 年 5 月 23～25 日，中共山东省委、省政府在蒙阴县召开全省生态文明乡村建设现场会议，对全省生态文明乡村建设作出全面部署。6 月 16 日，出台了《中共山东省委、山东省人民政府关于加强生态文明乡村建设的意见》（鲁发[2011]10 号），标志着生态文明乡村建设活动正式启动，确立了“产业生态高效、环境优美宜居、生活文明健康”的总体思路，提出分三步走，到 2025 年基本建成生态文明乡村的奋斗目标。从建设内容上来看，生态文明乡村建设按照统筹城乡发展的要求，以加快农村住房建设和危房改造、土地综合整治为抓手，突出科学制定规划、加强住房建设、发展生态经济、加强环境整治、改善生活条件、完善公共服务、倡树文明新风等七大工作重点，这与 2013 年之后提出的美丽乡村建设内容相符。从建设本质上来看，“生态文明乡村”与“美丽乡村”只是社会主义新农村建设在新时期的不同名称界定。

2014 年，山东省人民政府办公厅《关于推进“山东标准”建设的意见》（鲁政办发[2014]47 号）提出推进生态文明乡村标准体系建设，落实《关于加强生态文明乡村建设的意见》（鲁发[2011]10 号），总结生态文明乡村建设的先进典型和经验，加强农村社区建设公共管理服务体系、生态环境治理和人居环境改善等标准的制（修）订工作并组织实施，全面提升新农村和城乡一体化建设水平。山东省质监局设立济南平阴县孝直镇和圣苑社区、章丘市牛一村以及蓬莱市作为省级美丽乡村标准化试点，在全省范围内开始开展以标准化提升新农村建设发展的新途径。

2015 年，山东省人民政府办公厅《关于贯彻国办发[2014]25 号文件改善农村人居环境的实施意见》（鲁政办发[2015]45 号）提出，要以村庄环境整治为重点，以建设宜居村庄为导向，大力改善农村人居环境，开展“宜居村庄”创建工程，到 2020 年，全省建成一批环境优美、设施完善、服务便捷、各具特色的宜居村庄。

2015 年 10 月 27～28 日，山东省生态文明乡村建设现场会议在淄博召开，总结“十二五”时期全省生态文明乡村建设成就，研究部署“十三五”时期相关工作，会议考察了胶州市、高密市、淄博市临淄区的生态文明建设现场，省质监局、省城建设计院对有关技术标准作了解读。自 2011 年启动了生态文明乡村建设以来，每年召开一次现场会，研究部署重大问题，集中解决突出问题，持续加大工作力度，中共山东省委、省政府采取了一系列重大举措推进新农村建设，全省生态文明乡村建设取得明显成效。中共山东省委农村工作领导小组连续 4 年对全省生态文明乡村建设工作先进县和生态文明乡村建设先进村（社区）进行表彰。

2013 年，山东省财政厅在各地科学规划、认真筛选的基础上，确定了产业特色明显、重点项目突出的平阴县、博山区、垦利县、蓬莱市、寿光市、汶上县、苍山县、沾化县8个县(市、区)作为山东省首批美丽乡村建设试点县。自2013年起，山东省财政厅在全省范围内有选择地开展村级公益事业建设一事一议财政奖补“乡村连片治理”试点。从实施效果看，项目区初步建成了一批基础设施便利、产业特色鲜明、生态环境优美、社会安定和谐、宜居宜业宜游的美丽乡村，有力助推了全省生态文明乡村建设。2016年，山东省财政下达大额资金用于推动生态文明和美丽乡村建设。山东省提出，由各地市根据实际选择部分基础设施较完善，产业基础条件较好，具有自然风景、田园风貌、传统文化和古建筑村落保护等的重点村庄，打造各具特色的美丽乡村建设试点项目。2016年9月，中共山东省委办公厅、省政府办公厅印发了《关于推进美丽乡村标准化建设的意见》，提出推进美丽乡村标准化建设，要全面贯彻党的十八大和十八届三中、四中、五中全会精神，深入贯彻习近平总书记系列重要讲话和视察山东重要讲话、重要批示精神，以创新、协调、绿色、开放、共享的发展理念为引领，以全面建成美丽乡村为目标，以基础设施建设、公共服务提升、村容村貌整治为重点，对照《美丽乡村建设规范》(DB37)(以下简称《建设规范》)，查漏补缺、精准建设，改造升级、规范管理，突出特色、分类施策，常抓不懈、持续推进，把山东省农村建成生产美、生态美、生活美、宜居宜业宜游的美丽乡村。到2020年，全省70%以上的村庄达到美丽乡村建设标准，培育省级美丽乡村示范村2000个；到2025年，全省基本实现美丽乡村全覆盖，省级美丽乡村示范村达到5000个。为了进一步贯彻落实中央一号文件精神和中央关于加强美丽乡村建设的战略部署，近年来，中共山东省委、省政府又先后印发了《山东省改善农村人居环境规划(2015～2020年)》《关于深入推进农村无害化卫生厕所改造实施意见》《2015年山东农村危房改造实施方案》和《山东省2015～2017年农村危房改造实施方案》等，全面推进生态文明乡村(美丽乡村)建设进程。

2017年，《山东省2017年国民经济和社会发展计划》提出抓好美丽乡村标准化建设，选择500个村庄开展省级示范村创建活动，按计划完成农村连片整治村庄3040个。

2017年9月24日，山东省美丽乡村建设现场会议在临沂市沂南县召开，会议研究部署做好新形势下美丽乡村建设各项工作，强调注重科学规划，健全乡镇、村庄规划编制体系，努力实现“多规合一”，做到一村一规划，使每一个村庄真正建成“望得见山，看得见水，记得住乡愁”的美丽乡村。坚持统筹融合，把美丽乡村建设和脱贫攻坚、新型集镇化统筹考虑、一体推进。要聚焦“如何富起来”，加快培育美丽乡村建设的经济支撑，推进新旧动能转换、供给侧改革，抓牢农业“新六产”发展；要聚焦“如何美起来”，加强生态文明和人居环境建设；要聚焦“如何好起来”,把美丽乡村建设落脚到提高群众生活水平上,高度重视保障和改善民生,加快推动教育、医疗、养老等基本公共服务向农村延伸,创新农村社会治理,让广大农民群众有更多获得感;要聚焦“如何统起来”,凝聚资源要素形成强大合力,加快形成齐抓共管的工作格局,加大涉农资金统筹整合力度,充分发挥广大群众主体作用,大胆开展改革探索,激发内生动力,增强发展活力。中共山东省委书记刘家义强调,要加快推进农村“七改”,在推进过程中要高度重视加强标准体系建设,以标准化理念推进建设、使用和管理,尽快实现“七改”标准全覆盖。

美丽乡村建设是生态文明建设的最终目标,是全面建设小康在农村的形象表达,是“三农”工作落实“五位一体”总体布局、“四个全面”战略布局的关键接点,是推进农业供给侧结构性改革的关键举措,也是中华民族永续发展的保证。建设美丽乡村并不是简单地提高农民生活、改变农村面貌、增加农业收入,而是要把生态文明理念和建设社会主义新农村有机结合起来,努力打造绿色农村。只有美丽乡村建设取得实际效果,我国的生态文明建设才能有质的突破。

在这种背景下,积极推动美丽乡村建设,实现美丽乡村的良性发展,不仅是社会主义新农村建设的必然要求,而且还是全面建设小康社会的必由之路。

二、美丽乡村工作的意义

在建设美丽中国的大背景下,构建美丽乡村,既是推进生态文明建设和提升社会主义新农村建设的新工程、新载体,也是当前和今后一个时期各级各地做好农业、农村和农民工作的指导思想和行动指南。

农村较城市而言,地域广阔,生态基础好,开展治理的空间更大。同时,农村人口占全省人口大多数,如果普通农民具备了生态文明的理念,以低碳环保的方式生产、生活,如此低成本地走向生态文明的过程将具有划时代的意义。农村的先天优势决定了生态文明建设的希望在农村。美丽乡村建设是农村生态文明建设在新农村综合推进的典型,是其目标和归宿。乡村文明的命运与生态文明紧密相连。在美丽乡村建设中,乡村文明的发展丰富了生态文明。

创建“美丽乡村”是改善农村人居环境,提升社会主义新农村建设水平的需要。近年来,山东省新农村建设取得了令人瞩目的成绩,各地按照社会主义新农村建设的基本要求,即“生产发展、生活富裕、乡风文明、村容整洁、管理民主”,建设了不同类型的美丽乡村,从不同方面彰显了秀美的农村田园风光、农村自然特征和优美生态环境,其充分发挥了生态资源优势,是人与自然和谐发展的典范,突出了社会主义新农村建设的鲜明特点。推进生态人居、生态环境、生态经济和生态文化建设,创建宜居、宜业、宜游的“美丽乡村”,是新农村建设理念、内容和水平的全面提升，是贯彻落实城乡一体化发展战略的实际步骤，是发展农业农村经济、提升新农村建设水平的核心抓手。

保护、传承和弘扬农业文明是美丽乡村建设的题中之义，建设美丽乡村是保护与传承农业文明的重要途径和有效方式。美丽乡村重视保护传统乡村文化，为传承农业文明打下了基础。保护和建设特色文化村落是美丽乡村建设的一项重要工作，能充分挖掘和保护历史文化遗迹，保护和建设历史文化底蕴深厚的传统村落，复原和美化村庄人居环境，实现传统文化与现代文明的融合。

第二节　美丽乡村标准化工作情况

2014 年 12 月 11 日，山东省人民政府办公厅下发了《关于推进“山东标准”建设的意见》(鲁政办发[2014]47 号)，从政府高度大力推进了“山东标准”建设的步伐，其中要求推动生态文明(美丽)乡村标准体系建设，健全完善生态文明(美丽)乡村建设标准体系，推进生态文明(美丽)乡村发展规划、村庄建设、生态环境、经济发展、公共服务、乡风文明等标准化，继续加强农村路水电气讯等基础设施建设和改造升级，搞好农村环境综合整治，不断完善农村公共服务体系，提高公共服务水平，改善农村居民生产生活条件。

2014 年，山东省质监局提出了制定《美丽乡村建设规范》系列地方标准的通知。标准由山东省标准化研究院牵头组织起草，按计划于 2015 年完成。标准在编制过程中参考了国家标准的框架结构，结合山东省相关政策、山东省农村工作实际情况，分八个标准，从规划编制、基础设施与村容环境、产业发展、公共服务、乡风文明、村务管理与长效管理、评价规范、标准体系建设等八个方面，对国家标准提出的要素进行了细化，主要指标根据山东省实际情况进行了修改，多数指标和要求严于国家标准中的要求，并能够适应山东工作实际。

2015 年 12 月 28 日，山东省人民政府发布了《关于深化标准化工作改革提升“山东标准”建设水平的意见》(鲁政发[2015]26 号)，要求全面推进全省标准化工作改革，提升“山东标准”建设水平，充分发挥市场主体作用和标准支撑、引领作用，推动生态文明(美丽)乡村标准体系建设，健全完善生态文明(美丽)乡村建设标准体系，推进生态文明(美丽)乡村发展规划、村庄建设、生态环境、经济发展、公共服务、乡风文明等方面的标准化。继续加强农村路水电气讯等基础设施建设和改造升级，搞好农村环境综合整治，不断完善农村公共服务体系，提高公共服务水平，改善农村居民生产生活条件。

国家标准《美丽乡村建设指南》的发布，填补了我国现有标准体系中在国家层面尚没有与美丽乡村系统性建设相关标准的空白，但是其没有具体到美丽乡村建设细节且照顾到我国西部地区部分乡村由于经济基础较弱较难达标的现状，部分指标的要求较山东省实际情况来说相对较低。此外，山东省是农业大省、经济大省和文化大省，由于地区差异大，各市农村自然、地理、气候、经济等存在多样性。像浙江、福建等率先提出美丽乡村建设标准的省份，均考虑到了地区特色，在村庄建设、产业发展等方面因地制宜地提出了相应规范要求，更适应于本省美丽乡村的实际建设与发展，也更加利于政策、标准的有效实施与推动。

因此，为更好地推进山东省生态文明(美丽)乡村建设，真正实现十六届五中全会提出的“生产发展、生活宽裕、乡风文明、村容整洁、管理民主”的社会主义新农村建设要求，山东省的生态文明乡村(美丽乡村)建设迫切需要有针对性、符合山东省情的地方标准予以指导和引领。2015 年 12 月，山东省质量技术监督局发布了《生态文明乡村(美丽乡村)建设规范规划编制指南》(DB37/T 2737—2016)等 6 项系列地方标准。2016 年 4 月，发布了《生态文明乡村(美丽乡村)建设规范　第 7 部分:评价》(DB37/T 2737.7—2016)地方标准，该标准总结提炼了山东省各地的生态文明乡村(美丽乡村)建设先进模式、先进方法、经验成果，体现了全省当前生态文明乡村建设(美丽乡村)的先进水平，是提升生态文明乡村(美丽乡村)建设质量水平的有效技术手段，也为下一步开展生态文明乡村(美丽乡村)建设提供了实践性技术指导，使生态文明乡村(美丽乡村)建设有标可依、乡村资源配置和公共服务有章可循、建设成果有据可考。同时，标准对农村个性化发展预留了自由发挥空间，鼓励各地根据资源禀赋，因地制宜、创新发展。

2016 年 6 月 13 日，山东省质量技术监督局印发了《2016 年“山东标准”建设行动计划》(鲁质监标发[2016]24 号)，提出全面开展“标准化＋生态文明”行动、“标准化＋现代农业”行动、“标准化＋城乡协调发展”行动，公布了威海汪疃镇、崂山唐家庄、济南绣惠石家崖村、莒县桑园镇、沂南竹泉村、长清区万德镇、滨州市经济开发区狮子刘村等 16 个村镇入选山东省美丽乡村标准化试点项目。2016 年 8 月，中共山东省委、省政府专门出台了《关于推进美丽乡村标准化建设的意见》，并且把美丽乡村覆盖率纳入 17 市经济社会发展综合考核中。

2016 年 9 月，中共山东省委办公厅、省政府办公厅印发了《关于推进美丽乡村标准化建设的意见》，旨在深入贯彻落实中央关于建设美丽中国的战略部署，统筹城乡一体化发展，提升社会主义新农村建设水平，实现山东省全面建成小康社会的目标。强调推进美丽乡村标准化建设，要全面贯彻党的十八大和十八届三中、四中、五中全会精神，深入贯彻习近平总书记系列重要讲话和视察山东重要讲话、重要批示精神，以创新、协调、绿色、开放、共享的发展理念为引领，以全面建成美丽乡村为目标，以基础设施建设、公共服务提升、村容村貌整治为重点，对照《美丽乡村建设规范》(DB37)，查漏补缺、精准建设，改造升级、规范管理，突出特色、分类施策，常抓不懈、持续推进，把山东省农村建成生产美、生态美、生活美宜居宜业宜游的美丽乡村。到2020年，全省70%以上的村庄达到美丽乡村建设标准，培育省级美丽乡村示范村2000个；到2025年，全省基本实现美丽乡村全覆盖，省级美丽乡村示范村达到5000个。

2017年3月27日，山东省美丽乡村标准化建设联席会议在济南召开第一次会议。中共山东省委副书记、省委农村工作领导小组组长龚正指出，美丽乡村就是全面小康在农村的形象表达，也是推进农业供给侧结构性改革的综合举措。提升美丽乡村标准化建设的整体水平，关键要以优势补短板，聚焦推动发展农业“新六产”。要聚焦抓实农村“七改”，聚焦提升农村公共服务和文明共建，坚持“一盘棋”，创造性地开展工作，用好、用足政策，为美丽乡村建设注入持久动力。

为了从宏观层面设计规划，规范农村建设，2017年5月26日，山东省质监局下发通知批准筹建山东省农村工作标准化技术委员会，山东省标准化研究院为秘书处承担单位。此标委会是全国首个农村工作相关的标委会，由行政主管部门、科研院所、行业协会等相关方代表组成。拟从农村综合通用、农村人居环境、农村产业发展、农村公共服务、农村乡风文明和农村村务管理等方面组织开展山东省农村工作专业领域标准制修订工作以及重点标准的培训、宣贯与学术交流。

第三节　美丽乡村标准化试点工作情况

2014年，山东省质量技术监督局设立济南平阴县孝直镇和圣苑社区、章丘牛一村以及蓬莱市作为省级美丽乡村标准化试点，在全省范围内开辟了以标准化提升农村建设发展的新途径。在试点创建过程中，平阴县孝直镇和圣苑社区以“生态宜居、生产高效、生活美好、人文和谐”的美丽乡村建设目标，借鉴其他地区美丽乡村建设经验，围绕农业生产、农民生活和农村发展密切相关的最基本的设施及生态环境处理，根据农村生产基础设施、农村生活基础设施、农村公共基础设施、农村生活环境治理、农业资源综合利用、产业支撑体系要求，形成了具有平阴县孝直镇特色的美丽乡村建设标准化指标体系，构建了和圣苑社区美丽乡村标准化体系框架。标准体系包括法律法规、基础标准、产业发展、人居环境、公共服务、村风文明、村务管理七个子体系，其中包括国家标准75项(强制性标准31项、推荐性标准44项)、行业标准39项(强制性标准24项、推荐性标准15项)、地方标准36项、新制定社区标准60项，涵盖了社区管理及居民生产生活相关的各方面，充分发挥标准化在美丽乡村建设中的作用，提升“美丽乡村”建设品质，实现产业发展、生活舒适、民生和谐的美丽乡村建设。

在2014年全国获批386项示范项目中，蓬莱美丽乡村国家级农业综合标准化示范区是唯一的美丽乡村综合标准化示范区。由蓬莱市质量技术监督局在深度调研后制定发布了以“环境美、生活美、人文美、和谐美”四美为核心的相关标准，细化分解29项具体考核指标，建立健全标准化体系，使农业传统落后的生产模式、发展模式彻底转变，现代化步伐进一步加快，各村通过挖掘优势，农业、旅游业、制造业、食品加工等产业项目齐头并上，通过标准化规划引导，建立了标准化劳动保障平台，使得村庄空间更加合理，农民建房更加有序，农居风貌更加和谐，拥有农民广场、乡村舞台、篮球场、健身路径等标准化村民休闲公园，建成农村社区综合服务中心、标准化幼儿园。美丽乡村标准化体系的建设，也引导了烟台市所有578个村积极投身“美丽乡村”的创建。

2016年5月，岱岳区大陡山村通过了“美丽乡村”建设综合标准化示范项目验收，成为山东省《生态文明乡村（美丽乡村）建设规范》地方标准执行后首个通过该项目验收的乡村。自2014年以来，泰安市质量技术监督局按照市委、市政府工作部署，围绕生态文明乡村建设要求，主动作为，积极争取将岱岳区大陡山村列入全省第一批“美丽乡村”省级农业综合标准化示范区建设项目。结合大陡山村资源特点，按照山东省地方标准要求，泰安市质监局帮助大陡山村科学合理搭建美丽乡村建设综合标准体系，共纳入各级各类标准231项，指导制定《大陡山村美丽乡村建设规划》《大陡山村乡村旅游服务规范》等适用性较强的特色企业标准59项，从生产、生活、旅游等方面着重对大陡山村的自然资源、茶叶种植和生产加工、果树资源、旅游资源进行整合提升，实现生态环境自然化、特色农业规模化、生产过程规范化、农业管理制度化、产品流通品牌化，在村庄规划、村庄建设、生态环境、经济发展、公共服务、精神文明、基层组织和长效管理等方面进行美丽乡村标准化示范，形成可推广、可复制的经验，使“美丽乡村”建设有标可循，在全省起到了示范辐射带动作用。

2016年6月，为贯彻落实《山东省人民政府关于深化标准化工作改革　提升“山东标准”建设水平的意见》（鲁政发[2015]26号），充分发挥“标准化＋”效应，实现“十三五”山东标准建设良好开局，山东省质量技术监督局印发了《2016年“山东标准”建设行动计划》，共开展威海汪疃镇、崂山唐家庄、济南施家崖、沂南竹泉村、滨州狮子刘等16个美丽乡村建设标准化试点项目。2016年9月，中共山东省委办公厅、省政府办公厅印发了《关于推进美丽乡村标准化建设的意见》，旨在深入贯彻落实中央关于建设美丽中国的战略部署，统筹城乡一体化发展，提升社会主义新农村建设水平，实现全省全面建成小康社会的目标；强调坚持抓点带面、连线成片，充分发挥典型示范引领作用，集中打造一批美丽乡村示范点、示范区，以示范建设的先进成果，带动美丽乡村标准化建设。实现到2020

年，全省70%以上的村庄达到美丽乡村建设标准，培育省级美丽乡村示范村2000个；到2025年，全省基本实现美丽乡村全覆盖，省级美丽乡村示范村达到5000个。2016年11月，国家标准委下发《关于下达第二批农村综合改革标准化试点项目的通知》，山东省费县、曲阜、青州、枣庄徐庄镇4家单位获批美丽乡村标准化试点建设。2017年7月，山东省质量技术监督局印发了《2017年“山东标准”建设行动计划》，共开展济南市鹊山南社区等17个美丽乡村建设标准化试点项目。

第二篇

美丽乡村建设规范》系列标准解读

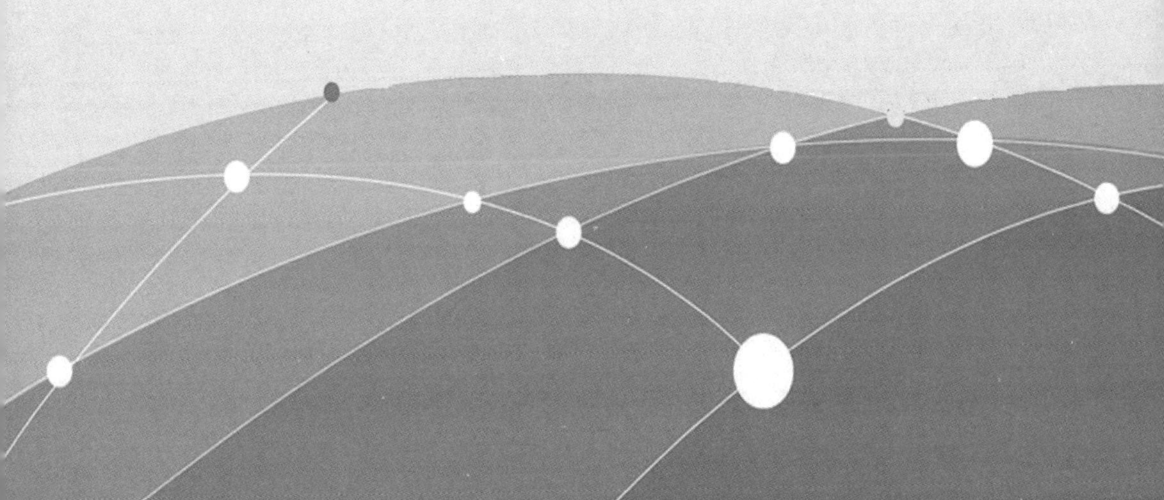

第六章 《美丽乡村建设规范》系列标准的基本情况

第一节 《美丽乡村建设规范》系列标准的研制背景

2012年，党的十八大首次提出建设“美丽中国”的任务和目标。“美丽中国”的建设重点和难点在于农村。2013年，中央一号文件提出要推进农村生态文明建设，努力建设美丽乡村。财政部、国务院农村综合改革办公室、农业部等相关部委相继出台措施和政策在全国推动美丽乡村建设。同时，美丽乡村建设又是新型城镇化建设的重要组成部分，为新型城镇化建设提供有效发展途径。新型城镇化在提高农村居民生活水平和质量的同时，也面临着乡村景观消失、工业化污染等诸多问题。美丽乡村建设一方面可以解决各地在城镇化过程中“千村一面”的问题，另一方面可以通过提倡发展现代农业、服务业等多种产业模式，减少或避免工业化带动城镇化发展带来的污染问题。

在这种背景下，实现美丽乡村的良性发展，不仅是社会主义新农村建设的必然要求，而且还是新型城镇化建设的必由之路。因此，如何指导美丽乡村建设成为当务之急。标准化是美丽乡村建设的抓手和创新驱动力，也是推动新型城镇化建设的重要手段。浙江安吉美丽乡村标准化试点的建立，是将标准化应用于美丽乡村、社会治理等更为广阔领域的首次创新。随后，全国13个省份被设立为美丽乡村标准化试点。2014年，浙江省、福建省发布了美丽乡村建设的地方标准，是我国最早发布美丽乡村地方标准的省份。2015年6月1日，随着国家标准《美丽乡村建设指南》的发布，弥补了我国现有标准体系中在国家层面尚没有与美丽乡村系统性建设相关标准的空白，为当前全国各地正在进行着的美丽乡村建设提供了评判标准，对建设社会主义新农村具有较强的指导意义。

尽管如此，我国目前仍存在涉及农村领域的标准不一或标准空白的问题。在农村基础设施建设和维护、公共服务和社会管理等资源配置方面，在系统的过程控制、质量管理、结果评价标准及运行维护、服务规范方面，仍然缺少相关标准的规范与指导，导致政府绩效考核难，政策效果评价难。

山东省在2011年出台了《中共山东省委、山东省人民政府关于加强生态文明乡村建设的意见》（鲁发[2011]10号），在全省范围内开展了生态文明乡村建设活动。从建设内容上来看，生态文明乡村建设按照统筹城乡发展的要求，以加快农村住房建设和危房改造、新型农村社区建设、土地综合整治为抓手，突出科学制定规划、加强住房建设、发展生态经济、加强环境整治、改善生活条件、完善公共服务、倡树文明新风等七大工作重点，这与2013年之后提出的美丽乡村建设内容相符；从建设本质上来看，"生态文明乡村"与"美丽乡村"只是社会主义新农村建设在新时期的不同名称界定。因此，为了保持山东省内开展新农村建设在名称上的一致性，保证生态文明乡村建设活动的稳定开展与进一步提高，本系列山东省地方标准采用"美丽乡村"的方式加以命名，即《美丽乡村建设规范》系列地方标准。

目前发布的国家标准《美丽乡村建设指南》（GB/T 32000—2015）仅对美丽乡村建设的基本要素作出了引导性的指导，针对具体建设实施的细节则没有描述。同时，国标为了保证标准在全国的适用性，照顾到我国西部地区部分乡村由于经济基础较弱、较难达标的现状，部分指标要求较山东省实际情况来说相对较低。此外，由于地区差异大，像浙江、福建等率先提出美丽乡村建设标准的省份均考虑到地区特色，在村庄建设、产业发展等方面因地制宜地提出了相应规范要求，更适应于本省美丽乡村的实际建设与发展，也更加利于政策、标准的有效实施与推动。因此，为更好地推进山东省美丽乡村建设，真正实现十六届五中全会提出的"生产发展、生活宽裕、乡风文明、村容整洁、管理民主"的社会主义新农村建设要求，山东省的美丽乡村建设迫切需要有针对性、符合山东省情的地方标准予以指导和引领。

第二节　《美丽乡村建设规范》系列标准的主要特点

《美丽乡村建设规范》山东省系列地方标准的编制结合"生产发展、生活宽裕、乡风文明、村容整洁、管理民主"二十字方针的核心内容，同时借鉴国家标准《美丽乡村建设指南》（GB/T 32000—2015）的编写结构，从标准具体条款看，有关内容的主要特点体现在以下五个方面：

一、突出规划引领

从规划原则、规划编制要素两方面确定美丽乡村规划的基本要求，强调规划应做到因地制宜、村民参与、合理布局和节约用地，明确指出规划编制应以需求和问题为导向。其中，“村民参与”的要求强化了村民在美丽乡村建设规划中的主体作用。

二、突出个性营造

如在村庄建设方面，强调可选择具有乡村特色和地域风格的建筑图样塑造乡村建筑风格，体现乡土原味和地域风情。在生活设施方面，规定了道路、桥梁、饮水、供电、通信等方面的要求，并对关键控制点提出具体技术指标要求。

三、突出重点把握

在标准内容安排上，对村庄规划和建设、生态环境、经济发展、公共服务等与农业生产、农村发展、农民生活关系密切的内容进行重点规范，突出“生产、生活、生态”三生协调发展。

四、突出文化传承

如对文化体育、乡风文明等方面内容进行规范。主要目的是让农民既能拥有现代健康生活情趣，同时又能享受传统农村文化的熏陶，保得住传统，记得住乡愁。

五、突出环保生态

在环境生态方面，对环境质量、污染防治、生态保护与整理、村容整洁等百姓关心的农村环境问题提出明确要求，特别是强调农村大气、声、土壤和水环境质量应达到与当地环境功能区相对应的要求，让老百姓共享天蓝、气优、水净的美丽乡村。

第七章 《美丽乡村建设规范》系列标准的主要内容

第一节 《美丽乡村建设规范》系列标准的主要架构

美丽乡村建设涉及“农业、农村、农民”问题，又涉及“生产、生活、生态”问题，还涉及“民居、民生、民俗”问题，同时还要兼顾农村硬件设施建设以及管理服务等软性要求。在总结各地区成功经验的基础上，确定了美丽乡村的内涵是“规划科学、村容整洁、生产发展、乡风文明、管理民主，且宜居、宜业的可持续发展的乡村”，并确定了系列标准的主体框架(见图 7-1)。

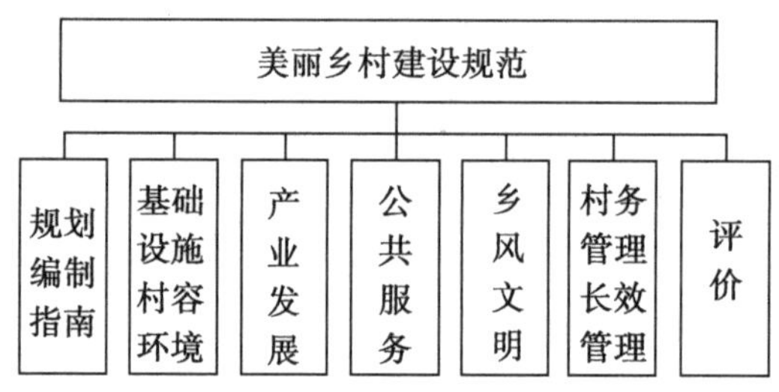

图 7-1 山东省美丽乡村建设系列标准框架

第二节 《美丽乡村建设规范》系列标准的主要内容概述

山东省美丽乡村系列标准的内容主要包括规划编制指南、基础设施与村容环境、产业发展、公共服务、乡风文明、村务管理和评价七个标准文本。

一、《美丽乡村建设规范 第1部分:规划编制指南》

此标准规定了美丽乡村建设规划编制的原则、工作程序和主要内容,适用于指导山东省美丽乡村建设规划编制工作。标准在编制过程中参考了《村庄整治规划编制办法》《山东省村庄建设规划编制技术导则(试行稿)》《山东省农村新型社区建设技术导则(试行)》和《历史文化名城名镇名村保护规划编制要求(试行)》等相关政策、标准的规定,对规划编制的原则、要求、要素等进行了界定,确定了此标准的章节结构,包括规划编制原则、总体要求和规划要素。从现状分析、村庄建设、村容环境、产业发展、公共服务、村风文明、村务管理和保障机制等方面提出了美丽乡村建设规划的要素。

二、《美丽乡村建设规范 第2部分:基础设施与村容环境》

此标准规定了山东省美丽乡村建设中基础设施与村容环境的内容和要求,用于指导美丽乡村建设中基础设施与村容环境建设工作。此部分参考《中共山东省委、山东省人民政府关于加强生态文明乡村建设的意见》《山东省农村新型社区和新农村发展规划(2014～2030)》《山东省建设社会主义新农村总体规划(2006～2020)》和《山东省农村新型社区建设技术导则(试行)》等文件,围绕村庄基础设施、村容环境和生态环境的基本要素建设要求,对村庄内道路、桥梁、给排水、供电、照明等基础设施的建设作出了规定,对房屋建筑、村容维护、环境卫生、村庄绿化、厕所改造、厨房改造和病媒生物防治等村容环境内容进行了规范,并对清洁能源使用、生态环境保护等提出了具体要求。

三、《美丽乡村建设规范 第3部分:产业发展》

此标准规定了美丽乡村建设中产业发展的基本要求和主要内容,用于指导美丽乡村建设产业发展工作。此标准参考《美丽乡村建设指南》(GB/T 32000—2015)中产业发展的框架,对村庄的产业发展的农业、工业、服务业进行了规范。内容主要参考《中共山东省委、山东省人民政府关于加强生态文明乡村建设的意见》《山东省农村新型社区和新农村发展规划(2014～2030)》《山东省建设社会主义新农村总体规划(2006～2020)》和《山东省农业农村经济发展"十二五"规划》等文件。在农业方面,从新型经营主体、农业生产设施和农业发展要求等三个方面提出了要求;在工业方面,从发展类型和发展要求两个部分进行了规范;在服务业方面,对乡村旅游和其他服务业的产业发展提出了要求。

四、《美丽乡村建设规范　第4部分:公共服务》

此标准规定了美丽乡村的医疗卫生、公共教育、文化体育、养老服务、社会保障、劳动就业、公共安全、便民服务等公共服务建设的要求。根据各地调研实际情况,并结合山东省农村公共服务体系建设要求,确定标准框架。由于地区差异较大,国家标准在制定过程中考虑到中西部大部分落后地区经济基础较弱,在部分指标达到要求上存在一定困难,因此对公共服务的要求进行了简化。在定量指标时,考虑到全国各地的水平差异,一些指标体现了最大公约数。此标准根据山东省实际情况,通过细化、修改公共服务的主要技术内容,与国家标准协调、衔接。

五、《美丽乡村建设规范　第5部分:乡风文明》

此标准规定了山东省美丽乡村中乡风文明建设相关的术语和定义、建设原则、建设内容和要求。此标准充分结合国家及山东省美丽乡村建设的具体要求,重点按照《关于在全省农村实施“乡村文明行动”的意见》(鲁办发[2011]11号)的文件内容形成标准的主要框架及内容。标准指明了美丽乡村村风文明建设的基本原则,明确了“村风民俗、道德风尚、村民素质、文化建设、文化保护与传承”五部分建设内容。

六、《美丽乡村建设规范　第6部分:村务管理》

此标准规定了山东省美丽乡村建设中村务管理与长效管理的基本要求和主要内容,用于指导美丽乡村建设村务管理与长效管理工作。此标准参考《美丽乡村建设指南》(GB/T 32000—2015)中基层组织建设的框架,结合《中国共产党农村基层组织工作条例》《村民委员会组织法》《山东省农村新型社区建设技术导则(试行)》《民兵工作条例》《关于进一步加强农村集体资产管理》《山东省村务公开条例》《山东省农村新型社区和新农村发展规划(2014～2030)》和《山东省建设社会主义新农村总体规划(2006～2020)》等文件,规范了村党组织、村民委员会、村务监督机构、村集体经济组织、村民兵连等基层组织建设的内容与工作要求,对长效管理中的公众参与、保障与监督提出了具体要求。此标准规范的内容与国家标准既有共性又有创新,为山东省美丽乡村建设的村务管理与长效管理提供了强有力的保障。

七、《美丽乡村建设规范　第7部分:评价》

此标准规定了山东省美丽乡村评价原则、基本条件、评价内容、评价方法,适用于山东省美丽乡村评价工作。在总结各地区成功经验的基础上，结合《美丽乡村建设规范》的第1～6部分的内容，确定了山东省美丽乡村评价内容的主体框架(见图7-2)。在村庄规划编制、基础设施、村容环境、公共服务等领域规定了85项指标，提出了山东省美丽乡村建设质量水平的评价“准绳”。在指标的设置上，采用定性与定量指标相结合的方式，定性指标的描述与定量指标的量化依据主要来源于政策文件、标准等约束性材料要求。根据专家打分法确定各项指标权重，即分值。赋分以总分为1000分计，另设100分加分项。各项评价内容赋分分别为：规划编制60分、基础设施200分、村容环境280分、产业发展120分、公共服务200分、乡风文明80分、村务管理60分。专家通过资料考查和现场考查的方式进行打分，总分计算方法为各项指标分数之和，加分项得分仅作参考，不计入总分。评价结果分为A、B、C、D四个等级：总分在900分(含)以上的村庄等级为A，总分在800(含)～900分(不含)的村庄等级为B，总分在700(含)～800分(不含)的村庄等级为C，总分在700分(不含)以下的村庄等级为D。

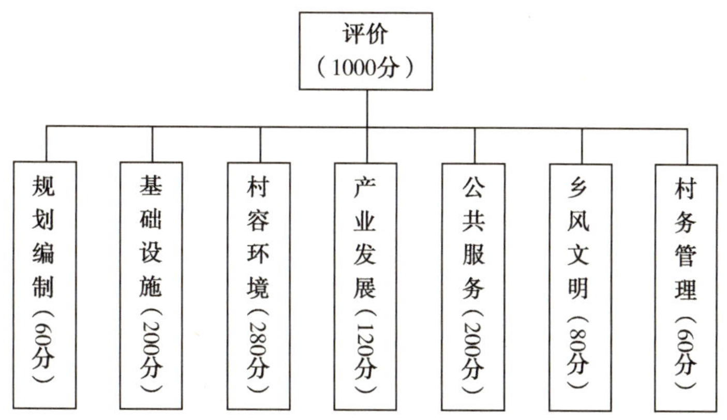

图7-2 山东省美丽乡村评价内容的主体框架

第三节 《美丽乡村建设规范》系列标准的量化指标依据来源

山东省美丽乡村系列标准的技术内容采取定性和定量相结合的方法，汇集了山东省农工办、财政、农业、住建、环保、民政、卫生、教育等部门的相关工作要求，总结浙江、福建、安徽和山东省有关地市美丽乡村建设先进经验，明确了山东省美丽乡村建设在总体方向和基本要求上的“最大公约数”，在村庄建设、生态环境、经济发展、公共服务等领域规定了44项量化指标，就美丽乡村建设给予目标性指导。

表 7-1 为量化指标依据来源。

表 7-1　　量化指标依据来源

序号	指标	指标要求	依据及来源	备注
1	规划期限	10～15 年	中共山东省委农工办的要求定位 10～15 年	
2	主干道硬化率	100%	《美丽乡村建设指南》(GB/T 32000)：路面硬化率 100%	等同引用
3	自来水普及率	90%	《山东省文明村镇考核标准(试行)》：自来水普及率 100%	地市农工办建议“自来水普及率 100%”修改为“自来水普及率 90%以上”
4	村庄主干道和公共场所路灯安装率	100%	《山东省文明村镇考核标准(试行)》：公共场所路灯安装率 100%	等同引用
5	路灯正常运行率	100%	根据山东调研工作实际情况制定	
6	生活垃圾无害化处理率	100%	山东省环保厅意见反馈	
7	村庄绿化率	山区≥80%	根据山东调研工作实际情况制定	《美丽乡村建设指南》(GB/T 32000)及国家生态文明建设示范村镇指标(试行)：山区≥80%，丘陵≥50%，平原≥35%
8	村庄绿化率	丘陵≥50%		
9	村庄绿化率	平原≥35%		
10	中心公共绿地面积	≥400 平方米	《山东省村庄建设规划编制技术导则(试行稿)》	等同引用
11	家庭卫生厕所覆盖率	≥90%	《美丽乡村建设指南》(GB/T 32000)：户用卫生厕所普及率≥80%	依据山东省改厕要求
12	农膜回收率	≥90%	《美丽乡村建设指南》(GB/T 32000)：环保部生态村东部 90%	等同引用
13	可控降解地膜	≥30%	《山东省人民政府办公厅关于印发山东省耕地质量提升规划(2014～2020 年)的通知》(鲁政办发[2014]48 号)	等同引用
14	农作物秸秆综合利用率	≥90%		
15	村域内畜禽粪便利用率	≥95%	《山东省人民政府办公厅关于印发山东省耕地质量提升规划(2014～2020 年)的通知》(鲁政办发[2014]48 号)	等同引用

续表

序号	指标	指标要求	依据及来源	备注
16	畜禽养殖场(小区)粪便综合利用率	100%	《美丽乡村建设指南》(GB/T 32000):畜禽粪便综合利用率≥80%	等同引用
17	配套建设废弃物处理设施比例	100%	《山东省人民政府办公厅关于印发山东省耕地质量提升规划(2014～2020年)的通知》(鲁政办发[2014]48号)	等同引用
18	病死畜禽无害化处理率	100%	《美丽乡村建设指南》(GB/T 32000):病死畜禽无害化处理率100%	等同引用
19	工业企业污染物排放达标率	100%	《美丽乡村建设指南》(GB/T 32000):工业污染源达标排放率100%	等同引用
20	农民人均可支配收入高于省平均水平	10%	根据山东调研工作实际情况制定	《农业部"美丽乡村"创建目标体系》要求"产业发展和农民收入增速在本县域处于领先水平"
21	主要农产品中有机、绿色食品、无公害农产品种植面积的比重	≥60%	《国家生态文明建设示范村镇指标(试行)》:主要农产品中有机、绿色食品种植面积的比重≥60%	后根据专家要求改为"主要农产品中有机、绿色食品、无公害农产品种植面积的比重≥60%"
22	每村宜设置村卫生室数量	≥1	《村卫生室管理办法(试行)》(国卫基层发[2014]33号)	等同引用
23	每千村民配备村卫生室人员个数	≥1		
24	村卫生室建筑面积	≥80平方米	《关于贯彻国办发[2011]31号文件进一步加强乡村医生队伍建设的实施意见》(鲁政办发[2011]53号):纳入省统一规划设置的村卫生室业务用房面积应不低于80平方米	等同引用
25	学前三年毛入园率	≥85%	《山东省中长期教育改革和发展规划纲要(2011～2020年)》:教育事业发展及人力资源开发主要目标,2020年学前三年毛入园率85%	等同引用

续表

序号	指标	指标要求	依据及来源	备注
26	九年义务教育巩固率	≥98%	《山东省中长期教育改革和发展规划纲要（2011～2020年）》：教育事业发展及人力资源开发主要目标，2020年九年义务教育巩固率98%	等同引用
27	公共电子阅览室配置电脑数量	≥10	《山东省村级文化大院建设与服务标准》	修改引用
28	每年参加上级文化部门组织的业务培训天数	≥5	山东省文化厅提出	
29	综合性文体服务中心面积	≥200平方米	《山东省基本公共文化服务实施标准（2015～2020年）》：村（社区）建有符合标准的综合性文化服务中心（文化大院）和文体小广场，面积分别不低于200平方米、500平方米	等同引用
30	文体公共活动广场面积	≥500平方米		等同引用
31	文体公共活动广场人均面积	人口在1700人以上村庄的人均面积应不低于0.3平方米	《关于对〈生态文明乡村建设规范〉体育设施配建标准的修改建议》	等同引用
32	居民基本医疗保险参保率	≥97%	《关于印发山东省基本公共服务体系建设行动计划（2013～2015年）的通知》（鲁政发[2013]18号）：新型农村合作医疗参保人数达到6000万人以上，参合率稳定在97%以上；城镇居民基本医疗保险参保人数达到1470万人以上，参保率稳定在97%以上	等同引用
33	农村最低生活保障目标人群覆盖率	100%	《关于印发山东省基本公共服务体系建设行动计划（2013～2015年）的通知》（鲁政发[2013]18号）：最低生活保障，目标人群覆盖率100%	等同引用

续表

序号	指标	指标要求	依据及来源	备注
34	农村五保供养目标人群覆盖率	100%	《关于印发山东省基本公共服务体系建设行动计划(2013～2015年)的通知》(鲁政发[2013]18号):农村五保供养,目标人群覆盖率100%,其中:农村五保集中供养率70%以上	等同引用
35	集中供养率	≥70%		等同引用
36	失能老年人护理补贴覆盖率	100%	省民政厅提出	
37	低收入家庭身故者殡葬补贴覆盖率	100%	《关于印发山东省基本公共服务体系建设行动计划(2013～2015年)的通知》(鲁政发[2013]18号):殡葬补贴,目标人群覆盖率100%	等同引用
38	文明户创建率	≥90%	《山东省文明村镇考核标准(试行)》	等同引用
39	村民普遍掌握实用技术	1门以上	《山东省文明村镇考核标准(试行)》	
40	每月放映电影场数	≥1	《关于加快构建现代公共文化服务体系的实施意见》(鲁办发[2015]25号)	等同引用
41	村民委员会组成人数	3～7人	《中华人民共和国村民委员会自治法》	等同引用
42	妇女代表会主任人数	1	《中华全国妇女民主联合会章程》	等同引用
43	村务财务每月公开次数	1	《山东省文明村镇考核标准(试行)》	等同引用
44	村民满意度率	≥95%	根据山东调研工作实际情况制定	以满意度测评结果为依据

第八章 《美丽乡村建设规范》系列标准条文解读

第一节 《美丽乡村建设规范 第1部分:规划编制指南》条文解读

一、范围

【标准条文】

1 范围

DB37/T 2737的本部分规定了美丽乡村建设规划编制的原则、总体要求和编制要素。

本部分适用于山东省美丽乡村规划编制工作。编制其他村庄规划时,可参照本标准执行。

【释义】

标准中的规定在所界定的界限"范围"内具有适用性。DB37/T 2737.1—2015的第1章"范围"明确界定了该标准中的条款所适用的特定范围和领域。"范围"一方面明确了标准规划编制要求和内容的范围,包括规划编制的基本原则和总体要求以及规范山东省美丽乡村规划编制的具体要素;另一方面明确了标准的适用范围,适用于山东省美丽乡村规划编制工作,编制其他村庄规划时,可参照本标准执行。

二、规范性引用文件

【标准条文】

2 规范性引用文件

下列文件对于本文件的应用是必不可少的。凡是注日期的引用文件,仅所注日期的版本适用于本文件。凡是不注日期的引用文件,其最新版本(包括所有的修改单)适用于本文件。

GB 5749　生活饮用水卫生标准

GB 7959　粪便无害化卫生要求

GB 18055　村镇规划卫生规范

GB 19379　农村户厕卫生规范

GB 50011　建筑抗震设计规范

GB 50039　农村防火规范

GB 50201　防洪标准

GB 50445　村庄整治技术规范

GB 50952　农村民居雷电防护工程技术规范

CECS 354　乡村公共服务设施规划标准

DL 493　农村低压安全用电规程

【释义】

DB37/T 2737.1—2015 的第 2 章"规范性引用文件"是《美丽乡村建设规范　第1 部分:规划编制指南》(以下简称《规划编制指南》)中直接引用的标准。不注日期的引用标准,其最新版本(包括所有的修改单)适用于《规划编制指南》。例如,所引用的标准《建筑抗震设计规范》,其现行标准是《建筑抗震设计规范》(GB 50011—2010),此标准的修订工作正在进行,修订版本发布后,《规划编制指南》中所提出的建筑抗震设计规范应符合《建筑抗震设计规范》发布实施的修订版的要求。

三、编制原则

【标准条文】

3　编制原则

3.1　以人为本,村民参与

3.1.1　村庄规划编制应深入农户实地调查,充分尊重农民意愿,并宣讲规划意图和规划内容。

3.1.2　村庄规划应经村民会议或村民代表会议讨论通过并公示,经批准后公布实施。

【释义】

DB37/T 2737.1—2015 的第 3 章"编制原则"是《美丽乡村建设规范　第 1 部分:规划编制指南》的总体原则,是贯穿美丽乡村建设规范系列标准每一条款的基本要义。DB37/T 2737.1—2015 的"3.1"强化了村民在美丽乡村建设规划中的主体作用,也是村庄规划编制的首要原则。《山东省建设社会主义新农村总体规划(2006～2020 年)》指出新农村建设中应"充分发挥农民主体作用,尊重农民意愿,维护农民利益,切实解决农民生产生活中的实际问题,让农民得到实惠。”村庄的规划编制依据《美丽乡村建设指南》(GB/T 32000—2015)提出应充分发挥村民的民主管理作用,激发村民广泛参与的积极性,保障村民的权益。应广泛征求并充分尊重农民意愿,保障农民群众的知情权、参与权、表达权、决策权和监督权。

村庄的规划编制,一是应深入农户进行实地调查,包括探访村民、问卷调查等,集思广益,吸纳村庄发展的建设性意见,同时挖掘村庄发展和管理中亟待解决的问题,结合意见和问题导向,开展村庄的规划编制工作。在规划编制的不同阶段,通过通俗易懂的语言、文字、图片等对规划意图和内容进行宣讲,并广泛听取村民意见,使村民的需求和问题导向在规划编制中得以体现。二是村庄规划编制应经村民会议或村民代表会议讨论通过,并于村庄显著位置公示,再次向村民征求意见,在一定公示期内无意见时,报相关部门经批准后公布实施。

村庄的规划编制应立足于农户和村庄的实际,不搞政绩工程和形象工程,应充分发挥村民的主体作用。

【标准条文】

3.2 生态优先,因地制宜

3.2.1 以绿色生态为导向,根据乡村资源禀赋,因地制宜编制村庄规划,尊重自然,注重传统文化的保护和传承,维护乡村风貌,突出地域特色。

3.2.2 村庄规模较大、情况较复杂时,宜编制经济可行的村庄整治等专项规划。历史文化名村和传统村落应编制历史文化名村保护规划和传统村落保护发展规划。

【释义】

绿色是乡村的底色,生态是乡村的优势。应用绿色生态理念作为引领,依据乡村资源禀赋,规划美丽乡村的建设。

中共山东省委印发的关于《加强生态文明乡村建设的意见》(鲁发[2011]10号)中指出,村庄规划应“坚持因地制宜、分类指导,突出地域特色和人文风貌,不搞一刀切、齐步走。”山东省住房和城乡建设厅印发的关于《山东省农村新型社区和新农村发展规划(2014～2030)》中指出,村庄规划编制原则应“坚持因地制宜、传承文化、突出特色,根据自然环境、发展基础和资源禀赋,打造各具特色的农村新型社区和新农村。”

DB37/T 2737.1—2015 的“3.2”参考《美丽乡村建设指南》(GB/T 32000—2015)提出应依据现有的条件和格局,秉承绿色生态的发展模式,充分发挥各地的比较优势,探索行之有效的建设模式和途径,突出特色,注重实效,典型引路,量力而行,尽力而为,不强求一律,杜绝形式主义。

【标准条文】

3.3 合理布局,节约用地

3.3.1 科学区分生产生活区域,功能布局合理、安全、宜居、美观、和谐,配套完善。

3.3.2 依法、科学、合理、统筹使用土地,不得占用基本农田。公共活动场所的规划与布局应充分利用闲置土地、现有建筑及设施等。

【释义】

《山东省土地利用总体规划(2006～2020)》提出"优先保护自然生态空间,合理配置各类用地,构建生态文明的宜居城乡环境"的指导思想。国土资源部发布的《关于推进土地节约集约利用的指导意见》指出"土地节约集约利用是生态文明建设的根本之策"。DB37/T 2737.1—2015 的"3.3.1"和"3.3.2"依据《美丽乡村建设指南》(GB/T 32000—2015)提出应按照有利生产、方便生活、适度集中的要求,科学区分生产生活区域,规划编制布局合理、功能完善、设施配套、环境优美的美丽乡村。应落实严格的耕地保护制度和节约用地制度,按照"保护耕地、集约用地、严控增量、盘活存量"的原则,严控新建人均建设用地面积,充分利用闲置土地、未利用地规划公共场所,满足居民生产生活用地需求,规划编制安全、宜居、美观、和谐的生态文明乡村。

【标准条文】

3.4 多规融合,协调系统

3.4.1 村庄规划应与经济社会发展规划、土地利用规划、生态功能区规划、城乡规划等其他规划协调统一,系统衔接。

3.4.2 统筹考虑相关规划的特点,合理确定规划目标和目标年限。

【释义】

2014 年 8 月,国家发改委、国土资源部、环境保护部、住房和城乡建设部等四部委印发了《关于开展市县"多规合一"试点工作的通知》,在全国确立了 28 个市县作为"多规合一"试点。"多规合一",是按照资源环境承载能力,合理规划引导人口、产业、城镇、公共服务、基础设施、生态环境、社会管理等方面的发展方向及布局重点,将经济社会发展规划、城市总体规划、土地利用总体规划和生态环境保护规划中有关内容统一起来,落实到一个共同的空间规划平台上,最终形成一本规划和一张蓝图,而这本规划和这张蓝图将涵盖当地经济社会发展、主体功能区建设、城镇建设、土地利用、基础设施和生态环境等内容,进一步增强规划的权威性和有效性,使规划真正成为建设和管理的依据和龙头。根据乡镇创建工作现状与生态文明建设示范乡镇指标之间差距,确定创建周期,划分创建阶段。根据村庄创建工作的现状与特点,统筹考虑和合理确定创建规划的目标和周期。

四、总体要求

【标准条文】

4　总体要求

4.1　编制规划应以需求和问题为导向，综合评价村庄的发展条件，提出村庄建设的指导思想和发展目标。

4.2　规划图文表达应简明扼要，规划期限一般为10～15年。

【释义】

DB37/T 2737.1—2015的第4章“总体要求”阐明了编制规划应建立在对村庄的现状进行深入调查的基础上，以实际需求和问题为导向，综合评价村庄的发展条件，从统筹和顶层设计上提出村庄建设的指导思想和发展目标。此外，规划编制在国标要求的基础上，考虑到一般村庄建设规划的年限和山东省美丽乡村的建设目标年限，将规划期限定为10～15年，并应以简明扼要、通俗易懂的图文结合形式表达，便于理解和使用，提高村民的参与度，确保规划的落地实施。

五、编制要素

【标准条文】

5　编制要素

5.1　现状分析

5.1.1　应描述村庄基本发展概况，包括地理位置、自然环境条件、历史文化、风景名胜等内容。

5.1.2　应描述村庄社会发展概况，包括人口状况，基础设施状况，科、教、文、卫状况等内容。

5.1.3　应分析评价村庄产业发展现状和生态环境现状。

【释义】

DB37/T 2737.1—2015的第5章“编制要素”对美丽乡村建设规划编制中的主要指标要素进行了界定，结构和内容参考了《山东省村庄建设规划编制技术导则》《山东省村镇规划编制办法》《历史文化名城名镇名村保护规划编制要求(试行)》和《村庄整治规划编制办法》。现状分析是所有规划编制的基础。描述村庄发展现状一般从村庄基本发展概况(如地理位置、自然环境条件、历史文化、风景名胜等)和社会、经济发展状况(如人口状况，基础设施状况，科、教、文、卫状况等)入手。为凸显美丽乡村建设的产业特色和生态优先原则，还应对村庄产业发展现状和生态环境现状进行描述。

【标准条文】

5.2 定位与规模

5.2.1 应根据自然环境、历史发展过程、现状建设基础、社会经济发展水平等因素，结合地区发展需求，确定村庄发展定位。

5.2.2 预测规划期末常住人口数量，确定村庄人口规模。

【释义】

村庄规划对村庄定位与规模的要求一般有两种形式：一是明确提出村庄分类和人口规模要求；二是指出村庄定位和人口规模预测的条件和方式，但不具体指出村庄分类类型。前者多为在实际勘察基础上针对具体片区提出的规划方案，本标准基于适用性的考虑，采取后者，提出应根据自然环境、历史发展过程、现状建设基础、社会经济发展水平等因素，结合地区发展需求，确定村庄发展定位，并预测规划期末常住人口数量，确定村庄人口规模。

【标准条文】

5.3 村庄建设

5.3.1 用地与布局

5.3.1.1 村庄建设用地选择应科学合理、有利生产、方便生活、适度集中，符合安全与防灾要求。

5.3.1.2 因地制宜提出村庄建设方案，明确建设用地范围和规模，合理确定居住用地与生产用地，并应符合 GB 18055 的要求。

5.3.1.3 提出村庄竖向设计方案，合理利用地形地貌，减少土石方工作量。

【释义】

村庄建设是村庄规划的重要组成部分，也是现有村庄规划的主要内容。一般包括用地与布局、住宅建设、基础设施和公共服务设施建设等方面。村庄建设用地选择应科学合理、有利生产、方便生活、适度集中，符合安全与防灾要求。因地制宜地提出村庄建设方案，明确建设用地范围和规模，合理确定居住用地与生产用地。借鉴《山东省村镇规划编制办法》提出村庄竖向设计方案，合理利用地形地貌，减少土石方工作量。

【标准条文】

5.3.2 住宅建设

5.3.2.1 统筹村民建房与村庄整治改造，提出农房建设、改造、危旧房加固等方案，对房屋的风格、色彩、空间结构、高度控制等提出设计指引。

5.3.2.2 住宅设计应尊重当地传统风俗习惯，突出地方特色，方便农民生活，鼓励使用建筑节能技术。

5.3.2.3 确定村庄传统民居、历史建筑物与构筑物的保护与利用措施，确定保护对象,划定保护区。

【释义】

村民住宅是村民最重要的家庭财产,是改善村民生产生活条件的重要内容,是构建美丽乡村的重要组成部分。规范农村村民住宅建设,提高住宅质量,完善居住功能,保障居住安全,改善人居环境,是推进美丽乡村建设的必然要求。因此,美丽乡村规划的住宅建设编制方案应提出统筹村民建房与村庄整治改造,农房建设、改造、危旧房加固等方案,参考《村庄整治规划编制办法》要求对房屋的风格、色彩、空间结构、高度控制等提出设计指引。住宅设计应尊重当地传统风俗习惯,突出地方特色,方便农民生活,鼓励使用建筑节能技术。参考《历史文化名城名镇名村保护条例》等提出确定村庄传统民居、历史建筑物与构筑物的保护与利用措施,确定保护对象,划定保护区。提出村庄安全防灾减灾设施建设要求,提出道路、给排水设施、供电通信、能源利用、厕所、垃圾收集设施和管线建设方案。确定管理、教育、文体科技、医疗保健、商业和社会福利等公共服务设施的类型、位置、规模、布局形式等要求。

【标准条文】

5.3.3 基础设施

5.3.3.1 提出村庄安全防灾减灾设施建设要求,明确消防、防洪、防震、防地质灾害、防气象灾害、防疫等要求,符合 GB 50011、GB 50039、GB 50201、GB 50445、GB 50952、DL 493 的规定,建立灾害应急反应机制。

5.3.3.2 提出道路改造与建设方案,明确道路布局、等级、宽度、材料及停车场等要求。

5.3.3.3 提出给水设施建设方案,明确水源、水质、用水量、管网建设等饮水安全要求,符合 GB 5749 的规定。

5.3.3.4 提出排水处理设施建设方案,明确排水量、排水体制、排放标准、排水管渠、污水、雨水处理等要求,鼓励使用资源化、生态化污水处理设施。

5.3.3.5 提出供电设施建设方案,明确村庄供电负荷、供电线路、供电设施配置等要求。

5.3.3.6 提出村庄通信设施建设方案,明确广播、电视、电话、网络、邮政等通信要求。

5.3.3.7 提出村庄能源利用方案,明确村庄供热要求,推广节能改造技术,鼓励使用清洁能源。

5.3.3.8 提出厕所建设和改造方案,确定卫生厕所建设和粪便处理要求,符合 GB 7959 和 GB 19379 的规定。

5.3.3.9 提出垃圾收集设施建设方案,确定垃圾收集方式,鼓励垃圾分类,提高村民环保意识。

5.3.3.10 提出管线综合方案，明确管线铺设顺序、距离等要求。

【释义】

基础设施规划是美丽乡村建设规划的重要内容。基础设施的改善是农业和农村发展的有力支撑，是美丽乡村建设的有力抓手，也是广大农民群众看得见、摸得着、最能感受到的实惠所在。科学的基础设施规划，可以为农业增产、农民增收、农村繁荣注入强劲动力。因此，美丽乡村规划的基础设施编制方案应提出各项基础设施和建设要求，为实现村民安居，进一步推进城乡一体化提供了保障。参考《山东省村庄建设规划编制技术导则》，在 DB37/T 2737.2—2015 标准中对美丽乡村基础设施建设提出了具体要求，并在标准的解读中详细阐明了标准条款的要义。

【标准条文】

5.3.4 公共服务设施

5.3.4.1 提出村庄公共服务设施建设方案，确定管理、教育、文体科技、医疗保健、商业和社会福利等设施的类型、位置、规模、布局形式等要求，符合 CECS 354 的规定。

5.3.4.2 公共服务设施应集中设置，可适当预留发展用地。

5.3.4.3 公共服务设施建设规模应与人口规模相适应，规模较小村庄可多村并建。

【释义】

基本公共服务均等化是城乡统筹规划的关键一环，为达到城乡公共服务一体化，在城乡统筹规划中，应重点关注乡村公共服务设施规划，将公共服务设施向乡村延伸。我国当前乡村公共服务设施规划面临着村庄量大面广、公共服务设施从无到有以及缺乏相应标准指导三大难题。参考《山东省村庄建设规划编制技术导则》，在 DB37/T 2737.2—2015 标准中对美丽乡村公共服务设施建设提出了具体要求，并在标准的解读中详细阐明了标准条款的要义。

【标准条文】

5.4 村容环境

5.4.1 村容整治

5.4.1.1 应提出村容整治方案，确定村庄风貌特色，提出村容环境布局、设计与建设要求，符合 GB 50445 的规定。

5.4.1.2 村庄景观应体现地方特色，空间布局、建筑风格与周边环境自然和谐。

5.4.1.3 应充分保留或利用现有坑(水)塘与河渠水道，有条件的村庄可结合地形地貌和绿化景观要求修建水塘、水景,并提出定期维护方案。

5.4.1.4　公共活动空间的环境设计,应处理好功能建筑、辅助建筑、生态景观建筑与人的活动之间的相互关系,突出景观效果。

【释义】

美丽乡村建设主要以现有乡村的改造为主,注重乡村景观的维系和生态环境的保护。村容环境的规划主要从村容整治、绿地建设和生态环境三个方面提出要求。美丽乡村规划的村容整治编制方案应确定村庄风貌特色,体现地方特色,充分保留或利用现有坑(水)塘与河渠水道,处理好功能建筑、辅助建筑、生态景观建筑与人的活动之间的相互关系。在DB37/T 2737.2—2015标准中对美丽乡村村容环境建设提出了具体要求,并在标准的解读中详细阐明了标准条款的要义。

【标准条文】

5.4.2　绿地建设

5.4.2.1　提出村庄绿地建设方案,确定绿地面积、绿地率、绿地布局、植物种类等要求。

5.4.2.2　村庄绿地应结合住宅和公共设施的配置,村口、集中活动场所应设置集中绿地,主要道路、河渠、边沟应布置绿化带或行道树。

5.4.2.3　植物应尽量选用乡土树种,提高林木覆盖率。

【释义】

乡村绿地建设规划对于乡村的布局、特色的塑造和生态环境的保育起着决定性作用。绿地建设规划应根据地域的自然、社会和经济条件不同,坚持因地制宜、适地适树和尊重群众习俗的原则。美丽乡村规划的绿地建设编制方案应确定绿地面积、绿地率、绿地布局、植物种类等要求,提高林木覆盖率。

【标准条文】

5.4.3　生态环境

5.4.3.1　提出村庄环境质量保护目标,确定村域内大气、水、声、土壤环境质量保护措施。

5.4.3.2　提出村庄污染防治目标,确定村域内污染防治处理措施。

5.4.3.3　提出村庄生态保护与治理目标,确定生态保护与治理措施。

【释义】

良好的生态环境是人和社会持续发展的基础。建设美丽乡村,首要任务是全面提升农村生态环境,努力把农村打造成环境优美、生态宜居、底蕴深厚、各具特色的乡村,并积极推动社会物质财富与生态财富共同增长、社会环境质量与农民生活质量同步提高。因此,美丽乡村规划的生态环境编制方案应提出生态保护与治理目标,确定生态保护与治理措施,以保护乡村生态环境。

【标准条文】

5.5　产业发展

5.5.1　提出具有当地特色的产业发展方案，确定产业发展目标和产业布局，提出具体发展措施。

5.5.2　鼓励推广现代生态循环农业，培育新型农业经营主体，壮大村级集体经济。

5.5.3　建设产业园区的村庄，提出产业园区建设方案。

【释义】

产业发展是美丽乡村建设的重要支撑，在 DB37/T 2737.3—2015 标准中提出了具体要求，并在标准的解读中详细阐明了标准条款的要义。对于美丽乡村规划的产业发展编制方案应提出具有当地特色的产业发展方案，确定产业发展目标和产业布局，提出具体发展措施。鼓励推广现代生态循环农业，参考《关于引导农村土地经营权有序流转发展农业适度规模经营的意见》提出培育新型农业经营主体，壮大村级集体经济。

【标准条文】

5.6　公共服务

5.6.1　提出村庄公共服务发展目标，明确服务内容与范围等要求。

5.6.2　从医疗卫生、公共教育、文化体育、社会保障、劳动就业、公共安全、便民服务等方面提出具体发展措施。

【释义】

随着工业化、信息化、城镇化、市场化、国际化深入发展，农村居民收入水平不断提高，消费结构加快转型升级，各类公共服务需求日趋旺盛。对于美丽乡村规划的公共服务编制方案应提出村庄公共服务发展目标，明确服务内容与范围等要求。从医疗卫生、公共教育、文化体育、社会保障、劳动就业、公共安全、便民服务等方面提出具体发展措施。在 DB37/T 2737.4—2015 标准中提出了具体要求，并在标准的解读中详细阐明了标准条款的要义。

【标准条文】

5.7　乡风文明

5.7.1　提出乡风文明发展目标，确定乡风民俗、道德素质等乡风文明发展措施。

5.7.2　提出文化传承保护与发展目标，明确村庄历史文化、乡土特色、景观风貌等的保护与发展要求。

【释义】

乡风文明是社会主义精神文明在农村的具体体现，是建设美丽乡村的灵魂。

对于美丽乡村规划的乡风文明编制方案应提出乡风文明发展目标，确定乡风民俗、道德素质等乡风文明发展措施。应提出文化传承保护与发展目标，明确村庄历史文化、乡土特色、景观风貌等的保护与发展要求。在 DB37/T 2737.5—2015 标准中提出了具体要求，并在标准的解读中详细阐明了标准条款的要义。

【标准条文】

5.8 村务管理与长效管理

5.8.1 提出村务管理建设目标，明确组织建设、制度设计、村规民约等要求。

5.8.2 提出长效管理目标，可从公众参与、规章制度制定、监督检查等方面明确工作要求。

【释义】

农村村务管理工作关系着农民的切身利益，关系着农村的稳定和发展。对于美丽乡村规划的村务管理与长效管理编制方案应提出村务管理建设目标，明确组织建设、制度设计、村规民约等要求。应提出长效管理目标，可从公众参与、规章制度制定、监督检查等方面明确工作要求。在 DB37/T 2737.6—2015 标准中提出了具体要求，并在标准的解读中详细阐明了标准条款的要义。

【标准条文】

5.9 保障机制

5.9.1 制定政策保障措施，明确法律法规、政策的保障作用。

5.9.2 制定科技保障措施，充分发挥农民培训、专家咨询等的保障作用。

5.9.3 制定宣传与交流计划，加强交流与合作。

【释义】

为保障村庄规划的编制和执行，规划还应制定政策和科技保障措施，明确法律法规、政策的保障作用，充分发挥农民培训、专家咨询等的保障作用，加强交流与合作。

第二节 《美丽乡村建设规范 第 2 部分：基础设施与村容环境》条文解读

一、范围

【标准条文】

1 范围

本标准规定了美丽乡村基础设施与村容环境的术语和定义以及主要建设要求等内容。

本标准适用于山东省美丽乡村基础设施建设与村容环境整治。

【释义】

农村基础设施是农村经济社会发展和农民生产生活改善的重要物质基础。DB37/T 2737.2—2015 的第 1 章“范围”内容：一方面阐明了本标准的内容范围，包括美丽乡村基础设施与村容环境的术语和定义以及主要建设要求等内容；另一方面阐明了标准的适用范围，主要用于山东省美丽乡村基础设施建设与村容环境整治。

二、规范性引用文件

【标准条文】

2　规范性引用文件

下列文件对于本文件的应用是必不可少的。凡是注日期的引用文件，仅所注日期的版本适用于本文件。凡是不注日期的引用文件，其最新版本(包括所有的修改单)适用于本文件。

GB/T 156　标准电压

GB 3095　环境空气质量标准

GB 3096　声环境质量标准

GB 3838　地表水环境质量标准

GB 5749　生活饮用水卫生标准

GB 5768.1　道路交通标志和标线　第 1 部分：总则

GB 5768.2　道路交通标志和标线　第 2 部分：道路交通标志

GB 7959　粪便无害化卫生要求

GB 15618　土壤环境质量标准

GB 19379　农村户厕卫生规范

GB 50009　建筑结构荷载规范

GB 50011　建筑抗震设计规范

GB 50016　建筑设计防火规范

GB 50028　城镇燃气设计规范

GB 50034　建筑照明设计标准

GB 50039　农村防火规范

GB 50223　建筑工程抗震设防分类标准

GB 50368　住宅建筑规范

GB 50952　农村民居雷电防护工程技术规范

DL/T 5118　农村电力网规划设计导则

HJ 574　农村生活污染控制技术规范

HJ 588　农业固体废物污染控制技术导则

【释义】

DB37/T 2737.2—2015 的第 2 章“规范性引用文件”是《美丽乡村建设规范 第 2 部分：基础设施与村容环境》（以下简称《基础设施与村容环境》）中参考引用的标准。不注日期的引用标准，其最新版本（包括所有的修改单）适用于《基础设施与村容环境》。

三、基础设施建设

【标准条文】

3　基础设施建设

3.1　道路

3.1.1　村内道路应以现有道路为基础，顺应现有村庄格局，做到路网布局科学合理，主次分明。

3.1.2　消防通道应符合 GB 50016 和 GB 50039 的要求。

3.1.3　村内主干道应全面硬化，道路通畅，路面宽度应满足会车要求。

3.1.4　村内次干道宜全面硬化，车行道路应隔一定距离设会车场。

3.1.5　宅间道应平整，可因地制宜选取简易材料铺装。

3.1.6　进村道路、主干道应设置道路交通标识，并应符合 GB 5768.1 和 GB 5768.2 的要求。

3.1.7　宜设置专门的停车区域，满足停车需要。

3.1.8　村口应规划设置村名标志，特色村落应设置指示牌及相应的公共标识。村庄出入口应设置公交站点，方便村民出行。

【释义】

基础设施是支撑农业和农村经济社会发展的“硬件”。DB37/T 2737.2—2015 的第 3 章“基础设施建设”规定了道路、桥梁、给排水设施、供电设施、照明设施、通信设施、供热设施、燃气设施和安全设施的建设要求。

随着农村公路建设力度的不断加大，农村公路在整个国民经济发展中的地位和作用日益凸显，正所谓“道路通，百业兴”，农村公路已经成为经济建设和社会发展的“脊梁骨架”和“血脉通道”。DB37/T 2737.2—2015 的“3.1”依据《美丽乡村建设指南》（GB/T 32000—2015）阐释了对道路建设的要求。GB/T 32000—2015 的“6.2.1.2”提出“村内道路应以现有道路为基础，顺应现有村庄格局，保留原始形态走向，就地取材。”在此基础上，DB37/T 2737.2—2015 的“3.1.1”对村内道路的设置提出了总体要求：村内道路应以现有道路为基础，顺应现有村庄格局，做到路网布局科学合理，主次分明。消防通道的设置应符合《建筑设计防火规范》(GB 50016)和《农村防火规范》(GB 50039)，如“供消防车通行的道路应符合能承受消防车的压力，尽头式车道满足配置车型回车要求”等规定。

村内主干道作为村民出行的重要道路，对于通村交通贡献大。GB/T 32000—2015 的“6.2.1.1”提出“村主干道建设应进出畅通，路面硬化率达100%”。DB37/T 2737.2—2015 的“3.1.3”依据国标指标设定要求村内主干道应全面硬化，道路通畅，路面宽度应满足会车要求。此外，DB37/T 2737.2—2015 的“3.1.4”建议村内次干道宜全面硬化，路面宽度不能全路满足会车要求的，应隔一定距离设会车场。《山东省农村新型社区和新农村发展规划(2014～2030)》提出“宅间道路尽量使用当地的石材、砂材。”DB37/T 2737.2—2015 的“3.1.5”依据文件提出宅间道应平整，可因地制宜地选取与村庄整体环境和风貌相协调的简易材料铺装。

在对村庄道路“硬件”进行要求的同时，DB37/T 2737.2—2015 对道路“软件”也进行了要求。GB/T 32000—2015 的“6.2.1.3”提出“村主干道应按照 GB 5768.1 和 GB 5768.2 的要求设置道路交通标志，村口应设村名标识；历史文化名村、传统村落、特色景观旅游景点应设置指示牌。”参考国标的要求，DB37/T 2737.2—2015 的“3.1.6”和“3.1.8”规定进村道路、主干道应设置道路交通标识，并应符合《道路交通标志和标线　第1部分：总则》(GB 5768.1)和《道路交通标志和标线　第2部分：道路交通标志》(GB 5768.2)的要求。DB37/T 2737.2—2015 的“3.1.8”对村名的标志进行了要求：村口应规划设置村名标志，特色村落应设置指示牌及相应的公共标识。随着各地乡村旅游的发展，对村主干道道路标识和村名标志的要求不断提升，因此，本标准对道路标识和村名标志的要求在一定程度上引导了乡村旅游业的发展。

GB/T 32000—2015 的“6.2.1.4”提出“利用道路周边、空余场地，适当规划公共停车场(泊位)。”随着农民收入的逐步提高，生活水平的持续改善，农村居民对汽车的购买需求快速攀升，农村车辆保有量不断提高。此外，乡村旅游发展对停车位的需求也日益增加。为满足农村的停车需要，DB37/T 2737.2—2015 的“3.1.7”依据国标建议设置专门的停车区域。此外，《山东省农村新型社区和新农村发展规划(2014～2030)》提出“结合主要出入口规划设置公交站点，方便居民出行。”据此，DB37/T 2737.2—2015 的“3.1.8”要求：“村庄出入口应设置公交站点，方便村民出行。”

【标准条文】

3.2　桥梁

3.2.1　安全美观，与周围环境协调一致，宜体现地域特色，宜就地取材，使用天然材料，保护古桥。

3.2.2 应定期维护加固，设置护栏，并设置安全设施和警示标志。

【释义】

GB/T 32000—2015 的“6.2.2”提出对桥梁建设的要求：“安全美观，与周围环境相协调，体现地域风格，提倡使用本地天然材料，保护古桥。维护、改造可采用加固基础、新铺桥面、增加护栏等措施，并设置安全设施和警示标志。”DB37/T 2737.2—2015 的“3.2”依据 GB/T 32000—2015 的“6.2.2”提出了对桥梁的要求，包括对桥梁安全美观的要求，与周围环境相协调，倡导体现本地特色，就地取天然材料，保护古桥。同时，应定期对桥梁进行维护加固，并应设置护栏、安全设施和警示标志，保障桥梁通行安全。

【标准条文】

3.3 给排水设施

3.3.1 应根据村庄实际，合理确定用水量指标、供水水源和水压要求，保证村民用水需要。

3.3.2 应提供符合要求的饮水设施，生活饮用水水质应符合 GB 5749 的要求，村内宜设置净水装置。

3.3.3 宜建设雨污分流排水系统。

3.3.4 因地制宜，设置污水处理设施并定期维护。

【释义】

水是村民生产生活的必备条件。而长期以来，我国农村给水工程发展不平衡，给水设施普及率较低，给水工程设施整体水平不高。农村生活污水不加处理，直接排放到自然水体，而工业废水只有少量经轻度处理后排放，严重污染了水资源，因此，规范给排水设施的要求对美丽乡村建设具有重要的意义。GB/T 32000—2015 的“6.2.3.1”提出“应根据村庄分布特点、生活水平和区域水资源等条件，合理确定用水量指标、供水水源和水压要求。”DB37/T 2737.2—2015 的“3.3.1”依据国标规定提出应根据村庄的实际条件，合理确定用水指标、供水水源和水压要求，保障村庄的稳定供水和村民的用水需求。因地制宜地选择供水模式，离城区较近或地势较为平坦的村庄可采用延伸城区供水管网的集中供水模式；人口相对集中、经济条件较好的平原、丘陵农村新型社区和新农村，可采用村镇连片供水模式；人口规模较小的，或受地理条件限制的村庄，可采取单村供水模式。

GB/T 32000—2015 的“6.2.3.2”提出“应加强水源地保护，保障农村饮水安全，生活饮用水的水质应符合 GB 5749 要求。”DB37/T 2737.2—2015 的“3.3.2”依据国标规定饮水设施应符合要求，生活饮用水水质应符合《生活饮用水卫生标准》(GB 5749)的卫生要求:"不得含有病原微生物、应经消毒处理等,村内提倡设置净水装置和雨污分流排水系统等。"

此外,应科学确定排水体制。GB/T 32000—2015 的"7.2.3.2"提出"应以粪污分流、雨污分流为原则,综合人口分布、污水水量、经济发展水平、环境特点、气候条件、地理状况以及现有的排水体制、排水管网等确定生活污水收集模式。应根据村落和农户的分布,可采用集中处理或分散处理或集中与分散处理相结合的方式,建设污水处理系统并定期维护。"依据国标要求,DB37/T 2737.2—2015 的"3.3"和"3.4"建议建设雨污分流排水系统,因地制宜地设置污水处理设施并定期维护。新建或经济条件较好的村庄,宜选择雨污分流排水体制;经济条件一般且已经采用合流制的村庄,在建设污水处理设施前应将排水系统改造成截流式合流制,远期应改造为分流制。采用适宜污水处理模式和技术,人口规模较大、集聚程度较高、经济条件较好的村庄,应完善污水收集管网,运用人工湿地处理系统、曝气生物滤池、淹没式生物膜等污水处理技术,进行污水集中处理;人口规模较小,居住较为分散、地形地貌复杂的村庄,鼓励采用化粪池、生态氧化塘、净化槽等小型无动力或微动力污水处理技术,进行污水分散处理。

【标准条文】

3.4 供电设施

3.4.1 农村电力网建设与改造的规划设计应符合 DL/T 5118 的要求,生活用电应实行"一户一表"。

3.4.2 电压等级应符合 GB/T 156 的要求,供电应能够满足村民基本生产生活需求,并应确保扩展的可能性。

【释义】

供电是保障村民生产生活的必要条件。DB37/T 2737.2—2015 的"3.4"对供电设施作出了要求。农村电力网建设与改造的规划设计应符合《农村电力网规划设计导则》(DL/T 5118)的要求。同时,依据国务院办公厅转发国家计委《关于改造农村电网改革农电管理体制实现城乡同网同价请示的通知》(国办发[1998]134 号)的要求,农村用户实行一户一表,由供电所管理到户、抄表到户、收费到户。电压等级应符合《标准电压》(GB/T 156)的要求,供电应能够满足村民的生产生活基本需求,并应确保扩展的可能性。

【标准条文】

3.5 照明设施

3.5.1 村庄主干道和公共场所路灯安装率应达到 100%,满足照明要求,并定期维护,保障日常照明。次干道及宅间道可根据需要设置路灯。

3.5.2 路杆可使用水泥或本土木料制作,主要采取单独架设、随杆架设等

方式。路灯宜使用节能灯具，有条件的村庄宜选用太阳能路灯或风光互补路灯。

【释义】

村庄亮化工程是改善农居生活条件的重要举措。路灯的安装开放可以点亮群众的心，丰富群众的精神文化娱乐生活，切实提升群众的安全感。DB37/T 2737.2—2015的“3.5”对村庄的照明作出了要求。根据《山东省文明村镇考核标准(试行)》“I-6 基础设施”的“I-22”指标要求，DB37/T 2737.2—2015的“3.5.1”提出村庄主干道和公共场所路灯安装率应达到100%。并满足基本的照明要求，定期对路灯进行维护，保障日常的照明需求。合理配置照明路灯，次干道及宅间道可根据需要设置路灯。DB37/T 2737.2—2015的“3.5.2”提出路杆可使用水泥或本土木料制作，主要采取单独架设、随杆架设等方式。并以生态文明的理念为导向，倡导使用节能灯具，有条件的村庄推荐选用太阳能路灯或风光互补路灯。

【标准条文】

3.6 通信设施

3.6.1 广播、电视、电话、网络、邮政等公共通信设施齐全，信号畅通，并应能够满足村民使用需求，并应确保扩展的可能性。

3.6.2 线路架设规范，安全有序，宜采用管道地下敷设。

【释义】

加快农村通信发展，对于提高农民生活质量，缩小城乡“数字鸿沟”，促进农业信息化建设具有重要意义。而目前，农村通信的发展水平总体而言基本适应大多数农村地区的经济发展需求。但是，相对于城镇电信发展而言，发展农村通信仍有一段路要走。GB/T 32000—2015的“6.2.5”提出“广播、电视、电话、网络、邮政等公共通信设施齐全、信号通畅，线路架设规范、安全有序；有条件的村庄可采用管道下地敷设。”依据国标要求DB37/T 2737.2—2015的“3.6.1”提出保障“广播、电视、电话、网络、邮政等公共通信设施齐全，信号畅通，并应能够满足村民使用需求，并应确保扩展的可能性。”此外，DB37/T 2737.2—2015的“3.6.2”规定，线路架设应安全、有序、规范，推荐有条件的村庄采用管道地下敷设。

【标准条文】

3.7 供热设施

有条件的村庄，宜纳入城镇集中供热系统，周边有可利用余热或企业热源的村庄，宜充分利用实现集中供热。

3.8 燃气设施

宜统一安装燃气设施，满足村民使用需求，并应符合GB 50028的要求。

【释义】

供热和燃气等配套基本设施的建设可以提升村民的生活质量,改善村民的居住条件。与《美丽乡村建设指南》(GB/T 32000—2015)相比,DB37/T2737.2—2015根据《山东省农村新型社区和新农村发展规划(2014～2030)》的要求和山东省村庄调研的实际情况,在框架中补充了关于供热设施和燃气设施的条款。

DB37/T 2737.2—2015 的“3.7”建议有条件的村庄,宜纳入城镇集中供热系统,周边有可利用余热或企业热源的村庄,宜充分利用实现集中供热。《山东省农村新型社区和新农村发展规划(2014～2030)》提出“合理选择供热模式。在城镇供热服务半径内的农村新型社区,可纳入城镇集中供热系统。周边区域有可利用工业余热或企业热源的农村新型社区和新农村,可利用工业余热或企业热源实现集中供热。规模较大、无可利用集中供热设施的农村新型社区和新农村,可新建集中供热设施。”

DB37/T 2737.2—2015 的“3.8”建议统一安装燃气设施,满足村民的基本使用需求,并应符合《城镇燃气设计规范》(GB 50028)中燃气管道设计等要求。《山东省农村新型社区和新农村发展规划(2014～2030)》提出“城镇管网集中供气模式:距城镇较近、具备条件的农村新型社区和新农村,可逐步纳入城镇集中供气(天然气管网)系统。非城镇管网集中供气模式:采用 CNG 和 LNG 供气站、秸秆气化气、人工煤气、液化石油气等方式供气。”

【标准条文】

3.9　安全设施

消防设施、防盗设施、防自然灾害设施等安全设施齐全,标识明确。消防设施应符合 GB 50039 的要求。

【释义】

加强农村的安全设施建设,是保障村民安全和切身利益的重要举措。DB37/T 2737.2—2015 的“3.9”要求应配备齐全、标识明确的消防设施、防盗设施、防自然灾害设施等安全设施,消防设施应符合《农村防火规范》(GB 50039)关于消防设施的具体要求。依托警务室建设视频监控平台,在主要出入口、广场、学校、幼儿园等主要公共场所设置视频监控、防盗报警等设施,建设平安农村。GB/T 32000—2015 的“9.6”对公共安全提出了具体要求:“根据不同自然灾害类型建立相应防灾设施和避灾场所,并按有关要求管理。应制定和完善自然灾害救助应急预案,组织应急演练。农村消防安全应符合 GB 50039 的要求。农村用电安全应符合 DL 493 的要求。健全治安管理制度,配齐村级综治管理人员,应急响应迅速有效,有条件的可在人口集中居住区和重要地段安装社会治安动态视频监控系统。”

四、村容环境

【标准条文】

4　村容环境

4.1　房屋建筑

4.1.1　村庄房屋建筑应符合当地居民生活习惯和风俗民情，并与环境统一协调；传统村落、历史文化名村应保持和延续其传统格局和历史风貌，维护历史文化的真实性和原始性。

4.1.2　村庄房屋建筑应符合 GB 50009、GB 50011、GB 50016、GB 50034、GB 50039、GB 50223、GB 50368、GB 50952 等标准的要求，宜使用建筑节能技术建设节能农居。

4.1.3　推进危房改造，整治影响景观的棚舍、残破或倒塌的墙体，清除临时搭盖，美化影响村庄空间外观视觉的外墙、屋顶、窗户、栏杆等，规范太阳能热水器、屋顶水塔、室外空调等设施的安装。

【释义】

创造整洁宜居的村容环境是美丽乡村建设的重要组成部分。DB37/T 2737.2—2015 的第 4 章“村容环境”根据山东省文件要求和山东省村庄调研实际情况对村庄房屋建设、村容维护、环境卫生、绿化、卫生厕所改造、厨房改造和病媒生物综合防治的条款进行了细化，使标准在山东省更具适用性和可操作性，具有较强的指导意义。

DB37/T 2737.2—2015 的“4.1”首先阐述了村庄房屋和建筑在整治过程中应该符合的要求。许多古村落、古民居都较好地体现了中华传统文化、建筑艺术、审美情趣的精华，是特定历史、文化的产物，是不同自然、社会、历史条件下人们生活方式和生活习惯的体现，同时也是文化多样性的表现，具有多方面的价值。国务院公布的《历史文化名城名镇名村保护条例》的第三条提出“历史文化名城、名镇、名村的保护应当遵循科学规划、严格保护的原则，保持和延续其传统格局和历史风貌，维护历史文化遗产的真实性和完整性，继承和弘扬中华民族优秀传统文化，正确处理经济社会发展和历史文化遗产保护的关系。”GB/T 32000—2015 的“6.1.2”和“6.1.3”提出“新建、改建、扩建住房与建筑整治应符合建筑卫生、安全要求，注重与环境协调；宜选择具有乡村特色和地域风格的建筑图样；倡导建设绿色农房。保持和延续传统格局和历史风貌，维护历史文化遗产的完整性、真实性、延续性和原始性。”DB37/T 2737.2—2015 的“4.1.1”依据国标规定了村庄房屋建筑应充分考虑村民的生活习惯、生产生活需要和当地的风土民情，并与环境相协调。传统村落和历史文化名村应严格、科学保护历史文化遗产和乡土特色，延续与弘扬优秀的历史文化传统和农村特色、地域特色，保护历史文化的原始性和真实性。

DB37/T 2737.2—2015 的“4.1.2”规定村庄房屋建筑应符合《建筑结构荷载规范》(GB 50009)、《建筑抗震设计规范》(GB 50011)、《建筑设计防火规范》(GB 50016)、《建筑照明设计标准》(GB 50034)、《农村防火规范》(GB 50039)、《建筑工程抗震设防分类标准》(GB 50223)、《住宅建筑规范》(GB 50368)和《农村民居雷电防护工程技术规范》(GB 50952)等标准的要求，推荐使用建筑节能技术建设节能农居。

实施农村危房改造，整治影响村容景观的不和谐因素，是现实的需要，是改善农民群众居住条件、改变农村环境面貌、推动新农村建设再上新水平的重要举措，是以民为本、执政为民的集中体现，是合民心、顺民意、符民愿的民生工程和德政工程，是一项涉及面广、操作复杂、难度较大、要求较高的系统工程，需要有计划、有步骤、有重点地推进。GB/T 32000—2015 的“6.1.4”和“6.1.5”提出“整治影响景观的棚舍、残破或倒塌的墙体，清除临时搭盖，美化影响村庄空间外观视觉的外墙、屋顶、窗户、栏杆等，规范太阳能热水器、屋顶空调等设施的安装。逐步实施危旧房的改造、整治。”DB37/T 2737.2—2015 的“4.1.3”依据国标从村容整洁、美观的角度考虑，对影响景观的棚舍、残破或倒塌的墙体和影响外观视觉的外墙、屋顶、窗户、栏杆等进行美化，清除临时搭盖。同时，推进危房改造，规范太阳能热水器、屋顶空调等设施的安装，以达到安全和视觉整洁整齐的效果。

【标准条文】

4.2　村容维护

4.2.1　房前屋后、道路、绿化带、花坛、公共场所等可视范围干净整洁，无污水溢流，无散落垃圾，生产生活用品集中有序无害存放。

4.2.2　宣传栏、广告牌等设置规范，整洁有序，村庄内无乱贴乱画现象。

4.2.3　不应有露天焚烧垃圾和秸秆的现象。

4.2.4　规范殡葬管理，尊重各民族丧葬习俗，宜统一设置公共墓地或公共骨灰堂，宜进行生态安葬。

【释义】

DB37/T 2737.2—2015 的“4.2”对美丽乡村建设的村容维护从宏观村貌的规划到微观细节的规范，均提出了具体的要求。GB/T 32000—2015 的“7.4.1.1”“7.4.1.3”“7.4.1.5”和“7.4.1.7”提出“村域内不应有露天焚烧垃圾和秸秆的现象，水体清洁、无异味。房前屋后整洁，无污水溢流，无散落垃圾；建材、柴火等生产生活用品集中有序存放。宣传栏、广告牌等设置规范，整洁有序；村庄内无乱贴乱画乱刻现象。规范殡葬管理，尊重少数民族的丧葬习俗，倡导生态安葬。”

DB37/T 2737.2—2015 的“4.2”依据国标提出应保持房前屋后、道路、绿化带、花坛、公共场所等可视范围干净整洁，无污水溢流，无明显散落垃圾，建材、柴火等生产生活用品集中有序存放。要求宣传栏、广告牌等设置应规范、整洁、有序，无乱贴乱画等影响村容的现象。规定村内不应有露天焚烧垃圾、秸秆等污染环境现象，无污染事故发生。要求规范殡葬管理，尊重各民族丧葬习俗，建议统一设置公共墓地或公共骨灰堂，进行生态安葬，避免影响村容环境的乱埋乱葬现象。

【标准条文】

4.3　环境卫生

4.3.1　应建立生活垃圾、生产垃圾收运处理体系，宜对垃圾进行分类收集。

4.3.2　应建有长效卫生保洁队伍或采用托管的方式委托第三方，定期对村庄环境进行打扫，垃圾堆、粪堆、土石堆、柴草堆应彻底清理，保持村庄干净卫生。

4.3.3　应合理配置垃圾收集点、建筑垃圾堆放点、垃圾箱、清洁工具、垃圾清运工具等，并保持干净整洁，不破损、不外溢。

4.3.4　生活垃圾无害化处理率达 100%，并应符合 HJ 574 的要求。村庄周边生产垃圾处理应符合 HJ 588 的要求。

4.3.5　生产生活污水应全面净化处理。

4.3.6　不应在公共空间晾晒粮食、粪便等。

4.3.7　划定畜禽养殖区域，人畜分离。

【释义】

DB37/T 2737.2—2015 的“4.3”以农村环境优化美化为目标，积极推进环境保护和村庄整治。从最容易解决和投入少、见效快的问题入手，努力解决农村“脏、乱、差”问题，改善农村生活环境和村容村貌，创造整洁、舒适、文明的生活环境。

近年来，随着农村生活方式的改变、农民生活水平的提升以及农村城镇化水平的提高，农村垃圾多样化、集中化、露天化现象日益突出，垃圾围村和垃圾围路在农村许多地区依然普遍存在。GB/T 32000—2015 的“7.2.3.1”提出“生活垃圾处理。应建立生活垃圾收运处置体系，生活垃圾无害化处理率≥80%。应合理配置垃圾收集点、建筑垃圾堆放点、垃圾箱、垃圾清运工具等，并保持干净整洁、不破损、不外溢。”GB/T 32000—2015 的“7.4.1.6”提出“划定畜禽养殖区域，人畜分离；农家庭院畜禽圈养，保持圈舍卫生，不影响周边生活环境。”《山东省农村新型社区和新农村发展规划(2014～2030)》提出“保持村庄环境整洁，消除‘三大堆’(垃圾堆、柴草堆、粪堆)现象。”

依据国标要求，DB37/T 2737.2—2015 的“4.3.1”提出应建立生活垃圾、生产垃圾收集和清运的处理体系，推荐对垃圾进行分类收集，从而构建完整的“分类体系—收集清运体系—处理处置体系”——生活垃圾处理体系。DB37/T 2737.2—2015 的“4.3.2”依据《山东省农村新型社区和新农村发展规划(2014～2030)》提出应建有长效卫生保洁队伍或采用托管的方式委托第三方，定期对村庄环境进行打扫，彻底清理垃圾堆、粪堆、土石堆、柴草堆，维护村庄卫生环境。DB37/T 2737.2—2015 的“4.3.3”依据国标要求合理配置垃圾收集点、建筑垃圾堆放点、垃圾箱、清洁工具、垃圾清运工具等，并保持干净整洁，不破损、不外溢。根据山东省环保厅意见反馈，DB37/T 2737.2—2015 的“4.3.4”要求生活垃圾无害化处理率达 100%，并应符合《农村生活污染控制技术规范》(HJ 574)的要求，村庄周边生产垃圾处理应符合《农业固体废物污染控制技术导则》(HJ 588)的要求。DB37/T 2737.2—2015 的“4.3.7”依据国标要求划定畜禽养殖区域，人畜分离。

DB37/T 2737.2—2015 的“4.3.5”和“4.3.6”还作出了应全面净化处理生产生活污水，不应在公共空间晾晒粮食、粪便等要求，以保证村庄的环境卫生。

【标准条文】

4.4　村庄绿化

4.4.1　进村路及村庄主要街道、河道两侧及农宅之间适宜绿化的，应全部绿化，村庄绿化率山区≥80%，丘陵≥50%，平原≥35%。

4.4.2　村内适宜位置应建有一个中心公共绿地或休闲公园，中心绿地面积应不小于 400 平方米。

4.4.3　按照适地适树要求，以乡土树种为主，应做到树种丰富、乔灌草合理搭配、兼顾经济和景观效果。

4.4.4　古树名木应采取设置围栏或砌石等方法进行保护，并设标志牌。

4.4.5　村庄内庭院合理绿化美化。

【释义】

村庄绿化，是践行以人为本的科学发展观、建设生态文明的客观要求，是落实生态立村战略、实现绿色崛起的重大举措，是改善人居环境、建设美丽乡村的重要内容。

《山东省文明村镇考核标准(试行)》提出“村庄及周边绿化好，主要街道全部绿化。”在此基础上，DB37/T 2737.2—2015 的“4.4.1”要求进村路及村庄主要街道、河道两侧及农宅之间适宜绿化的，应全部绿化；并依据 GB/T 32000—2015 的“7.4.2.1”的指标要求，规定村庄绿化率山区≥80%，丘陵≥50%，平原≥35%。DB37/T 2737.2—2015 的“4.4.2”提出村内适宜位置应建有一个中心公共绿地或休闲公园，且依据《山东省村庄建设规划编制技术导则（试行）》绿地配置标准的指标要求，中心绿地面积应不小于 400 平方米。

《国家生态文明建设示范村镇指标（试行）》（环发[2014]12 号）提出“住宅舒适美观，与乡土文化、自然环境相协调，宅间有绿化，绿化树种优先选用当地适生物种，乔灌草合理搭配。”GB/T 32000—2015 的“7.4.2.1”提出“村庄绿化宜采用本地果树林木花草品种，兼顾生态、经济和景观效果，与当地的地形地貌相协调。”依据《国家生态文明建设示范村镇指标（试行）》和国标要求，DB37/T 2737.2—2015 的“4.4.3”提出绿化树种优先选用当地适生物种，采用本地树种及周边地区树种可以保证成活率，快速成活、成景，兼顾经济和景观效果，种植树种应丰富，乔灌草合理搭配。

历经千百年的古树名木具有珍贵的历史价值，是一段历史的见证与一种文化的记录。古树名木应采取设置围栏或砌石、标志牌等方法进行保护，DB37/T 2737.2—2015 的“4.4.4”引用 GB/T 32000—2015 的“7.4.2.3”对此作出了规定。DB37/T 2737.2—2015 的“4.4.5”提出还应对村庄内庭院合理绿化美化。庭院绿化宜生态与经济相结合，可种植果树，也可种植花木或观赏性树种。

【标准条文】

4.5　卫生厕所改造

4.5.1　村内家庭卫生厕所覆盖率应达到 90%以上，并应符合 GB 19379 的要求。

4.5.2　可根据当地习俗配置村庄内卫生公厕，凡设置公厕的应有专人打扫管理。宜与文体活动区域结合设置。

4.5.3　村内不应有露天粪坑和简易茅厕。

4.5.4　卫生厕所应实行粪便无害化处理，并应符合 GB 7959 的要求。

【释义】

长期以来，由于农村经济、文化发展的滞后以及不良卫生习惯和风俗的影响，农村厕所改造问题是我国新农村建设中生活环境改善的难点之一。农村厕所粪便随意排放是导致肠道传染病和媒介性疾病发生与流行主要原因，是传播疾病、严重影响农民健康的重要因素。农村改厕是一项涉及千家万户、实实在在的惠民工程。党的十八届五中全会明确提出，要统筹农村改水改厕和垃圾处理。2015 年 11 月 16 日，中共山东省委办公厅、省政府办公厅专题印发了《关于深入推进农村改厕工作的实施意见》（鲁办发[2015]50 号），这充分体现了中央和山东省对农村改厕工作的重视。山东省质监局联合省住建厅向社会发布《一体式三格化粪池》（DB37/T 2792）和《一体式双瓮漏斗化粪池》（DB37/T 2793）两项地方标准，于 2016 年 6 月 1 日起正式实施。进行农村卫生厕所改革和粪便的无害化处理是加强疾病综合防治的治本之策，也是改善农村环境卫生面貌、提高农民群众文明素质的重要手段。DB37/T 2737.2-2015 的“4.5”根据山东省情，对美丽乡村建设的卫厕改造环节作出了要求。

DB37/T 2737.2—2015 的“4.5.1”依据 GB/T 32000—2015 的“7.4.3.1”指标要求，村内家庭卫生厕所覆盖率应达到 80%以上，并应符合《农村户厕卫生规范》(GB 19379)的要求。山东省在国标的基础上提高了要求，要求改厕率达到 90%。GB/T 32000—2015 的“7.4.3.2”提出“合理配置村庄内卫生公厕，不应低于 1 座/600 户，按 GB 7959 的要求进行粪便无害化处理；卫生公厕有专人管理，定期进行卫生消毒，保持干净整洁。” DB37/T 2737.2—2015 的“4.5.2”和“4.5.4”结合山东省实际情况提出可根据当地习俗配置有专人打扫管理的卫生公厕，宜与文体活动区域结合设置；卫生厕所应进行粪便无害化处理，并应符合《粪便无害化卫生要求》(GB 7959)的要求。无害化卫生厕所包括三格化粪池厕所、双瓮漏斗式厕所、三联通式沼气池厕所、粪尿分集式厕所、双坑交替式厕所和具有完整上下水道系统及污水处理设施的水冲式厕所，卫生厕所改造可以根据各户实际和需要选择改厕类型。DB37/T 2737.2—2015 的 “4.5.3”依据 GB/T 32000—2015 的“7.4.3.3”指标提出村内不应有影响村容的露天粪坑和简易茅厕。

【标准条文】

4.6 厨房改造

4.6.1 应对传统农村厨房进行改造，具有相对独立的功能区，各区域清洁卫生，有排烟和给排水设施。

4.6.2 宜采用管道液化天然气或液化石油气、沼气、改良的生物质燃料等清洁环保的能源作为常规炊事能源。

【释义】

在近几年的新农村建设过程中，大部分农村依旧存在“脏、乱、差”影响村容环境的现象。究其缘由，厨房和厕所是两个不容忽视的环节，全国各地也都纷纷开展改厕、改厨活动。改厕工作在全国范围内取得了一定的成绩，而对于厨房的改造也应纳入美丽乡村村容环境改革的范畴。《山东省农村新型社区和新农村发展规划(2014～2030)》中提出“推广改水、改气、改厨、改厕等工程，加快房屋节能改造，建设绿色农房。”DB37/T 2737.2—2015 与《美丽乡村建设指南》(GB/T 32000—2015)相比，条款中添加了厨房改造的内容，包括对传统农村厨房进行改造，进行相对独立的功能区划分，保持各区域清洁卫生以及推荐采用管道液化天然气或液化石油气、沼气、改良的生物质燃料等清洁环保的能源作为常规炊事能源，有排烟和给排水设施。

【标准条文】

4.7 病媒生物综合防治

4.7.1 应定期组织进行鼠、蝇、蚊、蟑螂等病媒生物综合防治，宜应用生态物理措施开展防治。

4.7.2 使用的药物应符合国家相关要求。

【释义】

病媒生物指能直接或间接传播疾病(一般指人类疾病)，危害、威胁人类健康的生物。最常见的病媒生物有苍蝇、蚊子、老鼠、蟑螂等，病媒生物监测与防治是一项重要的民生工程。DB37/T 2737.2—2015 的“4.7”依据 GB/T 32000—2015 的“7.4.4”条款要求，要定期采取宜用的生态物理措施开展对鼠、蝇、蚊、蟑螂等病媒生物的综合防治，使用的药物应符合国家相关要求，保障村民的生命健康安全。

五、生态环境

【标准条文】

5 生态环境

5.1 基本环境要求

5.1.1 大气环境质量、声环境质量、土壤环境质量应分别达到 GB 3095、GB 3096、GB 15618 中与当地环境功能区相对应的要求。

5.1.2 村域内主要河流、湖泊、水库等地表水体水质应达到 GB 3838 中与当地环境功能区相对应的要求。

5.1.3 开展河道坑塘、滩涂等环境治理，严禁垃圾堆放，保持环境清洁。

5.2 清洁能源使用

应科学使用并逐步减少木、草、秸秆等传统燃料的直接使用，推广使用沼气、秸秆气化、太阳能、风能等清洁能源。

【释义】

良好的生态环境是人和社会持续发展的基础。建设美丽乡村，首要任务是全面提升农村生态环境，努力把农村打造成生态宜居、环境优美、底蕴深厚、各具特色的美丽乡村，并积极推动社会物质财富与生态财富共同增长、社会环境质量与农民生活质量同步提高。DB37/T 2737.2—2015 的第 5 章“生态环境”对建设美丽乡村的基本环境、清洁能源使用和生态环境保护作出了规定。

环境质量一般包括大气环境质量、声环境质量、土壤环境质量和水环境质量。DB37/T 2737.2—2015 的“5.1.1”依据 GB/T 32000—2015 的“7.1.1”提出大气环境质量、声环境质量、土壤环境质量应分别达到《环境空气质量标准》(GB

3095)、《声环境质量标准》(GB 3096)和《土壤环境质量标准》(GB 15618)中与当地环境功能区相对应的要求。DB37/T 2737.2—2015 的"5.1.2"参考 GB/T 32000—2015 的"7.1.2"提出村域内主要河流、湖泊、水库等地表水体水质应达到《地表水环境质量标准》(GB 3838)中与当地环境功能区相对应的要求。开展河道坑塘、滩涂等环境治理,严禁垃圾堆放,保持环境清洁。DB37/T 2737.2—2015 的"5.2"依据 GB/T 32000—2015 的"7.2.3.3"要求提出,推广使用沼气、秸秆气化、太阳能、风能等清洁能源,科学使用并逐渐减少、取代木、草、秸秆等传统燃料的直接使用。但考虑到山东省情,没有对使用清洁能源农户数比例进行量化。

【标准条文】

5.3 生态环境保护

5.3.1 应对村庄山体、森林、湿地等自然资源进行生态保育,保持原生态自然环境。

5.3.2 应对生态环境脆弱、水土易于流失的山区丘陵、黄泛平原等村庄,开展水土保持综合治理,并应防止人为破坏造成新的水土流失。

5.3.3 改善土壤环境,实施高标准农田林网建设工程,减少农业化肥、农药使用量,提高农田质量和产量。

5.3.4 开展渔业资源修复工作,进行增殖放流、人工鱼礁示范和水产养殖生态环境修复,促进渔业可持续发展。

5.3.5 外来物种引种应符合相关规定,防止外来生物入侵。

【释义】

GB/T 32000—2015 的"7.3"提出"对村庄山体、森林、湿地、水体、植被等自然资源进行生态保育,保持原生态自然环境。开展水土流失综合治理,综合治理技术按 GB/T 16453 的要求执行;防止人为破坏造成新的水土流失。改善土壤环境,提高农田质量,对污染土壤按 HJ 25.4 的要求进行修复。实施增殖放流和水产养殖生态环境修复。外来物种引种应符合相关规定,防止外来生物入侵。"

DB37/T 2737.2—2015 的"5.3"依据 GB/T 32000—2015 的"7.3"作出了具体规定。其中,DB37/T 2737.2—2015 的"5.3.1"提出应注重对自然生态环境的保护、修复和保育,确保生态空间得到保护,生态价值和功能得以持续,保持原生态性。

水土流失是自然因素中影响农村农业生产的重要原因。导致水土流失的原因有自然原因和人为原因。自然原因主要是由地貌、气候、土壤(地面组成物质)、植被等因素造成的;人为原因主要指地表土壤加速破坏和不合理的生产建设活动

(包括陡坡开荒、不合理的林木采伐、草原过度放牧、开矿、修路、采石)等。水土流失会导致土壤的水分含量降低、肥沃程度下降等。为此,DB37/T 2737.2—2015 的"5.3.2"提出应开展水土保持的综合治理工作,应对生态环境脆弱、水土易于流失的山区丘陵、黄泛平原等采取措施,防止人为破坏造成新的水土流失。

土壤是人类赖以生存的基础,是农林业产业发展的根基,是保障农产品质量安全的关键环节。近年来,我国经济保持持续高速发展态势,生态环境形势依然严峻。特别是土壤污染问题迫在眉睫,已对农产品质量、食品安全和生态环境安全构成了威胁。造成土壤污染的主要原因有:自然来源,主要来源于地质中的重金属;工业和城市的废水、废气和废渣未经处理或处理不完全直接排放;污水灌溉,导致有毒和有害物质在土壤中积累;化肥、农药、农用薄膜等过量使用,造成土壤板结和酸化,改变了土壤性能。为改善土壤环境,DB37/T 2737.2—2015 的"5.3.3"提出在美丽乡村建设中应实施高标准农田林网建设工程,减少农业化肥、农药使用量,提高农田质量和产量。

渔业水域生态环境是水生生物赖以生存和繁衍的最基本的条件,是渔业发展的命脉。因此,渔业水域生态环境的好坏不但直接影响着水生生物资源和水产增养殖业,而且还在很大程度上影响着我国人民的生存质量和社会发展。一段时间以来,由于自然条件和人为影响,我国渔业水域生态环境不断恶化,渔业水域生态系统的结构与功能正在受到不同程度的影响和破坏,这将大大增加渔业水域生态环境的脆弱性,大大削弱渔业水域生态环境的正常功能。为此,DB37/T 2737.2—2015 的"5.3.4"提出开展渔业资源修复工作,进行增殖放流、人工鱼礁示范和水产养殖生态环境修复,促进渔业可持续发展。

改革开放以来,特种动物的引种工作促进了我国养殖业的快速发展。但由外来物种引进而引发的外来物种入侵,不仅是导致生物多样性丧失的主要原因之一,而且还威胁着生态环境和经济发展。DB37/T 2737.2—2015 的"5.3.5"要求外来物种引种应符合相关规定并防止外来生物入侵,以保障生态系统的自然性和完整性,保证生物多样性。

第三节 《美丽乡村建设规范　第 3 部分:产业发展》条文解读

一、范围

【标准条文】

1　范围

DB37/T 2737 的本部分规定了美丽乡村建设中农业、工业、服务业的发展要求。

本部分适用于山东省美丽乡村建设的产业发展。

【释义】

农村产业发展是农业结构战略性调整的风向标和建设现代农业的重要环节,是促进农民就业增收的重要途径和建设社会主义新农村的重要支撑,是满足城乡居民生活需求的重要保证。DB37/T 2737.3—2015 的第 1 章“范围”限定了在农业、工业和服务业三大产业的领域进行规范,适用范围为山东省美丽乡村建设的产业发展。

二、规范性引用文件

【标准条文】

2 规范性引用文件

下列文件对于本文件的应用是必不可少的。凡是注日期的引用文件,仅所注日期的版本适用于本文件。凡是不注日期的引用文件,其最新版本(包括所有的修改单)适用于本文件。

GB 18596 畜禽养殖业污染物排放标准

GB/T 30600 高标准农田建设 通则

HJ 588 农业固体废物污染控制技术导则

NY/T 2148 高标准农田建设标准

DB37/T 2066 高标准农田林网建设技术规程

DB37/T 2180 乡村旅游服务规范

DB37/T 2323 高标准农田质量标准

【释义】

DB37/T 2737.3—2015 的第 2 章“规范性引用文件”是《美丽乡村建设规范 第 3 部分:产业发展》(以下简称《产业发展》)中直接引用的标准。不注日期的引用标准,其最新版本(包括所有的修改单)适用于《产业发展》。

三、基本要求

【标准条文】

3 基本要求

3.1 制定实施产业发展规划,实现三产结构合理、融合发展,主导产业惠及面广、效益高、有特色。

3.2 合理布局,节约集约利用土地,确保耕地、林地等土地保有量和基本农田面积;合理利用、节约保护水资源。

3.3 尊重自然，注重生态循环经济，发挥当地优势，创新产业发展模式，培育特色村、专业村，带动经济社会发展，促进农民增收和社会和谐。

3.4 村级集体经济有稳定的收入来源，能够满足开展村务活动和保障公共服务的需要。

【释义】

GB/T 32000—2015 的“8.1”经济发展的基本要求提出“制定产业发展规划，三产结构合理、融合发展，注重培育惠及面广、效益高、有特色的主导产业。创新产业发展模式，培育特色村、专业村，带动经济发展，促进农民增收致富。村级集体经济有稳定的收入来源，能够满足开展村务活动和自身发展的需要。”推进山东省美丽乡村产业发展建设，需要明确整体产业发展目标和方向，逐步形成与村庄环境相协调、与区域产业发展政策相统一、具有山东特点的农村产业发展模式，全面提高村庄发展和村民收入水平，带动山东省社会主义新农村建设和城镇化水平的全面提升。为此，DB37/T 2737.3—2015 的第 3 章“基本要求”在 GB/T 32000—2015 的“8.1”的基础上提出从宏观层面对山东省美丽乡村的产业发展提出了战略性要求。

首先，应从战略发展的角度制定产业发展规划，优化产业结构，实现三产融合发展。2015 年，中央一号文件中提出要推进农村三产融合发展，延长农业产业链、提高农业附加值。推进农村一、二、三产业融合发展，是拓宽农民增收渠道、构建现代农村产业体系的重要举措，是加快转变农村发展方式、探索中国特色农村产业发展现代化道路的必然要求。从战略规划角度引导农村三产融合的产业发展模式，对于促进农村产业发展具有长远的指导意义。此外，还应注重规划培育惠及面广、效益高、有特色的主导产业。

其次，应注重生态发展，推行发展生态循环经济，因地制宜地发展具有当地特色的产业，合理布局，土地、水资源节约集约利用，确保耕地、林地和农田的保有量，坚持走可持续发展的产业模式。此外，村级集体经济是农村经济中重要的组成部分，其发展程度关系整个农村经济发展大局，应保证村级集体经济的稳定收入来源，以满足开展村务活动和保障公共服务的需要。

四、农业

【标准条文】

4 农业

4.1 新型农业经营主体

4.1.1 完善家庭经营，培育专业种养大户和家庭农场，鼓励有一定规模的专业大户向家庭农场发展，从事专业化、集约化农业生产。

4.1.2　鼓励发展专业合作社、农业产业化龙头企业等，发展多种形式的农业适度规模经营。

4.1.3　开展职业农民培训，提高农民的科技文化素质、生产经营和就业创业能力。

【释义】

DB37/T 2737.3—2015 的第 4 章“农业”对山东省美丽乡村建设产业发展中的农业领域进行了规范。GB/T 32000—2015 的“8.2.1.1”和“8.2.1.2”提出“发展种养大户、家庭农场、农民专业合作社等新型经营主体。发展现代农业，积极推广适合当地农业生产的新品种、新技术、新机具及新种养模式，促进农业科技成果转化；鼓励精细化、集约化、标准化生产，培育农业特色品牌。”党的十八大报告提出，要在坚持和完善农村基本经营制度的基础上，培育新型经营主体，构建集约化、专业化、组织化、社会化相结合的新型农业经营体系。随着农村土地产权关系进一步明晰，种养大户、家庭农场、农民合作社、农业产业化龙头企业等新型农业经营主体开始崭露头角，呈现“四位一体”互惠共赢、共同发展的良好态势，对于保障农产品有效供给、建设现代农业、推进“四化同步”发挥着越来越重要的促进和支撑作用。因此，DB37/T 2737.3—2015 的“4.1”在国标的基础上提出以开展农民培训、增强农民素质的方式，鼓励种养大户、家庭农场、专业合作社和龙头企业等新型经营主体的发展。

【标准条文】

4.2　农业生产设施

4.2.1　结合实际开展土地整治和保护，高标准农田建设区域，符合 GB/T 30600、NY/T 2148、DB37/T 2323、DB37/T 2066 的要求。

4.2.2　开展以农田水利为重点的农业基础设施建设，提高防灾减灾能力。

4.2.3　结合产业发展，配备先进、适用的现代化农业生产设施设备。

【释义】

2015 年，中央一号文件提出“加大农村基础设施建设力度”。强化农业基础生产设施建设，是推动农村经济发展、促进农业和农村现代化的重要措施之一。历年来的中央一号文件中，均不放松对农业基础设施建设的要求，本标准中也对开展以农田水利为重点的农业基础设施建设提出了明确要求。DB37/T 2737.3—2015 的“4.2”依据历年中央一号文件提出应结合实际开展土地整治保护，高标准农田建设应符合《高标准农田建设通则》(GB/T 30600)、《高标准农田建设标准》(NY/T 2148)、《高标准农田质量标准》(DB37/T 2323)和《高标准农田林网建设技术规程》(DB37/T 2066)的要求。还应开展农田水利为重点的农业基础设施建设，并结合产业发展，配置适用的现代化农业生产设施。

【标准条文】

4.3 农业发展要求

4.3.1 生态循环农业

4.3.1.1 发挥当地优势，选择适宜的生态农业生产模式，积极推广适合当地农业生产的新品种、新技术、新机具及新种养方式，鼓励农业废弃物综合利用。

4.3.1.2 发展生态林业，提倡种植高效生态的特色经济林果和花卉苗木，推广先进适用的林下经济模式。

4.3.1.3 发展生态畜牧业，鼓励建设标准化养殖场，推广畜禽生态化、规模化养殖。

4.3.1.4 沿海、湖区或水资源丰富的村庄，发展生态渔业，推广生态养殖、水产良种和渔业科技，注重渔业资源修复和保护，落实休渔制度，促进捕捞业可持续发展。

4.3.1.5 鼓励发展集生产、生活和生态功能于一体的休闲农业，促进生态农业与第二产业、第三产业相融合。

【释义】

为落实发展生态农业和特色农业的要求，DB37/T 2737.3—2015 的“4.3”在生态循环农业、农产品质量和农业污染防治三个方面提出了要求。《中共山东省委、山东省人民政府关于加强生态文明乡村建设的意见》(鲁发[2011]10 号)提出“加快发展生态农业、循环农业、高效农业，深化农业产业化经营。”DB37/T 2737.3—2015 的“4.3.1.1”在此基础上，提出应积极推广发展创新型农业生产模式，因地制宜地发展生态农业。

GB/T 32000—2015 的“8.2.1.3”提出“发展现代林业，提倡种植高效生态的特色经济林果和花卉苗木；推广先进适用的林下经济模式，促进集约化、生态化生产。”DB37/T 2737.3—2015 的“4.3.1.2”依据国标要求提出应遵循生态经济学和生态规律发展林业，充分利用当地自然资源，推广种植高效生态的林卉果木和林下经济模式，促进林业发展。《山东省建设社会主义新农村总体规划(2006～2020)》提出“大力实施畜牧业规模化、标准化养殖。”GB/T 32000—2015 的“8.2.1.4”和“8.2.1.5”提出“发展现代畜牧业，推广畜禽生态化、规模化养殖。沿海或水资源丰富的村庄，发展现代渔业，推广生态养殖、水产良种和渔业科技，落实休渔制度，促进捕捞业可持续发展。”DB37/T 2737.3—2015 的“4.3.1.3”和“4.3.1.4”依据规划和国标要求提出包括畜牧业和渔业在内的养殖业应积极推进专业化、标准化、规模化、集约化养殖，促进生态养殖的可持续发展。

休闲农业是利用农业景观资源和农业生产条件，发展观光、休闲、旅游的一种新型农业生产经营形态，也是深度开发农业资源潜力、调整农业结构、改善农业环境、增加农民收入的新途径。DB37/T 2737.3—2015 的“4.3.1.5”提出应鼓励发展集生产、生活和生态功能于一体的休闲农业，从当地资源条件出发，积极发展农家乐、渔家乐、水上乐等特色旅游形式，走特色路，打特色牌，促进三产融合发展。

【标准条文】

4.3.2　农产品质量

4.3.2.1　鼓励培育与保护无公害农产品、绿色食品、有机食品和农产品地理标志保护产品，发展市场潜力大、区域特色明显、附加值高的主导产品。

4.3.2.2　注重农产品质量安全，培育保护农业品牌。

【释义】

当前，社会公众对农产品质量安全水平要求越来越高。农产品质量安全涉及众多方面，链条长、环节多，但其源头和基础还是良好的资源条件、安全的产地环境和清洁的生产方式。DB37/T 2737.3—2015 的“4.3.2”依据文件要求提出鼓励培育与保护发展市场潜力大、区域特色明显、附加值高的无公害农产品、绿色食品、有机食品和农产品地理标志保护产品，注重农产品质量安全，孵化保护农业品牌。

【标准条文】

4.3.3　农业污染防治

4.3.3.1　采用生物、物理、化学等综合防治措施，引导农民科学施肥用药，预防农业面源污染。

4.3.3.2　按照 HJ 588 的要求进行农业固体废物资源化、减量化、无害化处理，农药包装、育秧盘等农业废弃物及时处理，农膜回收率≥90%，鼓励使用可控降解地膜，使用比例≥30%，农作物秸秆综合利用率≥90%，无露天焚烧农作物秸秆现象。

4.3.3.3　村域内畜禽粪便利用率≥95%；畜禽养殖场(小区)粪便综合利用率达 100%，配套建设废弃物处理设施比例≥100%，病死畜禽无害化处理率达 100%，污染物排放应符合 GB 18596 的要求；水产养殖废水应达标排放。

【释义】

农业污染是指农村地区在农业生产和居民生活过程中产生的、未经合理处置的污染物对水体、土壤和空气及农产品造成的污染，具有位置、途径、数量不确定，随机性大，发布范围广，防治难度大等特点。主要来源有两个方面：一是农村居民生活废物，二是农村农作物生产废物，包括农业生产过程中不合理使用而流失的农药、化肥、残留在农田中的农用薄膜和处置不当的农业畜禽粪便、恶臭气

体以及不科学的水产养殖等产生的水体污染物。DB37/T 2737.3—2015 的“4.3.3”提出了农业污染防治的要求。

农业面源污染指通过降雨和地表径流冲刷，将大气和地表中的污染物带入受纳水体，使受纳水体遭受污染的现象。为预防农业面源污染，GB/T 32000—2015 的“7.2.1.1”提出“推广植物病虫害统防统治，采用农业、物理、生物、化学等综合防治措施，不得使用明令禁止的高毒高残留农药，按照 GB 4285、GB/T 8321 的要求合理使用农药。”在国标要求的基础上，DB37/T 2737.3—2015 的“4.3.3.1”提出应采用农业综合污染防治措施，引导农民科学施肥用药，预防农业面源污染。

农业固体废物指农、林、牧、副、渔各项生活中丢弃的固体废物，主要成分是农作物秸秆、枯枝落叶、木屑、动物尸体、大量家禽家畜粪便以及农业用资材废弃物(肥料袋、农用膜)等。GB/T 32000—2015 的“7.2.1.3”提出“农业固体废物污染控制和资源综合利用可按 HJ 588 的要求进行；农药瓶、废弃塑料薄膜、育秧盘等农业生产废弃物及时处理；农膜回收率≥80%；农作物秸秆综合利用率≥70%。”DB37/T 2737.3—2015 的“4.3.3.2”依据国标要求提出应对农业固体废物进行有效的无害化处理，并根据山东省情和《山东省人民政府办公厅关于印发山东省耕地质量提升规划(2014～2020 年)的通知》(鲁政办发[2014]48 号)，在国标基础上，提高了量化指标的要求，包括农膜回收率≥90%，并鼓励使用可控降解地膜，使用比例≥30%，农作物秸秆综合利用率≥90%，无露天焚烧农作物秸秆现象。

随着我国畜禽养殖业的迅速发展，其在国民经济增长和改善人民物质生活方面起到的作用将愈来愈大，而与此同时，畜禽养殖所产生的大量粪便和污水，也已成为重要的污染源。畜禽粪便排泄物虽然是一种污染源，但如果将其进行合理有效的处理和开发利用，变废为宝，会成为一项重要的可利用资源。GB/T 32000—2015 的“7.2.1.4”提出“畜禽养殖场(小区)污染物排放应符合 GB 18596 的要求，畜禽粪便综合利用率≥80%；病死畜禽无害化处理率达 100%；水产养殖废水应达标排放。”根据山东省情和《山东省人民政府办公厅关于印发山东省耕地质量提升规划(2014～2020 年)的通知》(鲁政办发[2014]48 号)的量化指标，DB37/T 2737.3—2015 的“4.3.3.3”在国标基础上，提高了要求，提出村域内畜禽粪便利用率≥95%，畜禽养殖场(小区)粪便综合利用率达 100%，配套建设废弃物处理设施比例≥100%，病死畜禽无害化处理率达 100%，污染物排放应符合《畜禽养殖业污染物排放标准》(GB 18596)的要求，水产养殖废水应达标排放。

五、工业

【标准条文】

5　工业

5.1　发展类型

5.1.1　依托优势、特色农业产业带，发展农产品产地初加工、精深加工和综合利用，提高产品附加值。

5.1.2　发展传统工艺、手工制作等特色产业。

5.1.3　发展其他农村工业。

【释义】

DB37/T 2737.3—2015 的第 5 章"工业"对山东省美丽乡村建设产业发展中的工业领域进行了规范。我国是一个发展中农业大国，广大农村拥有丰富的农产品资源、大量的农业劳动力和多种多样的农副产品加工传统，发展农副产品加工业，是农村工业发展的必然选择之一，是一种比较普遍的发展形势。GB/T 32000—2015 的"8.2.2.1"提出"结合产业发展规划，发展农副产品加工、林产品加工、手工制作等产业，提高农产品附加值。"DB37/T 2737.3—2015 的"5.1"在国标基础上，提出结合产业规划，以市场需求为导向，延长农业产业链，依托产业带的优势和特色，发展农产品产地初加工、精深加工和综合利用以及传统工艺等特色产业，带动农村工业的发展。

【标准条文】

5.2　发展要求

5.2.1　引导特色村、专业村与大中型企业实施产业对接、配套联合，实现借力发展，促进劳动力转移和农民就地就业。

5.2.2　鼓励村域内企业相互协作、产品配套，发展产业集群。

5.2.3　引导工业企业进入工业园区，防止化工、印染、电镀等高污染、高能耗、高排放企业向农村转移。

5.2.4　工业企业废水、废气、噪声、固体废弃物等污染物应达标排放，达标排放率达 100%。

【释义】

GB/T 32000—2015 的"8.1.1"提出"创新产业发展模式，培育特色村、专业村，带动经济发展，促进农民增收致富。"GB/T 32000—2015 的"8.2.2.2"提出"引导工业企业进入工业园区，防止化工、印染、电镀等高污染、高能耗、高排放企业向农村转移。"GB/T 32000—2015 的"7.2.2"提出"村域内工业企业生产过程中产生的废水、废气、噪声、固体废物等污染物达标排放，工业污染源达标排放率达 100%”。DB37/T 2737.3—2015 的“5.2”在国标要求的基础上，提出立足区位条件、自然禀赋和产业基础，鼓励发展农产品加工业，发展传统工艺、手工制作等特色产业，延长产业链，提高产品附加值，防止高污染、高能耗、高排放企业向农村转移，并增加了引导企业相互协作、产品配套，发展产业集群等要求。

六、服务业

【标准条文】

6　服务业

6.1　乡村旅游

6.1.1　依托农村自然生态环境、历史文化资源、生产生活方式、乡土风情及地方特色，开办农家乐、渔家乐、开心农场等经营实体，开展餐饮住宿、观光游览、农事体验、民俗演艺等服务。

6.1.2　配套完善基础设施，鼓励农民工、大学生返乡从事乡村旅游工作，加强从业人员培训，提高服务水平，符合 DB37/T 2180 要求。

【释义】

DB37/T 2737.3—2015 的第 6 章“服务业”对山东省美丽乡村建设产业发展中的服务业领域进行了规范。2015 年，中央一号文件提出要积极开发农业多种功能，挖掘乡村生态休闲、旅游观光、文化教育价值。发展乡村旅游不仅是丰富旅游业态、满足旅游需求的需要，而且还是促进城乡统筹、推进美丽乡村建设的重要抓手。乡村旅游与美丽乡村具有共享资源、共同推进的重要关联性，两者的融合发展在较大程度上具有实效性。美丽乡村为乡村旅游提供了静态的旅游发展平台，乡村旅游为美丽乡村带来了动态的经济发展载体。乡村旅游业的地位越来越重要，乡村旅游对美丽乡村的产业带动效应越来越突出，乡村旅游与美丽乡村的融合发展也越来越必要。充分发挥乡村旅游业在美丽乡村建设中的优势地位和引领作用，带动乡村经济社会的综合发展，将是促进美丽乡村建设进一步深入和可持续发展的重要途径。《山东省农村新型社区和新农村发展规划(2014～2030)》提出“发展乡村旅游等新经济业态，完善接待服务设施。”GB/T 32000—2015 的“8.2.3.1”提出“依托乡村自然资源、人文禀赋、乡土风情及产业特色，发展形式多样、特色鲜明的乡村传统文化、餐饮、旅游休闲产业，配备适当的基础设施。”DB37/T 2737.3—2015 的“6.1.1”在文件和国标基础上提出依托农村区域的优美景观、自然环境、建筑和文化历史等资源，挖掘乡村生态休闲、旅游观光、文化教育价值，打造形式多样、特色鲜明的乡村旅游休闲产品。

此外，DB37/T 2737.3—2015 的“6.1.2”还提出了配套完善基础设施，鼓励农民工、大学生返乡从事乡村旅游工作，加强从业人员培训，提高服务质量，符合山东省地方标准《乡村旅游服务规范》(DB37/T 2180)要求。美丽乡村建设发展,要重视劳力与人才资源的稳定,通过扶持如乡村旅游有竞争力、就业容纳力的产业来引导回流,鼓励支持农民工、青年人回乡创业,并加强从业人员培训,提高服务水平。

【标准条文】

6.2　生产性服务业

6.2.1　鼓励开展土地托管、测土配肥、农技推广、动植物疫病防控、农资供应、农业信息化、农业机械化、农产品流通、农村金融等农业社会化服务。

6.2.2　建设融资担保、诚信评价、人才培训、创业辅导、行业协会、法律服务等农村服务体系。

6.2.3　发展金融租赁、节能环保、电子商务、现代物流等其他生产性服务业。

6.3　生活性服务业

发展健康养老、家庭服务、社会工作、文化体育等生活性服务业。

【释义】

山东省"十二五"规划提出应优先发展生产性服务业。GB/T 32000—2015的"8.2.3.2"和"8.2.3.3"提出"发展家政、商贸、美容美发、养老托幼等生活性服务业。鼓励发展农技推广、动植物疫病防控、农资供应、农业信息化、农业机械化、农产品流通、农业金融、保险服务等农业社会化服务业。"DB37/T 2737.3—2015的"6.2"主要侧重于对生产性服务业的发展,依据国标和山东省"十二五"规划的要求,鼓励发展土地托管、测土配肥、农技推广、动植物疫病防控、农资供应、农业信息化、农业机械化、农产品流通、农村金融、保险服务等农业社会化服务业,建设融资担保等农村服务体系,发展金融租赁等其他生产性服务业,并规范其发展,提升服务质量和水平。DB37/T 2737.3—2015的"6.3"依据国标要求,侧重于对生活性服务业的发展,旨在为生活便利提供服务,鼓励发展健康养老、家庭服务、社会工作、文化体育等生活性服务业。

第四节　《美丽乡村建设规范　第4部分:公共服务》条文解读

一、范围

【标准条文】

1　范围

DB37/T 2737的本部分规定了美丽乡村的医疗卫生、公共教育、文化体育、

养老服务、社会保障、劳动就业、公共安全、便民服务等公共服务内容。

本部分适用于山东省美丽乡村公共服务。

【释义】

任何一个标准都有其特定领域的适用性。DB37/T 2737.4—2015 的第1章“范围”:一方面阐述标准中“有什么”,包括“医疗卫生、公共教育、文化体育、养老服务、社会保障、劳动就业、公共安全、便民服务”等内容;另一方面明确表明标准“有什么用”,主要适用于指导山东省美丽乡村的公共服务的建设。

二、规范性引用文件

【标准条文】

2　规范性引用文件

下列文件对于本文件的应用是必不可少的。凡是注日期的引用文件,仅所注日期的版本适用于本文件。凡是不注日期的引用文件,其最新版本(包括所有的修改单)适用于本文件。

GB 24407　专用校车安全技术条件

GB/T 29315　中小学、幼儿园安全技术防范系统要求

GB 50039　农村防火规范

DL 493　农村低压安全用电规程

MZ/T 039　老年人能力评估

《山东省幼儿园基本办园条件标准》(鲁教基字[2010]10 号)

《山东省普通中小学基本办学条件标准》(鲁教基字[2008]15 号)

【释义】

DB37/T 2737.4—2015 的第 2 章“规范性引用文件”是《美丽乡村建设规范 第 4 部分:公共服务》(以下简称《公共服务》)中直接引用的标准。不注日期的引用标准,其最新版本(包括所有的修改单)适用于《公共服务》。如所引用的标准《农村低压安全用电规程》,旧版本为《农村低压安全用电规程》(DL 493—2001),最新版本为《农村低压安全用电规程》(DL 493—2015),本标准中指出的农村用电安全应符合最新版本《农村低压安全用电规程》(DL 493—2015)的要求。

三、医疗卫生

【标准条文】

3　医疗卫生

3.1　基本要求

3.1.1　应为村民提供安全、方便、优质的卫生服务。

3.1.2 村卫生室的设置须经县级卫生行政部门审批，每村宜设置1所村卫生室，人口较少村可合并建设，社区卫生服务中心或乡镇卫生院所在地的村可不设。

3.1.3 村卫生室建筑面积不小于80平方米，应设有诊断室、治疗室、公共卫生室、观察室、值班室和药房，鼓励有条件的设立康复室。设备配置可参照附录A。

3.1.4 每千村民应配备不低于1名村卫生室人员，从事预防、保健和医疗服务的村卫生室人员应依法取得相应执业资格，并严格遵守医务人员医德规范及医疗机构从业人员行为规范。宜建设基层医疗卫生信息系统。

【释义】

DB37/T 2737.4—2015的第3章对农村医疗卫生的基本要求和服务内容两方面作了相关规定。

DB37/T 2737.4—2015的"3.1"主要是从村卫生室设置和建设标准、功能空间、服务人员等方面提出了具体的要求。

"3.1.1"主要是规范了生态文明乡村医疗卫生服务的目标。农村医疗卫生的建设应按照人人享有基本医疗卫生服务的目标，强化基础能力建设，提高基本医疗卫生服务的公平性、可及性和质量水平，为村民提供安全、方便、质优的卫生服务。

村卫生室是农村开展医疗卫生服务的重要载体和基础。目前，山东省各地在省卫计委的指导下，以科学发展观为指导，紧紧围绕卫生改革与发展的大局，以村卫生室的硬件建设和内涵建设为重点，合理规划，建设标准化村卫生室，不断改善农村医疗卫生条件，满足农村居民的健康需求。山东省《关于加快提升村卫生室服务能力的意见》(鲁政办发[2008]47号)中提出：原则上按2000～4000人的服务人口设置1所村卫生室，村卫生室服务半径以2.5千米为宜；《村卫生室管理办法(试行)》(国卫基层发[2014]33号)对村卫生室设置的具体要求：一个行政村设置1所村卫生室，人口较多或者居住分散的行政村可酌情增设，人口较少或面积较小的行政村，可与相邻行政村联合设置村卫生室，乡镇卫生院所在地的行政村原则上可不设村卫生室。DB37/T 2737.4—2015的"3.1.2"据此规定：村卫生室的设置须经县级卫生行政部门审批，每村宜设置1所村卫生室，人口较少村可合并建设，社区卫生服务中心或乡镇卫生院所在地的村可不设。

DB37/T 2737.4—2015的"3.1.3"规定了村卫生室建设标准与设备管理，参考国家卫计委制定的《村卫生室管理办法(试行)》(国卫基层发[2014]33号)中的要求，本条款规定村卫生室应设有诊断室、治疗室、公共卫生室、观察室、值班室和药房，鼓励有条件的设立康复室。《村卫生室管理办法(试行)》(国卫基层发[2014]33 号)中规定村卫生室房屋建设规模不低于 60 平方米,服务人口多的应当适当调增建筑面积。考虑到山东省是人口大省,同时参考山东省《关于加快提升村卫生室服务能力的意见》(鲁政办发[2008]47 号)作出的规定,业务用房应达到 80 平方米,通过购置基本设备,提升村卫生室的硬件建设、软件管理和网络运行力度,为老百姓看病提供必要的医疗条件。本标准条款要求村卫生室建筑面积不小于 80 平方米,宜建设基层医疗卫生信息系统,引用《关于加快提升村卫生室服务能力的意见》(鲁政办发[2008]47 号)中对村卫生室设备配置基本标准做了相关规定,具体参见附录 A。

DB37/T 2737.4—2015 的"3.1.4"规定了农村医疗卫生人员的配备与管理。山东省《关于加快提升村卫生室服务能力的意见》(鲁政办发[2008]47 号)中提出每所村卫生室原则上应配有 2～4 名取得相应执业资格的医护人员。为了使医护人员与辖区服务村民人数相匹配,同时依据《村卫生室管理办法(试行)》(国卫基层发[2014]33 号)中的要求,本标准规定每千村民应配备不低于 1 名村卫生室人员,从事预防、保健和医疗服务的村卫生室人员应取得相应执业资格,并遵守医务人员医德规范及医疗机构从业人员行为规范。

【标准条文】

3.2 服务内容

3.2.1 应提供疾病的初步诊查和常见病、多发病的基本诊疗以及康复指导、护理服务。

3.2.2 应提供危急重症病人的初步现场急救和转诊服务。

3.2.3 应提供传染病和疑似传染病人的转诊服务。

3.2.4 应承担、参与或协助开展基本公共卫生服务。

3.2.5 应参与或协助专业公共卫生机构落实重大公共卫生服务。

【释义】

DB37/T 2737.4—2015 的"3.2"主要是从医疗卫生服务内容和要求的角度提出了规定,村卫生室应承担与其功能相适应的基本医疗服务及公共卫生服务。

基本公共服务项目是促进基本公共卫生服务逐步均等化的重要内容,也是公共卫生制度建设的重要组成部分。《关于做好 2015 年全省基本公共卫生服务项目工作的通知》(鲁卫基层发[2015]4 号)提出要做好山东省基本公共卫生服务项目,做好各种疾病的检查、诊疗和管理工作,基本公共卫生服务项目具体参照原卫生部发布的《国家基本公共卫生服务规范》,在开展基本公共卫生服务项目的同时,向辖区群众同步提供临床诊疗、咨询、社区护理等各项基本公卫和基本医疗服务。《医疗机构管理条例》(国务院令第 149 号)中要求医疗机构应对危重病人立即抢救,对限于设备或者技术条件不能诊治的病人,应当及时转诊;医疗机构对传染病、精神病、职业病等患者的特殊诊治和处理，应当按照国家有关法律、法规的规定办理；医疗机构在诊疗活动中，应当对患者实行保护性医疗措施。依据《村卫生室管理办法（试行）》（国卫基层发[2014]33号），村卫生室应具有能够承担、参与基本公共卫生服务的资质与人才队伍，应参与或协助开展专业公共卫生机构落实重大公共卫生服务，进一步加强村卫生室的管理，更好地为农村居民提供卫生服务。“3.2.1”～“3.2.5”对文件中的内容进行归纳总结提炼，作出了相关规定。

四、公共教育

【标准条文】

4 公共教育

4.1 基本要求

4.1.1 应保障所有适龄儿童、少年享有平等受教育的权利，提高国民基本文化素质。

4.1.2 村庄幼儿园和中小学设置应符合教育部门布点规划要求。

4.1.3 幼儿园建设应符合《山东省幼儿园基本办园条件标准》的要求，中小学的建设应符合《山东省普通中小学基本办学条件标准》的要求，并符合国家卫生标准与安全标准。

【释义】

DB37/T 2737.4—2015 的第 4 章对农村公共教育的基本要求和服务内容两方面作了相关规定。

为全面推进城乡基本公共服务均等化，农村教育均衡问题则是不容忽视的一环。回顾过去几年的中央一号文件可以看出，我国非常重视农村公共教育问题，对农村教育问题涵盖面越来越广，具体的改革任务也更加明确，同时对农村教育的投入力度也在逐年增大。DB37/T 2737.4—2015 的“4.1”对农村公共教育总体目标、学校设置与建设三个方面作出了规定。

2016 年，中央一号文件提出要加快发展农村学前教育，扩大农村普惠性学前教育资源；建立城乡统一、重在农村的义务教育经费保障机制；加快普及高中阶段教育。农村教育问题很快得到了政府和社会广大群众的广泛关注。2011 年，中共山东省委、省政府出台了《山东省中长期教育改革和发展规划纲要（2011～2020 年）》，提出加快普及学前教育，提高义务教育实施水平等目标，采取了一系列举措，相继实施了教育综合督导、中小学“危房改造工程”“教育工作示范县（市、区）”创建、“规范化学校”建设、“农村中小学现代远程教育工程”“农村中小学课桌凳更新工程”“普实”工程、“农村中小学教学仪器更新工程”，学校办学条件得到显著改善。DB37/T 2737.4—2015 的“4.1.1”据此提出应保障所有适龄儿童、少年享有平等受教育的权利，提高国民基本文化素质的要求。

DB37/T 2737.4—2015 的“4.1.2”和“4.1.3”对村庄幼儿园和中小学设置与建设作了相关规定。村庄幼儿园和中小学应实行规范化建设和教学，对于符合部门布点规划要求的农村幼儿园和中小学依据《山东省幼儿园基本办园条件标准》(鲁教基字[2010]10 号)和《山东省普通中小学基本办学条件标准》(鲁教基字[2008]15 号)：幼儿园和中小学总体规划设计因地制宜，功能分区明确；校舍建筑及附属设施建设严格执行国家的设计规范、建筑规范、环保规范、安全规范、节能等标准；幼儿园玩教具配置符合山东省农村幼儿园玩教具配备目录；学校配备满足幼儿园保教工作或教育教学的需要，具备相应资格的专任教师、管理及工勤人员等各类人员，各项内容均应符合国家卫生标准与安全标准。

【标准条文】

4.2　服务内容

4.2.1　提供公益性、普惠性学前教育，学前三年毛入园率≥85%。

4.2.2　协助普及义务教育，为适龄人员接受义务教育创造良好环境，消除辍学现象，无因家庭困难导致失学的儿童，九年义务教育巩固率≥98%。

4.2.3　应开发和利用各种资源，以全体村民为对象，开展以提升生活质量、个人素质、职业技能为目的的教育活动。

【释义】

DB37/T 2737.4—2015 的“4.2”对学前教育、九年义务教育和加强村民教育三个服务内容作了相关规定。

2016 年，中央一号文件提出要加快农村学前教育，扩大农村普惠性学前教育资源，这传递出国家对农村学前教育重视的积极信号。学前教育是重要的社会公益事业，关系群众的切身利益。近年来，山东省以普及为目标，大力实施学前教育三年行动计划，积极发展农村学前教育，促进了农村地区公办学前教育资源快速扩增。但是受制于财力等因素，山东省学前教育普及率还不高，保障幼儿园可入并接受有质量的学前教育仍是当前主要任务。DB37/T 2737.4—2015 的“4.2.1”要求农村公共服务应提供公益性、普惠性学前教育，《山东省中长期教育改革和发展规划纲要(2011～2020 年)》中制定了学前三年毛入园率到 2020 年实现 85%的目标，考虑到对生态文明乡村(美丽乡村)的要求应高于普通水平，本条款规定学前三年毛入园率≥85%。

农村基础教育中辍学现象不仅影响了农村基础教育的发展，而且还妨碍了农村以及整个国家国民教育素质的提高，制约着我国特别是农村地区经济、社会、文化的发展，成为社会和谐稳定的隐患，因此，解决农村辍学问题是当今发展农村教育的当务之急,重中之重。控辍防逃是一项长期而又艰巨的工作,是一项系统综合的社会工程,需要社会、学校、家庭和个人等方方面面的密切配合,只有动员、调动全社会的力量,才能扎实抓好控辍防逃保学工作。"4.2.2"提出应协助普及义务教育,为适龄人员接受义务教育创造良好环境,消除辍学现象。《山东省中长期教育改革和发展规划纲要(2011～2020年)》中制定了九年义务教育巩固率到2020年实现98%的目标,同样考虑到对生态文明乡村(美丽乡村)的要求应高于普通水平,本条款规定无因家庭困难导致失学的儿童,九年义务教育巩固率≥98%。

农民素质的高低决定了农村社会发展的速度和质量,农民知识化进程的快慢,在很大程度上决定着农业和农村现代化的发展步伐,决定着我国经济社会发展第三步战略目标的实现。因此,培养出一大批高素质的农民,实现共同富裕,既是社会主义新农村建设的核心内容,也是建设社会主义新农村文化的核心和关键。依据《社区服务指南　第3部分:文化、体育、教育服务》,DB37/T 2737.4—2015的"4.2.3"提出应开发和利用各种资源,以全部村民为对象,开展以提升生活质量、个人素质、职业技能为目的的教育活动的要求。

五、文化体育

【标准条文】

5　文化体育

5.1　基本要求

5.1.1　应满足村民阅读、听广播、进行公共文化鉴赏、参加大众文化活动和体育健身等需求。

5.1.2　应建设面积不低于200平方米,具有娱乐、广播、阅读、科普、教育、健身等功能的综合性文体服务中心,基本功能空间应包括:图书报刊阅览室(农家书屋)、公共电子阅览室、文体活动室、综合展览室等。

5.1.3　图书报刊阅览室(农家书屋)应有一定数量的党报党刊和适合农民阅读的经济、科技、法律、卫生、文化类图书、期刊和音像制品,并定期更新、充实和维护。公共电子阅览室应有宽带接入,并配置投影仪、有源音箱和不少于10台电脑。文体活动室应配置乐器、音箱、棋牌桌等设备。综合展览室应配备书法、绘画等活动的设施器材,并能满足展览活动需求。

5.1.4　应结合公共绿地建设面积不低于500平方米(人口在1700人以上村庄的人均面积应不低于0.3平方米)具备村民活动、休憩兼停车、集会等功能的文体公共活动广场,并有灯光、有源音箱、球类设施、健身器材等配套设施设备。

5.1.5 应设置公共阅报栏，建设村级广播系统。

5.1.6 应设有文化专兼职人员，每年参加上级文化部门组织的业务培训不少于5天。应组建村民业余文体活动团队，定期组织开展文体活动。宜建立志愿者服务机制，鼓励村庄中文化艺术人才、组织参与文化活动志愿服务。

5.1.7 应制定并公示各项管理制度。应编制服务规范，推行标准化服务。所有文体设施、设备应定期维护并免费开放。

【释义】

DB37/T 2737.4—2015 的第 5 章对农村文化教育的基本要求和服务内容两方面做了相关规定。

DB37/T 2737.4—2015 的“5.1”对文化教育人员做出了相关要求，并明确了综合性文体服务中心、图书报刊阅览室（农家书屋）、公共电子阅览室、文体公共活动广场等文体设施建设的具体要求，明确提出各项服务开展所需的设备要求及管理制度与服务规范。

依照山东省办公厅出台的《关于加快构建现代公共文化服务体系的实施意见》（鲁办发[2015]25 号）中的要求，应以保障人民群众基本文化权益为出发点，有效统筹资源，丰富服务供给，提升公共文化服务效能，为加快建设经济文化强省提供强大的精神动力和文化支撑。DB37/T 2737.4—2015 的“5.1.1”据此从总体上提出农村文化教育服务应满足村民阅读、听广播、进行公共文化鉴赏、参加大众文化活动和体育健身等各方面的需求，以提高全民素质。

群众性的文体活动是公共文化服务的表现形式之一。应充分建设并利用文体设施，提高设施利用率，采取群众喜闻乐见的形式定期开展文体活动。DB37/T 2737.4—2015 的“5.1.2”和“5.1.5”依据《山东省基本公共文化服务实施标准（2015～2020 年）》中的要求，对综合性文体中心建设标准和功能空间作了相关规定。综合性文体服务中心面积不低于 200 平方米，具有娱乐、广播、阅读、科普、教育、健身等功能，基本功能空间包括图书报刊阅览室（农家书屋）、公共电子阅览室、文体活动室、综合展览室，文体公共活动广场应有灯光、有源音箱、球类设施、健身器材等配套设施设备；建有公共阅报栏，建有村级广播系统。

DB37/T 2737.4—2015 的“5.1.3”参照山东省文化厅制定的《山东省村级文化大院建设与服务标准》对图书阅览室、公共电子阅览室的配置作了相关规定。图书报刊阅览室（农家书屋）应有一定数量的党报党刊和适合农民阅读的经济、科技、法律、卫生、文化类图书、期刊和音像制品，并定期更新、充实和维护。公共电子阅览室应有宽带接入，并配置投影仪、有源音箱和不少于 10 台电脑。此外，根据实际调研情况，规定文体活动室应配置乐器、音箱、棋牌桌等设备。综合展览室应配备书法、绘画等活动的设施器材，并能满足展览活动需求。

DB37/T 2737.4—2015 的“5.1.4”对文体公共活动广场的建设面积、功能和设施配置作了相关规定。根据《国务院关于加快发展体育产业促进体育消费的若干意见》(国发[2014]46 号),室外健身人均用地不低于 0.3 平方米。根据《山东省基本公共文化服务实施标准(2015～2020 年)》的规定,村(社区)建有符合标准的文体小广场,面积不低于 500 平方米。将两个文件中的要求进行换算,得到公共绿地建设面积不低于 500 平方米时,适当提高标准后,适用于人口在 1700 人以上的村庄。本条款据此提出公共绿地建设面积不低于 500 平方米(人口在 1700 人以上村庄的人均面积应不低于 0.3 平方米),文体活动广场应具备村民活动、休憩兼停车、集会等功能,有健身路径、灯光、有源音箱等必要的配套设施设备。

DB37/T 2737.4—2015 的“5.1.6”对群众文体队伍建设、文体活动展开频次及志愿者服务机制做了较为细化的要求。《山东省基本公共文化服务实施标准(2015～2020 年)》中的要求:乡镇(街道)、村(社区)文化专兼职人员每年参加集中培训时间不少于 5 天,本标准条款设定为:农村文化教育应设有文化专兼职人员,每年参加上级文化部门组织的业务培训不少于 5 天。《山东省基本公共文化服务实施标准(2015～2020 年)》中要求:社区、村综合性文化服务中心所属群众业余团队不少于 1 个,每支队伍每年开展活动 12 次以上。本条款考虑到标准的使用对象为农村,未对业余文体活动团队数量和文体活动开展次数进行严格规定。此外,为提高村民参与文体活动的积极性,参考《关于加快构建现代公共文化服务体系的实施意见》中积极鼓励社会力量参与公共文化服务的意见,“5.1.6”提出宜建立志愿者服务机制,鼓励村庄中文化艺术人才,组织参与文化活动志愿者,构建参与广泛、内容丰富、形式多样、机制健全的文化志愿服务体系。

DB37/T 2737.4—2015 的“5.1.7”从管理层面提出农村文体服务应编制服务规范,推行标准化服务,文体设施、设备应定期维护并免费开放。

【标准条文】

5.2 服务内容

5.2.1 开展读书读报活动,提供图书报刊免费借阅服务。

5.2.2 公共电子阅览室应提供免费上网服务,宜提供数字文化服务。

5.2.3 公共阅报栏应及时提供以党报、“三农”、科普、文化生活、健康文摘类报纸等为主的信息服务。

5.2.4 广播系统应及时提供播放惠农政策、科学技术知识、法律法规常识、文化生活、防灾预警、国家发展成就等信息的服务。

5.2.5 应定期组织开展文艺演出、讲座展览、电影放映、科普培训、民俗文化和传统文化活动、体育比赛等群众性文体活动。

5.2.6　应免费提供健身技能指导、传授科学健身知识等服务。

5.2.7　应每年组织开展针对残障人士、未成年人和老年人等特殊群体的文化活动。

【释义】

DB37/T 2737.4—2015 的“5.2.1”～“5.2.6”对图书借阅、收听广播、文体活动、文化鉴赏、公众教育、数字服务等作出具体规定。根据《山东省基本公共文化服务实施标准(2015～2020 年)》，乡镇(街道)综合文化站(中心)和村(社区)综合性文化服务中心(文化大院，含农家书屋)等配备图书、报刊和电子书刊，并免费提供借阅服务；乡镇(街道)和有条件的村(社区)建有公共电子阅览室，免费提供上网服务；在乡镇车站、集贸市场、广场等人流密集地点设置公共阅报栏或电子阅报屏，上架和传输以党报、“三农”、科普、文化生活、健康文摘类报纸等为主的信息服务，每天更新不少于 2 类；实现城乡应急广播体系全覆盖；乡镇(街道)综合文化站(中心)每年组织开展群众文体活动不少于 30 次，坚持开展群众喜闻乐见、在一定区域内影响较大的品牌文化活动，年开展综合性文体活动不少于 5 次；应免费提供健身技能指导、传授科学健身知识等服务。本条款考虑到农村的不同条件，未对公共阅报栏的信息更新、文体活动开展次数进行规定，提出公共阅报栏应及时提供以“三农”、科普、文化生活、健康文摘类报纸等为主的信息服务，应定期组织开展群众性文体活动。

DB37/T 2737.4—2015 的“5.2.7”针对特殊群体的文化活动作了具体规定。根据《山东省基本公共文化服务实施标准(2015～2020 年)》，本标准规定每年组织开展针对残障人士、未成年人、老年人等特殊群体的文化活动，以保障残障人士、未成年人和老年人等特殊群体享有均等的公共文化服务。

六、养老服务

【标准条文】

6　养老服务

6.1　基本要求

6.1.1　以居家养老为基础，为村庄老年人提供生活照料、康复保健、安全守护、文化娱乐、精神关爱、法律援助和慈善救助等一种或者若干种养老服务。

6.1.2　建立全民参与养老服务的渠道和机制，鼓励志愿者参与养老服务。

6.1.3　宜建设老人日托中心、居家养老照料中心、幸福院等农村养老设施，有与其业务范围相适应的服务人员，有养老服务程序及规范要求，建有服务档案。

【释义】

山东是人口大省,全省有1700万老年人,其中大多数生活在农村。随着人口老龄化的加速发展和家庭养老功能的弱化,给家庭和社会带来的负担越来越沉重。解决好庞大的老年人口带来的巨大养老服务需求,已经成为人民群众迫切需要解决的重大民生问题。针对山东省农村养老发展普遍基础薄弱现状,DB37/T 2737.4—2015的第6章参照《关于加快推进农村幸福院建设的意见》(鲁民[2013]45号),对农村养老服务的基本要求和服务内容两方面作了相关规定。

DB37/T 2737.4—2015的“6.1”从养老服务模式、服务渠道、服务设施、服务人员及服务规范等多个方面提出相关要求。

《山东省社会养老服务体系建设规划(2011～2015年)》要求应建立起与人口老龄化进程相适应、与经济社会发展水平相协调,以居家为基础、社区为依托、机构为支撑的社会养老服务体系,建设为农村老年人提供生活居住、日间照料、康复医疗、休闲娱乐、精神慰藉、紧急救援和社会参与等服务的农村老年人互助养老设施以及配套的服务标准、运行机制和监管制度,解决老年人社会养老问题,提升农村老年人的生活质量和幸福指数,促进农村社会和谐稳定。“6.1.1”～“6.1.3”据此总结提出:以居家养老为基础,为村庄老年人提供生活照料、康复保健、安全守护、文化娱乐、精神关爱、法律援助和慈善救助等一种或者若干种养老服务;建立全民参与养老服务的渠道和机制,鼓励志愿者参与养老服务;宜建设多种农村养老设施,有与其业务范围相适应的服务人员,有养老服务程序及规范要求,建有服务档案。

【标准条文】

6.2 服务内容

6.2.1 宜提供家务服务、生活护理、餐饮服务、卫生清理、代办服务等生活照料类服务。

6.2.2 宜提供协助就医、保健、护理等医疗健康类服务。

6.2.3 宜提供精神慰藉、文化娱乐、咨询服务等精神文化类服务。

6.2.4 宜提供紧急援助、居家安全保障等安全防护类服务。

【释义】

参照《养老机构基本规范》(GB/T 29353—2012),养老机构应提供的服务内容包括:生活照料服务,应由养老护理人员承担,配备生活照料服务必要的设施与设备,应根据老年人的具体需要提供相应的照料服务;老年护理服务,包括基础护理、健康管理、健康教育、心理护理、治疗护理等,应参照对老年人能力等级评估的情况提供相应的护理服务;医疗保健服务,为老年人提供预防、保健、康复、医疗等方面的活动;心理/精神服务,包括沟通、情绪疏导、心理咨询等服务内容,应适时与老年人进行交流,掌握老年人心理或精神的变化;文化娱乐服务,根据老年人身心状况需求,开展文艺、健身、棋牌等活动,开展活动时,应提供必要的安全防护措施;咨询服务,包括信息提供和问询解答;安全防护服务,通过医护人员的评估,为老年人采取适当的安全防护措施。DB37/T 2737.4—2015 的"6.2"对其进行归纳总结,对养老服务内容作了相关规定,包括生活照料类、医疗保健类、精神文化类和安全防护类服务。

七、社会保障

【标准条文】

7 社会保障

7.1 应保障村民在年老、疾病情况下依法获得帮助的权利,为村庄中困难群体和老年人、残疾人、孤儿等特殊群体的基本生活提供帮助。

7.2 村民普遍参加居民基本养老保险,基本实现全覆盖。村民参加居民基本医疗保险,参保率≥97%。

7.3 农村最低生活保障目标人群覆盖率达到100%。农村五保供养目标人群覆盖率达到100%,集中供养率≥70%。享受最低生活保障或农村五保供养的,能力等级判定为MZ/T 039中2、3级的老年人,失能老年人护理补贴覆盖率达到100%。低收入家庭身故者殡葬补贴覆盖率达到100%。

7.4 被征地村民按相关规定参加相应的社会保障。

【释义】

社会保障是经济社会发展到一定阶段的必然产物,是社会化生产与市场经济正常运行的客观需要,社会保障对于促进经济社会健康发展,提高人民生活水平具有非常重要的意义。农村社会保障是整个社会保障体系的重要组成部分,建立健全与经济发展水平相适应的农村社会保障体系,是建设美丽乡村的必然要求。

我国在农村社会保障体系建设方面基本建立起了新型农村社会养老保险、新型农村合作医疗和农村最低生活保障等保障项目,农村社会保障体系得到进一步完善。但由于某些历史和现实的原因,诸如城乡二元结构、政府的财政投入不足、农村社保资金监管不到位、法律制度缺失,现阶段我国农村社会保障体系建设出现了保障水平低、覆盖范围狭窄、发展不平衡、社会化程度低等问题,无法满足农民日益提高的物质生活水平对社会保障的需求,农民得不到应有的保障。党的十八大把社会保障全民覆盖作为全面建成小康社会的重要目标,要求坚持全覆盖、保基本、多层次、可持续方针,以增强公平性、适应流动性、保证可持续性为重点，全面建成覆盖城乡居民的社会保障体系。党的十八届三中全会更是进一步提出了建立更加公平可持续的社会保障制度的改革目标，可以看出，完善农村社会保障体系在我国社会保障体系建设、经济发展中的重要性。

DB37/T 2737.4—2015 的第 7 章按照《国家基本公共服务体系“十二五”规划》(国发[2012]29 号)、《关于印发山东省基本公共服务体系建设行动计划(2013～2015 年)的通知》(鲁政发[2013]18 号)应保尽保、应助尽助的要求，对美丽乡村的社会保障中居民基本养老保险、居民基本医疗保险、农村最低生活保障、农村五保供养对象、低收入家庭身故者殡葬补贴及失能老年人护理补贴提出要求。

DB37/T 2737.4—2015 的“7.1”参照了《关于印发山东省基本公共服务体系建设行动计划(2013～2015 年)的通知》(鲁政发[2013]18 号)中对特殊群体社会保障的要求，应落实各项村庄困难群体和老年人、残疾人、孤儿等特殊群体社会保障制度；定期组织开展送温暖、献爱心等志愿服务活动。“7.1”提出：应保障村民在年老、疾病情况下依法获得帮助的权利，为村庄中困难群体和老年人、残疾人、孤儿等特殊群体的基本生活提供帮助。

DB37/T 2737.4—2015 的“7.2”对农村养老保险和基本医疗保险提出了要求，明确了农村基本养老保险和医疗保险的覆盖面和受惠面。《国家基本公共服务体系“十二五”规划》(国发[2012]29 号)指出“实现新型社会养老保险和城镇居民社会养老保险制度全覆盖，各地根据实际情况可以将两项制度合并实施”。虽然有些地方仍旧称医疗保险为“新型农村合作医疗保险”，但考虑到时间延展性和新型城镇化的发展，条款中选用了“居民基本医疗保险”。根据《关于印发山东省基本公共服务体系建设行动计划(2013～2015 年)的通知》(鲁政发[2013]18 号)中对参加新型农村合作医疗保险率和城镇居民基本医疗保险参保率稳定在 97%以上，确定本条款中的参保率≥97%。

DB37/T 2737.4—2015 的“7.3”是针对特殊群体的社会救助的要求，应健全比较完善的社会救助体系。根据《关于印发山东省基本公共服务体系建设行动计划(2013～2015 年)的通知》(鲁政发[2013]18 号)中对最低生活保障人群的社会救助覆盖率为 100%，农村五保供养目标人群覆盖率为 100%，其中农村五保集中供养率达到 70%以上，殡葬补贴(推行火葬地区不保留骨灰者和低收入家庭身故者的家庭)目标人群覆盖率达到 100%以及《关于建立生活长期不能自理经济困难老年人护理补贴制度的通知》(鲁民[2014]28 号)中提出的享受最低生活保障或农村五保供养的，能力等级判定为 MZ/T 039 中 2、3 级的老年人，失能老年人均为护理补贴对象，本标准“7.3”对家庭经济困难、生活难以自理的失能老年人民、农村五保供养目标人群、低收入家庭身故者的殡葬补贴等作了相关规定。

DB37/T 2737.4—2015 的“7.4”对被征地村民的社会保障提出了要求。被征地农民是新型城镇化发展背景下所必然产生的群体。引用《美丽乡村建设指南》(GB/T 32000—2015)的要求,被征地村民按相关规定享有相应的社会保障。

八、劳动就业

【标准条文】

8　劳动就业

8.1　加强村民的素质教育和技能培训,培养新型职业农民。

8.2　提供公共就业相关的政策、法律法规以及业务办理等咨询服务。

8.3　发布求职和招聘、市场工资指导价位、职业培训、创业培训、创业项目等信息,提供职业指导、职业介绍、创业指导、创业协助和后续跟踪等服务。

8.4　为就业困难人员、零就业家庭和残疾人提供就业援助。

8.5　协助开展劳动关系协调、劳动人事争议调解、维权等权益保护活动。

【释义】

农民就业问题是当前人们普遍关注的热点问题。随着时代的发展和社会流动的加剧,农民问题、农业问题都突出表现在了农民就业问题之上。DB37/T 2737.4—2015 的第 8 章从职业技能培训、就业服务、创业服务、劳动关系协调等方面对农民劳动就业服务作出了具体规定。

DB37/T 2737.4—2015 的“8.1”以提高农村劳动力素质、提升就业能力为目标,提出实施农民职业技能培训技能提升计划,加强村民的素质教育和技能培训,培养新型职业农民的要求。DB37/T 2737.4—2015 的“8.2”对就业服务提供的内容作出规定,应提供公共就业相关的政策、法律法规以及业务办理等咨询服务。

DB37/T 2737.4—2015 的“8.3”以完善就业服务、创造就业机会为目标,提出了相关的就业服务要求。在实际工作中,山东省部分农村按照《山东省人力资源和社会保障基层公共(就业)服务平台建设基本规范》(鲁人社发[2013] 25 号),对村人力资源社会保障服务站的机构设置、服务功能、人员配备、设施设备等进行建设,实现了构建县、镇、村三级标准化劳动就业服务平台为载体,对城乡劳动就业平台的设施、人员配置、服务提供和管理实施全过程规范化,从而完善城乡就业服务体系的建设,提供就业信息资源调查与管理、就业信息收集与发布、就业服务、农村公益性岗位开发等一系列的服务。同时,在“大众创业、万众创新”的号召下,“8.3”参考山东省《关于进一步做好新形势下就业创业工作的意见》,增加了提供创业服务的要求。

DB37/T 2737.4—2015 的“8.4”提出应为就业困难人员、零就业家庭和残疾人等特殊群体提供就业援助服务，以保障特殊群体享有平等的劳动就业服务。DB37/T 2737.4—2015 的“8.5”依据《美丽乡村建设指南》(GB/T 32000—2015)，以依法保障农民工劳动权益为目标，从劳动用工管理及服务的角度，提出应提供协助开展劳动关系协调、劳动人事争议调解、维权等权益保护活动。

九、公共安全

【标准条文】

9 公共安全

9.1 应建立自然灾害综合减灾组织和管理机制，编制综合灾害应急救助预案，并定期组织应急救助演练。应建设自然灾害应急避难场所，备有必要的应急物资，必要应急物资应包括铁锹、担架等救援工具，喇叭等通信设备，手电筒等照明设备及食品、饮用水等生活类物资。设有村级灾害信息员，并提供必要工作保障。

9.2 应制定事故灾难、公共卫生事件、社会安全事件等突发事件应急预案，在突发事件发生时应采取有效应急措施。

9.3 提高广大村民消防安全意识，重点宣传消防常识、初起火灾扑救、安全疏散及逃生自救技能等内容，农村消防安全应符合 GB 50039 的要求。

9.4 加强农村用电安全管理，宣传、普及有关农村用电安全法律、法规知识以及安全用电常识，农村用电安全应符合 DL 493 要求。

9.5 加强道路安全宣传教育，村民遵守交通法规，行车、停车规范有序。校车应符合 GB 24407 要求，并加强校车安全管理，保障乘坐校车学生的基本安全。

9.6 设有村级农产品质量安全监管员和防疫与畜产品质量安全监管员，协助开展重大动物疾病防控、产地检疫协检、农产品和畜产品质量安全监管，并加强食品安全宣传教育，提高村民食品安全意识。

9.7 健全治安管理制度，配齐村级综治管理人员，应急响应迅速有效，建设村庄治安防控体系及公共安全视频监控系统。

9.8 加强校园安全保卫工作，配齐必要的安全管理人员和设施，建立健全各类安全制度和应急机制。加强校园安全教育，定期组织应急演练，提高师生安全防范意识和能力。宜按照 GB/T 29315 要求建设校园安全技术防范系统。

【释义】

从山东省现状来看，农村公共安全总体态势良好，农民生产和生活基本秩序得到有效保障，但一些影响农村公共安全的因素依然存在，主要包括自然灾害、消防、用电和治安等。DB37/T 2737.4—2015 的第 9 章依照《山东省基本公共服务体系建设行动计划(2013～2015)》对自然灾害、突发事件、消防安全、用电安全、道路安全、食品安全、社会治安、校园安全等公共安全内容提出了要求,以促进社会和谐稳定,为村民创造良好的社会安全环境。

山东省是自然灾害多发省份之一,灾害种类多、发生频率高、造成损失重,给全省经济社会发展带来严重影响。针对农村基础设施设防标准偏低,应急避难场所建设滞后,防灾减灾能力相对薄弱,应急救灾物资储备种类、数量难以满足救灾需要,救灾应急装备、技术手段、通信和应急广播设施严重滞后的现状,参照《山东省省级"综合减灾示范社区"创建标准》对自然灾害的防灾减灾及《美丽乡村建设指南》(GB/T 32000—2015)的要求,应建立健全治安管理制度,配齐村级综治管理人员,有条件的可在人口集中的居住区的重要地段安装社会治安动态视频监控系统。根据《关于下发〈全国综合减灾示范社区标准〉的通知》(国减办发[2010]6 号)的要求,应建立灾害应急避难场所,备有必要的应急物资,建立综合减灾组织和管理机制,编制综合灾害应急救助预案和突发事件应急预案,并定期组织应急救助预案。DB37/T 2737.4—2015 的"9.1""9.2"和"9.7"进行归纳总结,分别对自然灾害的防灾管理设施物资、突发事件、社会治安的人员管理设施等方面提出要求。"9.1"还提出应设有村级灾害信息员,提供必要工作保障。

DB37/T 2737.4—2015 的"9.3""9.4""9.5"和"9.8"参照《关于印发山东省基本公共服务体系建设行动计划(2013～2015 年)的通知》(鲁政发[2013]18 号)中"无消防安全事故;无用电安全事故;无食品安全事故;无校车安全事故;无校园安全事故"的要求,分别对农村消防安全、用电安全、道路安全及校车安全、校园安全等方面作了相关规定。

农村火灾频发,主要有农民消防知识匮乏、农村消防基础设施薄弱、农民居住比较分散、交通不便、易燃可燃物多、动用明火多等多种因素,"9.3"提出应提高广大村民消防安全意识,重点宣传消防常识、初起火灾扑救、安全疏散及逃生自救技能等内容,农村消防安全应满足《农村防火规范》(GB 50039)的要求,其综合农村消防工作实际和发展现状,对农村消防规划、建筑耐火等级、火灾危险源控制、消防设施、公用场所消防安全技术要求、消防常识宣传教育等主要内容作出了规定。

近年来,农村电气化水平逐步提高,电力在给农民群众带来生活和经济实惠的同时,用电安全却存在不少的隐患,用电事故屡次发生。线路安装参差不齐、高压线安全距离不足、电表后线路过长、电线高度质量不满足要求等因素造成了很多安全隐患,因此,加强农村安全用电管理,普及农村用电安全常识刻不容缓。"9.4"提出应加强农村用电安全管理,宣传、普及有关农村用电安全法律、法规知识以及安全用电常识，农村用电安全应满足《农村安全用电规程》(DL 493)的要求，其明确了安全用电管理中各责任方的职责和农村安全用电的具体要求，包括电线敷设、电源设计与安装等。

随着新农村建设步伐不断加快，农民生活水平明显提高，农村道路交通也随着发生了根本性的变化，农村交通工具由原来的非机动车变成现在的机动车，这给农民的出行带来了方便，也给农村的经济发展起到了很大的作用。但是，也暴露出农村道路基础设施不完善、道路交通安全设施相对缺乏、交通结构比较复杂、混合交通比较普遍、交通参与者的法律概念和安全意识较为淡薄等突出问题和薄弱环节，使农村道路交通事故呈逐年上升趋势，加强农村道路交通安全管理和宣传教育是预防和减少交通安全事故的必由之路。“9.5”要求要加强道理安全宣传教育，提高村民安全意识，引导村民遵守交通安全法规，校车应符合《专用校车安全技术条件》(GB 24407)的要求，保障坐车学生的人身安全。

校园安全管理工作是全社会安全工作的一个十分重要的组成部分，直接关系到青少年学生能否安全、健康地成长，关系到千千万万个家庭的幸福安宁，同时也对教育改革发展和社会安定大局起着重要影响。“9.8”参照《中小学、幼儿园安全技术防范系统要求》(GB/T 29315)，围绕“平安和谐校园”的目标，提出要加强校园安全保卫工作，明确安全责任，健全配套设施，配强队伍；建立健全安全管理制度，完善应急体系建设，建立维护校园安全稳定工作的长效机制，确保师生安全和学校稳定；加强校园安全教育和培训，并进行演练；加强安全文化建设，提高师生安全防范意识和能力。

根据《山东省农产品质量安全监督管理规定》，各部门应落实农产品质量安全工作。DB37/T 2737.4—2015 的“9.6”提出生态文明乡村应设有村级农产品质量安全监管员和防疫与畜产品质量安全监管员，协助开展重大动物疾病防控、产地检疫协检、农产品和畜产品质量安全监管，并指出应加强食品安全宣传教育，提高村民食品安全意识，以保障农村居民的生命健康。

十、便民服务

【标准条文】

10 便民服务

10.1 建设具备综合服务功能的便民服务中心，提供代办农业服务、社会事业服务、劳动保障、救助服务、法律援助、资源交易等服务，每一事项编制服务指南，推行标准化服务。

10.2 村庄有客运站点，提供公共交通服务。

10.3 按照村庄布局规划和生产生活需求，建设商贸服务网点，设有能提供多项或综合服务的商贸服务设施，有条件地区可推行电子商务。鼓励连锁超市进村，引导大型超市以各种形式向农村市场配送商品。有条件村庄可建设集贸市场，引导游商小贩进店、进场规范经营。

10.4　加强村庄内公用设施设备的维修、养护与管理，环境卫生与绿化管理，公共秩序、消防、交通协助管理等服务。

10.5　鼓励邮政、金融、电信、供销、燃气、自来水、电力、产品质量监督等公用事业服务单位在村庄设点服务。

【释义】

随着乡村治理体系的不断创新、农民公共服务需求的不断增长，为了解决农村公共服务最后一公里，农村基层综合公共服务平台应运而生。山东省各地开展了以行政代办服务延伸等为主要内容，综合文化体育、医疗卫生等公共服务的综合性服务平台（如便民服务站、农村社区综合服务中心、村级公共服务中心等）的建设，以集中化、一体化方式向农民提供公共服务，开展农村政务服务标准化试点项目，以点带面，推行标准化，以规范综合平台的建设、人员的配备、服务的提供等，提高服务质量和水平，取得了显著成效，群众满意度逐步上升。DB37/T 2737.4—2015 的第 10 章针对农村便民服务设施总量供给不足、便民服务项目较少的问题，从行政代办服务、通村交通服务、生产生活服务、物业服务、公用事业服务等方面提出要求。

DB37/T 2737.4—2015 的“10.1”“10.2”和“10.3”参照《美丽乡村建设指南》(GB/T 32000—2015)中的要求，应建有综合服务功能的便民服务机构，提供代办、计划生育、信访接待等服务，每一事项应编制服务指南，推行标准化服务；村庄有客运站点，村民出行方便；按照生产生活需要，建设商贸服务网点，鼓励有条件的地区推行电子商务。“10.1”对便民服务机构的服务内容进行扩充，增加了“劳动保障、救助、法律援助、资源交易”等项目，“10.3”增加“鼓励连锁超市进村，引导大型超市以各种形式向农村市场配送商品，有条件村庄可建设集贸市场，引导游商小贩进店、进场规范经营”的内容，增加便民利民服务，方便农民生活，提高农村生活水平。

DB37/T 2737.4—2015 的第 10 章增加了“10.4”的服务内容，应提供村庄内公用设施设备的维修、养护与管理，环境卫生与绿化管理，公共秩序、消防、交通协助管理等服务。DB37/T 2737.4—2015 的“10.5”依据《关于印发社区服务体系建设规划(2011～2015 年)的通知》(国办发[2011]61 号)，为提高村民生活质量和服务质量，本条款提出应鼓励邮政、金融、电信、供销、燃气、自来水、电力、产品质量监督等公用事业服务单位在村庄设点服务。

第五节 《美丽乡村建设规范 第5部分:乡风文明》条文解读

一、范围

【标准条文】

1 范围

DB37/T 2737 的本部分规定了美丽乡村乡风文明建设的总则、建设内容与要求。

本部分适用于山东省美丽乡村乡风文明建设。

【释义】

《中共中央 国务院关于推进社会主义新农村建设的若干意见》(中发[2006]1号)文件提出乡风文明指的是乡村文化的一种状态,是一种有别于城市文化,也有别于以往农村传统文化的一种新型的乡村文化。乡风文明表现为农民在思想观念、道德规范、知识水平、素质修养、行为操守以及人与人、人与社会、人与自然的关系等方面继承和发扬民族文化的优良传统,摈弃传统文化中消极落后的因素,适应经济社会发展,不断有所创新,并积极吸收城市文化乃至其他民族文化中的积极因素,形成积极、健康、向上的社会风气和精神风貌。为适应社会的发展要求,乡风文明建设对成功打造美丽乡村具有举足轻重的作用。DB37/T 2737.5—2015 的第1章"范围"规定了标准的内容范围,包括美丽乡村乡风文明建设的总则、建设内容和要求,适用于山东省美丽乡村乡风文明建设。

二、总则

【标准条文】

2 总则

2.1 民主和谐,文明发展。

2.2 以人为本,以村为荣。

2.3 传承历史,创新形式。

2.4 因地制宜,各具特色。

【释义】

根据中共山东省委办公厅印发的《关于在全省农村实施"乡村文明行动"的意见》(鲁办[2011]11号)的总体要求,DB37/T 2737.5—2015 的第2章总则凝练成了乡风文明的总则,即:民主和谐,文明发展;以人为本,以村为荣;传承历史,创新形式;因地制宜,各具特色。总则是美丽乡村乡风文明建设需遵循的总体原则，也是贯穿《美丽乡村建设规范　第5部分：乡风文明》每一条款的基本要义。本标准的总则阐明了乡风文明建设中应以“民主和谐”为中心、“文明发展”为目的，保障村民的权益，并激发村民广泛参与美丽乡村建设的积极性；阐明了乡风文明建设应将“以人为本”贯穿始终，培养村民热爱村集体的价值观；阐明了乡风文明建设中应挖掘和整理民俗文化，在挖掘上下功夫，在传承上做文章，在弘扬上出实招；阐明了乡风文明的建设应“因地制宜”，依据地方的特点和特色，立足各地经济社会发展实际，充分发挥地方自主性和创造性，采取适宜的模式推进乡风文明建设。

三、建设内容与要求

【标准条文】

3　建设内容与要求

3.1　乡风民俗

3.1.1　利用道德讲堂、文化活动室等场所，采取举办讲座、入村宣讲、入户宣传等形式增强村民政策观念。

3.1.2　建立与完善道德评议会群众组织，强化舆论监督、正面引导，促进形成良好道德风尚。

3.1.3　规范与完善红白理事会群众组织，倡导婚事新办，丧事简办，选择节地生态安葬方式，不使用土葬用品和封建迷信用品，树立健康文明新风尚。

3.1.4　建立与完善禁毒禁赌会群众组织，完善禁毒禁赌工作长效机制，村庄无黄赌毒现象。

3.1.5　定期开展讲文明、讲科学、讲法制、改陋习等活动，引导村民认清封建迷信、邪教组织、陈规陋习的危害，树立积极向上的价值观、婚恋观、家庭观、消费观。

3.1.6　尊重各民族的宗教信仰、风俗习惯、民俗文化，引导其适应社会主义精神文明建设。

【释义】

DB37/T 2737.5—2015的第3章对乡风文明的建设内容与要求作出了引导，包括乡风民俗、道德风尚、村民素质、文化建设和文化保护与传承。乡风民俗建设应以村风、民俗、习惯为重点，积极推进移风易俗，形成文明进步向上的新风尚。充分发挥村级自治组织的积极作用，引导村民自我教育、自我管理，培育文明新风。《美丽乡村建设指南》(GB/T 32000—2015)的“10乡风文明”要求“开展爱国主义、精神文明、社会主义核心价值观、道德、法治、形势政策等宣传教育。制定并实施村规民约，倡导崇善向上、勤劳致富、邻里和睦、尊老爱幼、诚信友善等文明乡风。开展移风易俗活动,引导村民摒弃陋习,培养健康、文明、生态的生活方式和行为习惯。"《山东省文明村镇考核标准(试行)》提出"加强以'道德讲堂'为主要形式的思想道德教育阵地建设,思想道德教育活动有计划、有内容、有成效。建有道德评议会等群众组织并充分发挥作用,村规民约健全完善。红白理事会、禁赌禁毒协会等群众组织健全,能够充分发挥教育引导作用。无封建迷信,无陈规陋习,婚丧嫁娶无大操大办现象。"中共山东省委办公厅和省政府办公厅印发的《关于在全省农村实施"乡村文明行动"的意见》(鲁办发[2011]11号)中提出"普遍建立村民议事会、道德评议会、禁毒禁赌会、红白理事会等群众组织并积极发挥其作用,广泛开展'讲文明、讲科学、讲卫生、讲法制、改陋习'活动,引导农民群众崇尚科学,抵制封建迷信,杜绝黄赌毒,反对邪教,破除陋习。大力提倡和树立正确的婚恋观、家庭观、消费观,重视对婚丧嫁娶等民间习俗的引导,提倡移风易俗,文明理事,婚事新办、丧事简办,反对婚丧事大操大办。"

根据《美丽乡村建设指南》(GB/T 32000—2015)、《山东省文明村镇考核标准(试行)》和《关于在全省农村实施"乡村文明行动"的意见》(鲁办发[2011]11号)的要求,DB37/T 2737.5—2015的"3.1"系列条款提出积极利用道德讲堂、文化活动室等场所,开展政策宣讲活动。建立道德评议会、禁毒禁赌会、红白理事会等群众组织并积极发挥其作用。广泛开展"讲文明、讲科学、讲法制、改陋习"活动,引导村民群众崇尚科学,抵制封建迷信,杜绝黄赌毒,反对邪教,破除陋习。提倡和树立正确的婚恋观、家庭观、消费观,重视对婚丧嫁娶等民间习俗的引导,提倡移风易俗,文明理事,婚事新办、丧事简办,反对婚丧事大操大办。同时,乡风民俗的建设中还应注重民族团结,加强民族间的沟通和交流,尊重各民族的宗教信仰、风俗习惯、民俗文化。

【标准条文】

3.2 道德风尚

3.2.1 开展爱国主义、集体观念、道德、法治、诚信等教育,引导村民自觉践行社会主义核心价值观。

3.2.2 倡导村民读书学习,组织开展与生产生活相关的文明礼仪讲座,引导村民遵守社会生活中的礼仪规范。

3.2.3 深入实施以"孝、诚、爱、仁"为主题的"四德工程",建立善行义举四德榜,开展道德模范和身边好人评选表彰等活动,引导村民自觉遵守社会公德、家庭美德,养成良好的个人品德,营造文明和谐的道德风尚。

3.2.4 充分利用广播、电影、电视、图书、报刊、幻灯、网络等各种载体,采用专访、系列报道、专题片、培训以及文艺表演等形式,广泛宣传和普及农村绿色环保意识、质量安全意识,引导村民低碳消费,严格遵守生产规程和技术规范。

3.2.5　组织村民开展送温暖献爱心等活动，弘扬勤劳节俭、诚信谦和、尊老爱幼、助人为乐的传统美德，倡导邻里和谐、互帮互助，鼓励开展志愿服务活动。

3.2.6　有条件的村庄应开展文明集市建设，设立管理机构，制定文明服务公约，完善市场经营管理制度、市场卫生管理制度、市场公开承诺、办公室规章制度和文明经营户评比制度等，改善村庄集市服务经营环境。

【释义】

《关于在全省农村实施“乡村文明行动”的意见》(鲁办发[2011]11 号)中提出“积极倡导读书学习之风，普及与农民群众生产生活相关的文明礼仪知识，引导农民群众遵守社会生活中的礼仪规范。组织农民群众就近就便开展送温暖献爱心活动，大力弘扬勤劳节俭、诚信谦和、尊老爱幼、助人为乐的传统美德，努力做好孤寡老人、残疾人和留守儿童、留守妇女的帮扶工作，倡导邻里和谐、互帮互助。广泛开展农村志愿服务活动，充分发挥城市单位、大专院校、企事业单位、社会团体在智力、物力、财力方面的优势，与村庄开展结对共建活动，帮助建设公共设施、治理村容村貌、改善文化条件、发展社会服务、促进乡村文明。”山东省文明委印发的《山东省实施“乡村文明行动”责任分工》通知中提出“增强绿色环保意识、质量安全意识，严格遵守生产规程和技术规范，在农产品生产、畜牧养殖、食品加工以及农副产品运销过程中，不掺杂使假，不以次充好，不破坏环境，不非法添加和滥用食品添加剂。引导农民开展低碳消费，革除铺张浪费等不良习俗。大力开展农村文明集市建设，不断改善农村集市服务经营环境，加大商品质量和食品安全检查力度，满足农村群众日常生产生活需要。”

根据《美丽乡村建设指南》(GB/T 32000—2015)、《关于在全省农村实施“乡村文明行动”的意见》(鲁办发[2011]11 号)和《山东省实施“乡村文明行动”责任分工》的要求，DB37/T 2737.5—2015 的“3.2”系列条款提出应深入开展爱国主义、集体观念、道德、法治、诚信等教育，引导村民群众自觉践行社会主义核心价值观。以关爱、互助、诚信为重点，开展多种形式的道德教育和实践活动，培育和睦友善的新关系。积极倡导读书学习之风，普及与村民群众生产生活相关的文明礼仪知识和礼仪规范。依据山东省文化厅《关于在省直文化系统建立善行义举四德榜的通知》，深入实施以“孝、诚、爱、仁”为主题的“四德”工程建设，广泛开展道德模范和身边好人评选表彰活动，自觉遵守社会公德、家庭美德，养成良好的个人品德，使文明和谐的道德风尚融入千家万户。充分利用广播、电视、图书等载体引导村民在生产经营过程中，增强绿色环保和质量安全意识，严格遵守生产规程和技术规范，引导村民低碳消费。同时，还提出了组织村民群众开展送温暖献爱心活动和开展文明集市建设活动。

【标准条文】

3.3 村民素质

3.3.1 定期开展农业科技知识、实用技术和创业技能培训，培养村庄科技骨干和实用人才，村民普遍掌握一门以上农业先进实用技术。

3.3.2 利用多种手段开展卫生知识宣传教育活动，引导村民养成讲卫生的好习惯，提高健康意识和卫生防病能力。

3.3.3 定期开展计划生育宣传，普及优生优育、生殖健康知识，引导村民树立正确的生育观。

3.3.4 定期开展防灾减灾知识和避险自救技能宣传教育活动，提升村民防灾减灾意识，宜建设防灾减灾应急救援队伍。

3.3.5 通过宣传栏、阅报栏、公开栏等宣传精神文明建设相关内容，提高村民精神文明素养。

3.3.6 开展文明信用户、星级文明户、好媳妇、好婆婆等创建活动，活动组织规范有序，参与面广，文明户创建率达90%以上。

3.3.7 鼓励村民广泛参与文化娱乐和全民健身活动。

【释义】

提高农民的道德素质和文化水平是美丽乡村建设的精神动力和思想保证。《山东省文明村镇考核标准(试行)》提出“有计划地组织开展科普知识和农村实用技术培训，村民普遍掌握一门以上实用技术。定期开展健康知识和计划生育宣传。文明信用户、星级文明户、好媳妇、好婆婆、文明生态村等创建活动普遍开展，活动规范，参与面广，文明户创建率达到90%以上。”山东省文明委关于印发的《山东省实施“乡村文明行动”责任分工》通知中提出“大力开展爱国卫生运动，积极推进‘亿万农民健康促进行动’，充分利用多种手段开展卫生防病知识宣传教育活动，引导广大农民养成人人讲卫生、处处讲卫生的好习惯，提高健康意识和卫生防病能力。关注农民心理健康，广泛普及计划生育、优生优育、生殖健康知识，引导农民树立正确的生育观。”

DB37/T 2737.5—2015的“3.3”系列条款依据《山东省文明村镇考核标准(试行)》和《山东省实施“乡村文明行动”责任分工》的要求提出应以科学、卫生、健康为重点，广泛开展科学知识普及活动，建设科学文明健康的新生活。扎实开展农业科技知识、实用技术和创业技能培训，大力培养农村科技骨干和实用人才，每个村民普遍掌握一门以上农业先进实用技术。积极开展卫生知识宣传教育活动，充分利用多种手段开展卫生防病知识的宣传教育活动。广泛普及计划生育、优生优育、生殖健康知识，引导村民群众树立正确的生育观。

山东省是地震灾害多发省份之一，存在着发生中、强级以上地震的地质构造背景，面临着潜在的地震灾害风险。但是，农村民居地震安全工作仍存在一些问题和不足，其中包括农民建房的防震减灾意识还不高，农村民居抗震设防管理相对薄弱。为此，本标准提出了要通过定期开展防灾减灾知识和避险自救技能宣传教育活动来提升村民防灾减灾意识，并培养建设防灾减灾应急救援队伍。

文明氛围的形成对促进村民素质的提高有着潜移默化的影响，因此，本标准还提出了通过宣传栏、阅报栏、公开栏等宣传精神文明建设相关内容，提高村民精神文明素养。星级文明户、文明信用户和好儿女、好婆媳、好夫妻等文明创建活动的开展意义重大，标准中有所涉及，并参照《山东省文明村镇考核标准（试行）》的指标设定，要求文明户创建率达到90%以上。文化娱乐和全民健身活动可以提高村民身体素质和健康水平，丰富人民群众精神文化生活，形成健康文明的生活方式，促进社会和谐和文明进步，因此，本标准鼓励村民广泛参与文化娱乐和全民健身活动。

【标准条文】

3.4　文化建设

3.4.1　鼓励村民通过广播电视、数字信息网络、手机电视、互联网信息服务等途径提高文化水平。

3.4.2　通过文化墙、文化大院、农家书屋、乡情村史陈列室等形式，丰富农村精神文明建设内容。

3.4.3　利用重要纪念活动和传统节日开展特色民俗活动。

3.4.4　组织民间文体队伍开展庙会歌会、花会灯会、文艺演出等活动，丰富群众文化生活。

3.4.5　每月放映一场电影，电影题材应适合农村。

【释义】

农村文化建设是美丽乡村建设的灵魂，也是社会主义新农村建设的根本因素，对培养新型农民、促进农村和谐、丰富农民群众的文化生活等有着重要意义。中共山东省委办公厅、省政府办公厅印发的《关于加快构建现代公共文化服务体系的实施意见》提出“以广播电视网络服务、数字文化服务、流动文化服务等为重点，打造一批文化扶贫项目。”中共山东省委办公厅、省政府办公厅印发的《关于在全省农村实施“乡村文明行动”的意见》（鲁办发[2011]11号）提出“充分发挥板报橱窗、文化墙、乡情村史陈列室等思想文化阵地作用，加强公益性上网场所建设与管理，完善农村体育健身设施，不断拓展农村精神文明建设阵地。利用重要节庆日、纪念日，以‘我们的节日’为主题，开展节日民俗、文化娱乐活动，让农民群众在参与中抒发情感、愉悦身心。按照业余自愿、形式多样、健康有益、便捷长效的要求，广泛开展庙会歌会、花会灯会、文艺演出、体育健身、书画摄影等活动。”

DB37/T 2737.5—2015 的“3.4”系列条款依据《关于加快构建现代公共文化服务体系的实施意见》(中办发[2015]2 号)和《关于在全省农村实施“乡村文明行动”的意见》提出围绕服务、设施、阵地,充分利用农村公共文化基础设施建设,形成多样、便民、共享的乡村特色文化服务新体系。充分借助广播电视村村通、农村广播电视户户通、手机电视、互联网信息服务以及乡镇综合文化站、文化信息资源共享、农村电影放映、农家书屋等重点文化惠民工程和“全民健身设施村村有”工程,维护农民群众文化权益,不断拓展农村精神文明建设阵地。广泛开展庙会歌会、体育健身、书画摄影等活动以及节日民俗、文化娱乐活动,丰富群众的精神和文化生活。依据《中共山东省委关于认真贯彻党的十七届六中全会精神　加快建设文化强省的意见》中“一村一月一场电影”的规定,本标准还要求每月放映一场电影,电影题材应适合农村,引导农民树立正确的文化消费观念。

【标准条文】

3.5　文化保护与传承

3.5.1　对古村落、古建筑、古文物、古树名木、古遗址等物质文化遗产进行修复和保护。

3.5.2　搜集民间民族表演艺术、传统戏剧和曲艺、传统手工技艺、传统医药、民族服饰、民俗活动、农业文化、口头语言等乡村非物质文化遗产,进行传承和保护。

3.5.3　应挖掘并宣传古民俗风情、历史沿革、典故传说、名人文化、祖训家规等乡村特色文化。

3.5.4　具有历史文化传统村落宜建设村史展览室,并为标志性建筑立碑,有条件的村庄应编制村志、村史。

3.5.5　建立乡村传统文化管护制度,编制历史文化遗存资源清单,落实管护责任单位和责任人,形成传统文化保护与传承体系。

【释义】

随着城镇化的发展和美丽乡村建设的推进,很多历史文化遗产的存在都或多或少地遭遇到了一定的威胁。历史、传统文化是人类社会发展的珍贵财宝,一旦遭到破坏,将是不可逆的。因此,应在美丽乡村的建设过程中,注重对文化的保护与传承,注重美丽乡村内在美的发展。创新乡贤文化,弘扬善行义举,以乡情乡愁为纽带吸引和凝聚各方人士支持家乡建设,传承乡村文明。《美丽乡村建设指南》(GB/T 32000—2015)的“9.3.3”提出“发掘古村落、古建筑、古文物等乡村物质文化,进行整修和保护。搜集民间民族表演艺术、传统戏剧和曲艺、传统手工技艺、传统医药、民族服饰、民俗活动、农业文化、口头语言等乡村非物质文化，进行传承和保护。历史文化遗存村庄应挖掘并宣传古民俗风情、历史沿革、典故传说、名人文化、祖训家规等乡村特色文化。建立乡村传统文化管护制度，编制历史文化遗存资源清单，落实管护责任单位和责任人，形成传统文化保护与传承体系。”

DB37/T 2737.5—2015 的“3.5”依据国标《美丽乡村建设指南》(GB/T 32000—2015)分别从保护和修复乡村物质文化、非物质文化的挖掘与传承、历史文化遗存村庄的乡村特色文化的挖掘与宣传以及乡村传统文化的管护制度与管理层面提出了具体要求。

第六节 《美丽乡村建设规范　第6部分：村务管理》条文解读

一、范围

【标准条文】

1　范围

DB37/T 2737 的本部分规定了美丽乡村村务管理与长效管理的内容与要求。

本部分适用于山东省美丽乡村村务管理与长效管理工作。

【释义】

农村的村务管理关系着农民的切身利益，关系着农村的稳定和发展，意义重大。完善和健全村务管理制度是切实保障村务公开、民主管理工作能够顺利开展的重要保证。美丽乡村建设应该以国务院和民政部下发的关于村务公开民主管理的法规为依据，切实结合当地情况，因地制宜，创新村务管理形式。在实践中，要将不合时宜、不合村情、不合民意的村务规章制度作出及时调整、及时修正，力求使这些法规、制度既符合规范要求又具有创新性和明确的可操作性。DB37/T 2737.6—2015 的第1章“范围”规定了标准的内容范围，包括村务管理与长效管理的内容与要求，适用于山东省美丽乡村村务管理与长效管理工作。

二、规范性引用文件

【标准条文】

2　规范性引用文件

下列文件对于本文件的应用是必不可少的。凡是注日期的引用文件，仅所注日期的版本适用于本文件。凡是不注日期的引用文件，其最新版本(包括所有的修改单)适用于本文件。

《山东省村务公开条例》

【释义】

DB37/T 2737.6—2015 的第 2 章“规范性引用文件”是《美丽乡村建设规范 第 6 部分:村务管理》(以下简称《村务管理》)中参考引用的标准。不注日期的引用标准,其最新版本(包括所有的修改单)适用于《村务管理》。

三、村务管理

【标准条文】

3 村务管理

3.1 基层组织建设

应依法建立健全村级基层组织,包括村党组织、村民委员会、共青团、妇女代表会、村务监督机构、村集体经济组织、村民兵连及其他民间组织。

3.2 工作要求

3.2.1 遵循民主选举、民主决策、民主管理、民主监督。

3.2.2 制定村民组织章程、议事规则、决策程序、监督管理、财务规范等制度,并有效实施。

3.2.3 具备协调解决纠纷和处理应急事件的能力。

3.2.4 建立并规范各项工作的档案记录并妥善保存。

【释义】

规范村务管理工作,是发展基层民主,增强基层组织的凝聚力和战斗力,构建和谐农村社会,推动广大农村党员干部群众积极参与民主决策、民主管理、民主监督,维护村集体、村干部、村民根本利益的根本途径。DB37/T 2737.6—2015 的第 3 章“村务管理”从基层组织建设、工作要求、村党组织、村民委员会、共青团、妇女联合会、村务监督机构、村集体经济组织、村民兵连几个方面作出了规定。

农村基层组织建设是党的全部工作和战斗力的基础。建设美丽乡村,必须大力加强农村基层党组织建设,不断增强农村基层党组织的创造力、凝聚力和战斗力,为推进美丽乡村建设提供坚强的组织保障。GB/T 32000—2015 的“11.1”提出“应依法设立村级基层组织,包括村党组织、村民委员会、村务监督机构、村集体经济组织、村民兵连及其他民间组织。”依据国标,DB37/T 2737.6—2015 的“3.1”要求依法建立健全村党组织等村级基层组织。GB/T 32000—2015 的“11.2”提出了村务管理的工作要求“遵循民主决策、民主管理、民主选举、民主监督。制定村民自治章程、村民议事规则、村务公开、重大事项决策、财务管理等制度，并有效实施。具备协调解决纠纷和应急的能力。建立并规范各项工作的档案记录。”DB37/T 2737.6—2015 的“3.2”依据国标，要求以“四个民主”为基本原则，完善各项民主制度和管理制度，不断提升自身的服务能力和水平。

【标准条文】

3.3 村党组织

3.3.1 贯彻执行党的路线、方针、政策和上级党组织及本村党员大会的决议。

3.3.2 发挥领导核心和战斗堡垒作用，切实强化政治属性和服务功能。

3.3.3 领导和推进村级民主选举、民主决策、民主管理、民主监督，健全村级治理机制，支持和保障村民依法开展自治活动。领导村民委员会、村集体经济组织、共青团、妇代会、民兵等群众组织依法充分行使职权。

3.3.4 参与并组织协调村委会、村集体经济组织制定本村经济发展规划，协调保障规划有效实施，组织生产服务和集体资源开发，壮大集体经济实力。

3.3.5 参与并组织协调村委会、村集体经济组织制定村庄建设规划，改善村民生活环境，加强村庄文化设施建设，定期组织开展健康有益的文体活动。

3.3.6 组织制定本村精神文明建设规划，定期对村民进行爱国主义、集体主义和社会主义教育，党的基本路线和方针政策教育，思想道德和民主法制教育，促进村庄经济和社会全面发展。

3.3.7 加强党员队伍、干部队伍和领导班子建设，做好发展党员工作，严格“三会一课”、组织生活会等党内组织生活，定期组织党员、村干部学习相关知识与技能，提高其带领群众发展经济、建设物质文明、政治文明、精神文明的能力。

3.3.8 协调做好村庄社会治安和计划生育工作。

【释义】

村党组织是党在农村的最基层的组织，是农村各种自治组织和各项工作的领导核心，是团结带领广大党员和群众建设美丽乡村的战斗堡垒。《中国共产党农村基层组织工作条例》的第三章第八条第(六)项提出“领导本乡镇的社会主义民主法制建设和精神文明建设，做好社会治安综合治理及计划生育工作”。第三章第九条的第(一)和(三)项提出“贯彻执行党的路线方针政策和上级党组织及本村党员大会的决议。领导村民委员会、村集体经济组织和共青团、妇代会、民兵等群众组织，支持和保证这些组织依照国家法律法规及各自章程充分行使职权”。第四章第(四)项提出“领导制定本地经济发展规划，组织、动员各方面力量保证规划实施。村党支部领导和支持集体经济组织管理集体资产，协调利益关系，组织生产服务和集体资源开发，逐步壮大集体经济实力”。第五章的第十二条、第十三条和第十四条提出“党的农村基层组织应当制定社会主义精神文明建设规划，保证社会主义物质文明建设和精神文明建设协调发展，促进农村经济和社会的全面进步。对群众进行爱国主义、集体主义和社会主义教育，党的基本路线和方针政策教育，思想道德和民主法制教育。搞好村镇规划，改善村镇面貌，创造文明卫生的生活环境；加强农村文化设施建设，开展健康有益的文体活动”。DB37/T 2737.6—2015 的“3.3”参考《中国共产党农村基层组织工作条例》提出，村党组织应贯彻执政党的路线、方针、政策和上级党组织及本村党员大会的决议，发挥领导核心和战斗堡垒作用；领导村民委员会、村集体经济组织、共青团、妇代会、民兵等群众组织开展工作，推进民主选举、民主决策、民主管理、民主监督，支持和保障村民依法开展自治活动；组织制定本村经济发展规划、村庄建设规划、精神文明建设规划；加强党员队伍、干部队伍和领导班子建设；做好村庄社会治安和计划生育工作。

【标准条文】

3.4 村民委员会

3.4.1 村民委员会应依法民主选举产生，由主任、副主任和委员 3～7 人组成，并应有妇女成员。根据需要宜设立人民调解、治安保卫、公共卫生与计划生育等委员会。

3.4.2 应定期召开村民会议或村民代表会议，组织制定、修改和实施村民自治章程、村规民约等制度，讨论决定误工补贴标准、土地承包经营、宅基地使用、征地补偿费分配使用、集体经济项目建设及收益使用、集体财产管理等涉及村民切身利益的事项。

3.4.3 制定公共事务和公益事业的发展规划，包括基础设施、义务教育、社会优抚、社会保险、公共卫生、计划生育、生态环境等，应定期开展多种形式的科教文化活动，保障本村公共事务和公益事业健康发展。

3.4.4 引导村民发展多种经济，做好服务和协调工作，依法保障集体经济组织和村民、承包经营户、联户或者合伙的合法权益。

3.4.5 调解民间纠纷，定期开展排查，在基层阶段解决各种隐患，并及时向上级反映村民的诉求。

3.4.6 村民委员会应实行村务公开制度，并符合《山东省村务公开条例》的要求，接受民主监督。

【释义】

村民委员会是村民自我管理、自我教育、自我服务的基层群众性自治组织，在中国广大农村的治理结构中，村民委员会从产生至今始终承担着重要作用，是落实村民自治制度的核心力量。自 20 世纪 80 年代《中华人民共和国村民委员会组织法(试行)》颁布以来,广大农村村民自治的治理模式得到了法律层面的肯定和固化。2010 年,全国人大颁布了《中华人民共和国村民委员会自治法》,对村民自治过程中村民委员会的组成、职能、民主监督等村民自治政策进行了规范和细化。《中华人民共和国村民委员会自治法》的第二章第六条、第七条和第八条规定:“村民委员会由主任、副主任和委员共三至七人组成。村民委员会成员中,应当有妇女成员。村民委员会根据需要设人民调解、治安保卫、公共卫生与计划生育等委员会。村民委员会应当支持和组织村民依法发展各种形式的合作经济和其他经济,承担本村生产的服务和协调工作,促进农村生产建设和经济发展。村民委员会应当尊重并支持集体经济组织依法独立进行经济活动的自主权,维护以家庭承包经营为基础、统分结合的双层经营体制,保障集体经济组织和村民、承包经营户、联户或者合伙的合法财产权和其他合法权益。”第四章的第二十四条和第二十七条规定:“涉及村民利益的下列事项,经村民会议讨论决定方可办理:(一)本村享受误工补贴的人员及补贴标准;(二)从村集体经济所得收益的使用;(三)本村公益事业的兴办和筹资筹劳方案及建设承包方案;(四)土地承包经营方案;(五)村集体经济项目的立项、承包方案;(六)宅基地的使用方案;(七)征地补偿费的使用、分配方案;(八)以借贷、租赁或者其他方式处分村集体财产;(九)村民会议认为应当由村民会议讨论决定的涉及村民利益的其他事项。村民会议可以制定和修改村民自治章程、村规民约。”第一章的第二条规定:“村民委员会办理本村的公共事务和公益事业,调解民间纠纷,协助维护社会治安,向人民政府反映村民的意见、要求和提出建议。村民委员会向村民会议、村民代表会议负责并报告工作。”第五章的第三十条规定:“村民委员会实行村务公开制度,接受村民的监督。”

DB37/T 2737.6—2015 的“3.4”在《中华人民共和国村民委员会自治法》规定的基础上对村民委员会的选举办法、组成部分进行了规范,村民委员会应定期召开村民会议或村民代表会议,组织制定、修改和实施村民自治章程、村规民约等制度,讨论村集体土地承包经营、宅基地使用、征地补偿分配使用、集体经济建设等工作;组织制定本村公共事务和公益事业发展规划,引导村民发展生产;调节民间纠纷,及时向上级反映村民的诉求;村民委员会应实行村务公开制度。

【标准条文】

3.5　共青团

3.5.1　在村党组织和乡镇团委的领导下开展工作。

3.5.2　宣传、贯彻执行党和团组织的指示和决议,充分发挥团员的模范作用,为农村物质文明、政治文明、精神文明建设做贡献。

3.5.3　充分发挥党联系青年的桥梁和纽带作用,积极协助政府管理青年事务，反映青年的意见和要求，保护和促进青少年的健康成长。

3.5.4　做好团员的教育工作，定期组织团员学习党的农村工作路线、方针、政策，学习现代科学文化和农业生产技能，提高青年的思想道德和科学文化素质，推荐优秀团员作党的发展对象。

3.5.5　维护团员与青年的权益，了解和反映团员与青年的思想、要求，关心他们的学习、工作、生活和休息，定期开展文化、娱乐、体育活动。

3.5.6　对要求入团的青年进行培养教育，做好经常性发展团员工作，收缴团费，办理超龄团员的离团手续。

【释义】

农村基层团组织是团在农村全部工作和战斗力的基础。近年来，随着改革开放的深入和社会主义市场经济的逐步完善，农村的新情况、新事物不断出现，使共青团的农村基层组织建设面临着许多新的机遇和挑战，共青团组织原有的一些工作手段和工作载体等已不再适应形势发展需要，因此，创新农村基层团组织工作思路，切实加强农村基层团组织建设，对于在新时期推进共青团事业的可持续发展，实现新跨越，具有十分重要的意义。《中国共产主义青年团章程》第二十六条第(二)、(四)、(五)和(七)项要求"宣传、执行党和团组织的指示和决议，参与民主管理和民主监督，充分发挥团员的模范作用，积极创先争优，团结带领青年积极投身改革开放和现代化建设，为社会主义经济建设、政治建设、文化建设、社会建设、生态文明建设做贡献。了解和反映团员与青年的思想、要求，维护他们的权益，关心他们的学习、工作、生活和休息，开展文化、娱乐、体育活动。对要求入团的青年进行培养教育，做好经常性发展团员工作，收缴团费，办理超龄团员的离团手续。对团员进行党的基本知识教育，推荐优秀团员做党的发展对象。"总则中提出"中国共产主义青年团充分发挥党联系青年的桥梁和纽带作用，积极协助政府管理青年事务，在维护国家和人民利益的同时代表和维护青年的具体利益，围绕党的中心任务，开展适合青年特点的独立活动，关心青年的工作、学习和生活，切实为青年服务，向党和政府反映青年的意见和要求，开展社会监督，同各种危害青少年的现象做斗争，保护和促进青少年的健康成长。努力帮助青年学习现代科学文化知识，吸收和借鉴人类社会创造的一切文明成果，抵御资本主义和封建主义腐朽思想的侵蚀，不断提高青年的思想道德素质和科学文化素质。"

DB37/T 2737.6—2015 的"3.5"根据山东省美丽乡村建设实际需求，结合《中国共产主义青年团章程》提出村共青团应在村党组织和镇团委的领导下开展工作，贯彻执行党和团组织的指示和决议；发挥党联系青年的桥梁和纽带作用；做好团员的教育工作，维护团员与青年的利益；对要求入团的青年进行培养教育。

【标准条文】

3.6 妇女联合会

3.6.1 村庄应设立妇女代表会，有条件的可设立妇女联合会，成员由本村年满18周岁的妇女民主选举产生，设主任1人、副主任若干人，在村党组织的领导下开展工作。

3.6.2 贯彻执行上级妇联组织及同级妇女代表大会或妇女大会决议。

3.6.3 积极培育以妇女为主体会员的协会、联谊会等基层群众组织和农村经济合作组织，提高本村妇女组织化程度。

3.6.4 定期开展农村妇女培训，普及科技、环境保护、妇幼卫生保健和优生、优育、优教等知识，组织农村妇女参加现代远程教育学习。

3.6.5 组织农村妇女参加“双学双比”“五好文明家庭创建”“巾帼科技致富工程”和拥军优属等活动，弘扬社会公德、职业道德和家庭美德。

3.6.6 维护农村妇女儿童合法权益，反映妇女的意见、建议和要求，因地制宜地建立妇女儿童活动阵地和科技示范基地，为妇女儿童提供有效服务。

3.6.7 配合有关部门打击拐卖妇女儿童、嫖娼、卖淫、赌博、吸毒等违法犯罪行为，预防和制止家庭暴力，维护社会稳定，推进依法治村。

3.6.8 加强自身建设，建立和完善学习培训、工作会议、代表联系、检查考核、评比表彰等工作制度。

3.6.9 协助党组织做好培养、推荐妇女入党积极分子和基层后备女干部工作，发挥妇代会作为培养输送女干部重要基地的作用。

【释义】

农村妇代会是党和政府联系农村妇女的桥梁和纽带，是妇联在农村及“村改居”后的最基层组织。随着社会主义新农村建设步伐的加快和区域经济的不断发展壮大，基层妇女工作面临着新的机遇和挑战，如何提高新时期农村广大妇女的整体素质，充分调动和发挥她们建设和谐家园的作用，成为摆在农村妇代会面前的重要课题。《中华全国妇女民主联合会章程》的第五章第二十四条要求“农村的行政村、城市的居民委员会等设立妇女代表会，有条件的行政村可建立妇女联合会。妇女代表会由居住区域、辖区单位的妇女代表组成，推选主任一人、副主任若干人，负责日常工作”。第四章第二十一条要求“地方各级妇女联合会执行委员会在妇女代表大会闭会期间，执行上级妇女联合会的决定和同级妇女代表大会的决议，定期向上级妇女联合会报告工作，讨论并决定本地区妇女工作的重大问题”。第一章第三条提出“维护妇女儿童合法权益，倾听妇女意见，反映妇女诉求，向各级国家机关提出有关建议，要求并协助有关部门或单位查处侵害妇女儿童权益的行为，为受侵害的妇女儿童提供帮助”。第七章第三十三条提出

“各级妇女联合会应成为培养和输送女干部的重要基地。应加强干部的培养，重视培训工作，加强培训基地建设。妇女联合会干部应合理流动”。

DB37/T 2737.6—2015 的“3.6”在《中华全国妇女民主联合会章程》要求的基础上，结合山东省农村妇女工作实际情况，创新性地对全省农村妇代会工作提供工作规范，规定农村应设立妇代会或者妇女联合会，贯彻执行上级妇联组织及妇女代表大会的决议；积极开展农村妇女培训和教育，培训以妇女为主体会员的协会、联谊会等基层群众组织；维护妇女儿童的合法权益，反映妇女的意见、建议和要求。

【标准条文】

3.7　村务监督机构

3.7.1　村庄应设立村务监督委员会或其他形式的村务监督机构，在村党组织的领导下开展工作，成员由村民会议或者村民代表会议推选产生，具备广泛的民意基础及相关财务管理知识。

3.7.2　监督村民会议和村民代表会议执行情况、村委会等村级组织依法履职情况，主动收集和认真受理村民对村务管理的意见和建议。

3.7.3　村民会议或者村民代表会议应从村务监督机构成员中推选产生民主理财小组，对村集体财务进行民主监督。

3.7.4　应对村务公开的名称、步骤、时间和形式进行监督审查，如若有异议，应自村民委员会提出具体方案的 5 日内提出。

3.7.5　村务监督机构或村民对村民委员会的答复或者纠正结果不满意的，宜向乡（镇）或县级人民政府及有关部门提出异议并申请书面答复。

3.7.6　村务监督机构成员应列席村民委员会有关村务公开的工作会议。

3.7.7　应及时向村民会议或者村民代表会议汇报监督情况。

【释义】

村务监督机构是在乡镇纪委的指导和村党组织的领导下，依法依规对村级事务实施监督的群众组织。随着农村基层民主政治建设的不断深化，村级民主监督越来越受到关注和重视。村务监督委员会制度经过近十年的地方探索与试点，于 2010 年 10 月写入《村民委员会组织法》，获得了法律地位。然而，由于农村复杂的生态环境，村务监督机构的实际运行效果并不理想，为了确保村务监督工作有章可循，使广大村民拥有更多的知情权、参与权和监督权，化解基层矛盾，密切党群干群关系，提高村民民主自治和民主监督能力。《村民委员会组织法》的第五章第三十二条提出“村应当建立村务监督委员会或者其他形式的村务监督机构，负责村民民主理财，监督村务公开等制度的落实，其成员由村民会议或者村民代表会议在村民中推选产生，其中应有具备财会、管理知识的人员”。《山东省村务公开条例》的第四章第十六条、第十七条、第十八条和第十九条提出：

“村设立民主理财小组，其成员由村民会议或者村民代表会议从村务公开监督小组成员中推选产生，负责对村集体财务活动进行民主监督。村务公开监督小组应当对村务公开的名称、步骤、时间和形式进行审查，并及时向村民会议或者村民代表会议报告监督情况。村务公开监督小组对村务公开的名称、步骤、时间或者形式有异议的，应当自村民委员会提出具体方案的五日内提出。村务公开监督小组和村民对村民委员会的答复或者纠正结果不满意的，可以向乡（镇）人民政府或者县级人民政府及其有关部门提出异议并申请书面答复。村民委员会研究村务公开工作时，村务公开监督小组成员应当列席会议。”

DB37/T 2737.6—2015 的“3.7”在总结山东省美丽乡村建设先进单位的经验基础上，结合《村民委员会组织法》和《山东省村务公开条例》工作要求提出，村务监督机构对村党组织和村民委员会贯彻执行党的路线、方针、政策情况及村民会议、村民代表会议、村民小组会议决定和决议执行情况进行监督，对村务公开的名称、步骤、时间和形式进行监督，并及时向村民会议或村民代表会议汇报监督情况。

【标准条文】

3.8　村集体经济组织

3.8.1　应鼓励发展农村股份合作、合作社等经济组织，并发挥集体经济组织的服务功能。

3.8.2　对农民集体所有的资产行使管理权并以新型经济组织进行经营，壮大集体经济，满足农民的物质文化需求。

3.8.3　应保障其成员的合法权益。

3.8.4　宜协助村民委员会或村民小组对本村的村民进行管理或提供必要的社会服务。

3.8.5　应实行财务公开制度，公开内容应包括财务计划、各项收入支出、资产资源、债权债务、收益分配等，并接受民主监督。

【释义】

村集体经济组织是生产资料归一部分劳动者共同所有的一种公有制经济组织。集体经济的实质是合作经济，包括劳动联合和资本联合。巩固和发展壮大村级集体经济是促进农村经济社会发展、实现农民共同富裕、加快农业和农村现代化建设的重要内容，是保障农村基层组织正常运转、巩固党在农村执政地位的重要物质基础，对于增强村级组织凝聚力、号召力和战斗力具有十分重要的意义。随着改革开放的不断深入和社会主义市场经济的持续发展，农村集体经济的发展遇到了许多新情况、新问题，也面临着许多新的挑战。《农业部关于进一步加强农村集体资金资产资源管理指导的意见》（农经发[2009]4 号）第三部分第（三）项提出：“发展农民新的联合与合作。鼓励和支持集体经济组织利用资金、资产和资源，以入股、合作、租赁、专业承包等形式，与承包大户、技术能人、企业、技术服务机构等进行联合和合作，实现多元化、多层次、多形式经营，发展和壮大集体经济实力，增强集体经济组织服务功能。”第一部分提出：“农村集体资金、资产、资源属于村(组)集体经济组织(以下简称“集体经济组织”)全体成员集体所有，是发展农村经济和实现农民共同富裕的重要物质基础。加强农村集体资金、资产、资源管理，有利于稳定和完善农村基本经营制度，维护集体经济组织和农民群众的合法权益。”第二部分第(一)项第 5 条提出：“财务公开制度。集体经济组织应当将财务活动情况及有关账目，定期逐笔逐项向全体成员公布，接受群众监督。年初公布财务收支计划，每月或每季度公布各项收入、支出情况，年末公布各项财产、债权债务、收益分配等情况。”

为了更高质量地建设山东省美丽乡村，DB37/T 2737.6—2015 的“3.8”结合《关于进一步加强农村集体资产管理》和《山东省村务公开条例》等文件要求提出，村庄应积极举办各类企业、合作社等经济组织，发挥集体经济组织的服务功能。村集体经济组织对村集体资产行使管理权和经营权，村集体经济组织应实行财务公开制度，充分保障其成员的合法权益。

【标准条文】

3.9　村民兵连

3.9.1　村庄应依法设立村民兵连，村民兵连应在乡(镇)党委、人武部和村两委领导下开展工作。

3.9.2　做好民兵的出入转队、工作总结、清点装备、健全制度、集结点验等工作。

3.9.3　做好民兵政治思想教育，协调民兵政审工作，增强民兵国防意识和战备观念。

3.9.4　协助上级组织做好民兵的军事训练工作，配合上级组织开展各项突击活动。

3.9.5　发挥民兵的骨干带头作用，组织民兵参加物质文明、政治文明、精神文明建设。

3.9.6　做好兵役登记工作，及时掌握村庄内适龄参军人员情况。

3.9.7　协助民政部门做好村内退伍军人的安置和军烈属的优抚工作。

【释义】

民兵是不脱离生产的群众武装。民兵既参加社会主义新农村建设，又肩负保家卫国的神圣使命，是集民和兵于一身、汇劳和武于一体的亦兵亦民、劳武结合的群体。民兵组织建设主要是指对民兵的组织、思想、作风等建设。《民兵工作条例》的第二章第十一条、第十四条规定：“农村一般以行政村为单位编民兵连或者营。对民兵进行宣传教育、民兵的出入转队、调配干部、工作总结、清点装备、健全制度、集结点验等项工作。”第三章第十七条要求：“民兵政治教育，平时应当根据民兵军事训练、战备执勤的任务、要求和民兵思想实际做好民兵的思想政治工作，提高练兵习武的自觉性，发动民兵带头参加社会主义物质文明和精神文明建设。战时应当动员民兵参军参战，支援前线，组织民兵开展杀敌立功、瓦解敌军等活动，保证战斗、战勤任务的完成。”第四章第二十二条规定：“县应当逐步建立民兵军事训练基地，对民兵实行集中训练。”DB37/T 2737.6—2015 的“3.9”重点参考《民兵工作条例》，并结合山东省美丽乡村建设示范区的建设经验，对村民兵连的工作职责与要求进行了规范，包括兵役登记，民兵的出入转队、思想教育、军事训练，退伍军人的安置和军烈属的优抚等工作。

四、长效管理

【标准条文】

4　长效管理

4.1　公众参与

4.1.1　通过健全村民自治机制等方式，保障村民参与建设和日常监督管理，充分发挥村民主体作用。

4.1.2　村民可通过村务公开栏、网络、广播、电视、手机信息等形式，了解美丽乡村建设动态、农事、村务、旅游、商务、防控、民生等信息，参与并监督美丽乡村建设。

4.1.3　鼓励和支持发展各类社会组织。

4.1.4　鼓励开展第三方村民满意度调查，及时公布调查结果。

4.2　保障与监督

4.2.1　建立健全村庄建设、运行管理、服务等制度，落实资金保障措施，明确责任主体、实施主体，鼓励有条件的村庄采取市场化运作模式。

4.2.2　推动产业发展，壮大集体经济，为美丽乡村长效管理提供经济基础。

4.2.3　建立并实施公共卫生保洁、园林绿化养护长效机制，配备合理数量的管护人员，明确各类人员管理责任，加强对相关人员的管理和培训。

4.2.4　健全农村公共设施管护机制，做好道路养护、污水处理、健身器材、路灯照明等公共设施的后续管理和养护工作，明确镇、村、农户三级责任。

4.2.5　综合运用检查、考核、奖惩等方式，对美丽乡村的建设与运行实施动态监督和管理。

【释义】

美丽村建设是一项长期的、系统的工程，巩固美丽乡村创建成果更是一项综合性工程。DB37/T 2737.6—2015 的第 4 章“长效管理”在国家标准《美丽乡村建设指南》(GB/T 32000—2015)的基础上,结合《美丽乡村建设规范》山东省系列地方标准第2～5部分的内容(基础设施与村容环境、产业发展、公共服务和乡风文明),对长效管理工作进行了规范,包括公众参与和保障与监督两个方面。

GB/T 32000—2015的“12.1”提出“通过健全村民自治机制等方式,保障村民参与建设和日常监督管理,充分发挥村民主体作用。村民可通过村务公开栏、网络、广播、电视、手机信息等形式,了解美丽乡村建设动态、农事、村务、旅游、商务、防控、民生等信息,参与并监督美丽乡村建设。鼓励开展第三方村民满意度调查,及时公开调查结果。”DB37/T 2737.6—2015的“4.1”依据国标要求对公众参与提出三个层面的要求:首先是体现村民的主体作用,引导村民积极参与美丽乡村建设和日常监督管理,鼓励和支持发展各类社会组织;其次是保障村民的知情权,通过村务公开栏、网络、广播、电视、手机信息等形式,了解美丽乡村建设动态、农事、村务、旅游、商务、防控、民生等信息,参与并监督美丽乡村建设;最后是注重村民的满意度反馈,积极开展第三方村民满意度调查,将村民对美丽乡村建设的切实感受作为成果评价的一部分,进一步保障村民的主体作用。

GB/T 32000—2015的“12.2”提出:“建立健全村庄建设、运行管理、服务等制度,落实资金保障措施,明确责任主体、实施主体,鼓励有条件的村庄采用市场化运作模式。建立并实施公共卫生保洁、园林绿化养护、基础设施维护等管护机制,配备与村级人口相适应的管护人员,比例不低于常住人口的2‰。综合运用检查、考核、奖惩等方式,对美丽乡村的建设与运行实施动态监督和管理。”DB37/T 2737.6—2015的“4.2”在国标要求的基础上,结合山东省情,针对保障与监督方面提出建立健全村庄建设、运行管理、服务等制度,落实资金保障措施,明确责任主体与实施主体;推动农村产业发展,壮大农村集体经济,为村庄长效管理提供经济基础;建立健全农村公共设施管护机制;明确了镇、村、农户在道路养护、污水处理、健身器材、路灯照明等公共设施的后续管理和养护工作中的责任,以保障村庄各项工作长期良好运行。

第七节 《美丽乡村建设规范 第7部分:评价》条文解读

一、范围

【标准条文】

1 范围

本标准规定了美丽乡村评价原则、基本条件、评价内容、评价方法。

本标准适用于山东省美丽乡村评价工作。

【释义】

DB37/T 2737.7—2015 的第 1 章"范围" 明确规定了标准的内容范围,包括美丽乡村的"评价原则、基本条件、评价内容、评价方法" 等内容,明确了标准的适用范围,主要适用于山东省美丽乡村评价工作。

二、规范性引用文件

【标准条文】

2　规范性引用文件

下列文件对于本文件的应用是必不可少的。凡是注日期的引用文件,仅所注日期的版本适用于本文件。凡是不注日期的引用文件,其最新版本(包括所有的修改单)适用于本文件。

GB/T 156　标准电压

GB 7959　粪便无害化卫生要求

DL/T 5118　农村电力网规划设计导则

DB37/T 2737.1　美丽乡村建设规范　第 1 部分:规划编制指南

【释义】

DB37/T 2737.7—2015 的第 2 章"规范性引用文件"是《美丽乡村建设规范　第 7 部分:评价》(以下简称《评价》)中直接引用的标准。不注日期的引用标准,其最新版本(包括所有的修改单)适用于《评价》。如所引用的标准《农村电力网规划设计导则》,旧版本为《农村电力网规划设计导则》(DL/T 5118—2000),最新版本为《农村电力网规划设计导则》(DL/T 5118—2010),本标准中指出的农村电力规划设计应符合最新版本《农村电力网规划设计导则》(DL/T 5118—2010)的要求。

三、评价原则

【标准条文】

3　评价原则

3.1　全面科学

应覆盖美丽乡村的规划编制、基础设施、村容环境、产业发展、公共服务、乡风文明、村务管理等各个环节,合理确定指标和分值。

3.2　公开透明

评价指标、过程公开透明,全过程接受监督。

3.3　客观公正

按照评价指标的要求,实事求是地衡量和考核评价。

3.4　激励引导

充分发挥美丽乡村评价的引领作用,鼓励先进,正向引导。

【释义】

美丽乡村作为我国新农村建设的重要抓手,是协调农业生产、农民生活、农村环境和谐发展的必然趋势。近年来,部分省份均在积极探索本地特色的美丽乡村建设模式,并取得了可喜成绩,但也存在一些问题。比如认识不够,思想不统一;参与部门多,组织协调难度较大;重建设、轻规划的现象比较突出,项目建设规划和标准缺失;政府唱独角戏,市场机制和社会力量的作用发挥不够;"软件"建设不同步等。通过构建美丽乡村评价指标体系则能为相关部门在农村建设过程中提供决策参考,引领农村建设朝着生产高效、生活美好、生态宜居的方向发展。

美丽乡村指标体系是对农村生产、生活以及环境状况的客观评价与反映。构建美丽乡村指标体系应遵循一定的原则:

(1)全面科学的原则。采用科学的手段和方法,选取指标不仅要客观、全面、准确地体现美丽乡村的理念,而且还要重点凸显美丽乡村的内涵和目标。DB37/T 2737.7—2015 的"3.1"要求对美丽乡村的评价应覆盖美丽乡村的规划编制、基础设施、村容环境、产业发展、公共服务、乡风文明、村务管理等各个环节,合理确定指标和分值。

(2)公开透明的原则。将美丽乡村视为一个系统,指标体系要基于多因素综合反映美丽乡村各子系统的主要特征以及相互间的联系等内容,应公开公正地对每项指标进行评价,能够接受全过程监督。DB37/T 2737.7—2015 的"3.2"对此作出了相关规定。

(3)客观公正的原则。指标体系设计既要考虑客观现实,也要考虑评价目标的发展趋势,指标评价应体现美丽乡村实际建设情况,客观公正。DB37/T 2737.7—2015 的"3.3"对此作出了相关规定。

(4)激励引导的原则:生态文明、可持续发展是美丽乡村建设的理论基础,指标体系设计要以此为导向,充分考虑生态文明和可持续发展理念,综合反映美丽乡村建设的意义。DB37/T 2737.7—2015 的"3.4"指出应充分发挥美丽乡村评价的引领作用,鼓励先进,正向引导。

四、基本条件

【标准条文】

4　基本条件

4.1　三年内未发生重大责任事故,包括重大安全事故、重大环境污染事故、重大食品安全事故、重大社会治安事件、重大违法用地事件、重大生态破坏事件等。

4.2 三年内未发生群体性传染病事件。

4.3 三年内未发生其他造成重大不良社会影响事件。

4.4 不符合以上任一条件的，实行一票否决。

【释义】

我国对美丽乡村建设越来越重视，发布了一系列农村建设指导及考核指标。《国家级生态村创建标准(试行)》(环发[2006]192 号)指出，生态村应具有符合区域环境总体要求的生态村建设规划且规划合理，村民具有环保意识，经济发展应符合国家的产业政策和环保政策，有村规民约。《关于印发〈国家生态文明建设试点示范区指标〉的通知》(环发[2013]58 号)也从工作机制、生态建设、节能减排、环境质量等方面对美丽乡村创建的基本条件提出了要求。

DB37/T 2737.7—2015 的第 4 章结合山东省农村建设的实际情况，主要从重大事故和事件提出了美丽乡村建设的基本条件，“4.1”～“4.3”要求三年内未发生重大责任事故、群体性传染病事件、重大不良社会影响事件，重大责任事故包括重大安全事故、重大环境污染事故、重大食品安全事故、重大社会治安事件、重大违法用地事件、重大生态破坏事件，重大责任事故和重大社会影响事件的发生会造成或可能造成较多人员伤亡、较大经济损失、破坏社会安定稳定等严重的危害和影响，重大群体性传染事件也是严重威胁群众人身安全与健康、影响社会和谐的事件，美丽乡村建设中不应发生。“4.4”提出，若在三年内发生“4.1”～“4.3”的任一事件的，应一票否决，有力地保障了人民群众的生命安全与社会稳定和谐。

五、评价内容

【标准条文】

5 评价内容

按照附录 A 执行。

【释义】

《国家级生态村创建标准(试行)》(环发[2006]192 号)对生态村创建的经济水平、环境卫生、污染控制、资源化保护与利用、可持续发展、公众参与等考核指标进行了规定与解释。《关于印发〈国家生态文明建设试点示范区指标〉的通知》(环发[2013]58 号)指出生态文明试点建设生态经济、生态环境、生态人居、生态制度、生态文化等方面的建设指标。《农业部“美丽乡村”创建目标体系》指出美丽乡村创建的总体目标及产业发展、生活舒适、民生和谐、文化传承、支撑保障等方面的分类目标。

DB37/T 2737.7—2015 的第 5 章参考以上文件，根据美丽乡村的内涵与本质，充分考虑生态文明的特征以及国家和地方农村建设指标体系的构建思路，结合乡村的地方实际和发展潜力，构建美丽乡村评价指标体系。指标体系包括规划编制、基础设施、村容村貌、生态环境、产业发展、公共服务、村风文明、村务管理等 8 个方面，同时考虑基础数据的可得性和规范性，结合相关环境保护标准和农村生态建设体系，遴选了 85 个指标作为反映美丽乡村的评价指标，均在附录 A 中体现。

六、评价方法

【标准条文】

6　评价方法

6.1　总则

应根据指标类型选择相应的评价方法，主要包括资料考查法和现场考查法。

6.2　赋分

美丽乡村建设评价的赋分以总分为 1000 分计，另设 100 分加分项。各项评价内容赋分分别为：规划编制 60 分、基础设施 200 分、村容环境 280 分、产业发展 120 分、公共服务 200 分、乡风文明 80 分、村务管理 60 分。计分细则按照附录 A 执行。

6.3　评分公式

总体评价得分＝规划编制得分＋基础设施得分＋村容环境得分＋产业发展得分＋公共服务得分＋乡风文明得分＋村务管理得分。加分项得分仅作参考，不计入总分。

6.4　评价等级

依据评价分数，评价结果分为 A、B、C、D 四个等级。总分在 900 分(含)以上的村庄等级为 A；总分在 800(含)～900 分(不含)的村庄等级为 B；总分在 700(含)～800 分(不含)以下的村庄等级为 C；总分在 700 分(不含)以下的村庄等级为 D。

【释义】

在美丽乡村评价方面，浙江、广东、江苏等地设计规划了评价的详细办法，但尚未形成标准，山东省各地如蓬莱、枣庄等也有各自的评价办法，各地标准不一，导致绩效考核难，政策效果评价难。

DB37/T 2737.7—2015 的第 6 章以 DB37/T 2737—2015 系列地方标准为基础，考虑山东省农村发展情况，结合美丽乡村建设的各项内容的特点和重要程度，主要采用打分和划分评价等级的方式进行评价方法的规定。在指标的设置上，采用定性与定量指标相结合的方式，定性指标的描述与定量指标的量化依据主要来源政策文件、标准等约束性材料要求。

DB37/T 2737.7—2015 的"6.1"指出评价方法有资料考查法和现场考查法两种。资料考查法主要是针对有基础资料记录与数据统计和文件等的指标的资料查阅与咨询，现场考查法主要是采用现场走访和村民询问的方式进行调查。

DB37/T 2737.7—2015 的"6.2"～"6.4"分别规定了赋分、评分公式和评价等级的划分要求。美丽乡村建设评价的赋分以总分为 1000 分计，另设 100 分加分项。各项评价内容赋分分别为：规划编制 60 分、基础设施 200 分、村容环境 280 分、产业发展 120 分、公共服务 200 分、乡风文明 80 分、村务管理 60 分。总体评价得分＝规划编制得分＋基础设施得分＋村容环境得分＋产业发展得分＋公共服务得分＋乡风文明得分＋村务管理得分。加分项得分仅作参考，不计入总分。依据评价分数，评价结果分为 A、B、C、D 四个等级。总分在 900 分（含）以上的村庄等级为 A；总分在 800（含）～900 分（不含）的村庄等级为 B；总分在 700（含）～800 分（不含）的村庄等级为 C；总分在 700 分（不含）以下的村庄等级为 D。由于美丽乡村建设的复杂性和多样性，如指标的权重确定、评价体系分区分级优化等，随着评价指标体系的逐渐完善，将指导和推进山东省美丽乡村建设的进程。

【标准条文】

附录 A（规范性附录）山东省美丽乡村评价指标表。

山东省美丽乡村评价指标表

序号	评价内容	评价指标及分值	分值	考核方式	备注
1	一、规划编制（60分）	制定并严格实施美丽乡村建设规划或建设方案（20 分），涵盖现状分析、定位与规模、村庄建设、村容环境、产业发展、公共服务、村务管理、保障机制等要素（25 分），缺一项要素扣 5 分，扣完为止	45	资料考查	
2		规划或方案有特色，科学合理，操作性和指导性强，符合 DB37 2737.1 的要求	15		

续表

序号	评价内容	评价指标及分值		分值	考核方式	备注
3	二、基础设施(200分)	道路(80分)	村庄道路布局科学合理,道路质量符合相关标准(10分),主干道硬化率达100%(25分),次干道及宅间道采用多种形式硬化(20分)。村内主干道道路标识清晰,有必要的排水沟(15分),道路设施齐全(10分)	80	资料考查、现场考查	路面硬化率(%)=已硬化道路里程/该村道路总里程长度×100%
4		给排水(40分)	有符合要求的给水设施,自来水普及率达90%(20分),每减少10%扣5分,扣完为止。有符合要求的排水设施并运行正常(10分),村庄无污水乱排现象(10分)	40		
5		供电、照明(50分)	供电设施符合GB/T 156、DL/T 5118标准要求,无安全隐患	5		
6			村庄主干道和公共场所路灯安装率达100%,次干道和宅间道根据需要设置路灯,满足照明要求(25分)。每降低10%,扣5分。路灯100%运行正常(20分)。每降低10%,扣5分,扣完为止	45		道路路灯安装率(%)=已安装路灯的道路长度/范围内所有道路的长度×100%
7		通信(15分)	村庄内广播、电视、电话、网络、邮政等通信设施齐全,满足村民使用需求。缺一项扣5分,扣完为止	15		
8		安全(15分)	防火、防自然灾害等安全设施齐全(10分),标识明确(5分)。有设施缺项或标识不明确的,一项扣5分,扣完为止	15		

【释义】

城乡规划是推动新型城镇化健康发展的重要保障，是政府引导调控城乡建设发展的龙头，是维护社会公众利益、保证城乡可持续发展的基本手段。《新型城镇化规划(2014～2020)》中明确提出要提升乡镇村庄规划管理水平。规划也是美丽乡村建设的统领和指导守则，农业部“美丽乡村”创建目标体系第 17 条提出“试点乡村要编制详细、明确、可行的建设规划，在产业发展、村庄整治、农民素质、文化建设等方面明确相应的目标和措施”，《美丽乡村建设指南》(GB/T 32000—2015)中也提出，编制规划应以需求和问题为导向，综合评价村庄的发展条件，并规定了村庄建设与治理、产业发展和村庄管理的总体要求。考虑到多规融合的发展导向，强调规划引领对于美丽乡村建设的重要性，对规划编制的要素提出明确要求，是指导美丽乡村建设的重要依据。因此，规划的科学性、全面性、可操作性非常重要。附录 A 对“规划编制”的评价内容分别从规划或建设方案的制定与实施、涵盖要素的全面性和方案的科学性及可操作性三方面进行考查，分别赋予 20 分、25 分、15 分。

图 8-1　美丽乡村规划编制示例

依据《美丽乡村建设规范　第 2 部分：基础设施与村容环境》(DB37/T 2737.2—2015)的内容，附录 A 对“基础设施”的评价主要是从道路、给排水、供电照明、通信和安全等 5 个方面进行考查，分别赋予 80 分、40 分、50 分、15 分、15 分。

随着农村公路建设力度的不断加大，农村公路在整个国民经济发展中的地位和作用日益凸显，正所谓“道路通，百业兴”，农村公路已经成为山东省经济建设和社会发展的“脊梁骨架”和“血脉通道”。道路的总体布局和质量影响着整个村庄是否能够快速有序地生活。村内主干道作为村民出行的重要道路，对于通村交通贡献大，应有明确的道路标识、必要的排水沟和齐全的道路设施，因此，对

“道路”的评价主要是从道路布局、主次干道及宅间道的硬化和主干道设施进行考查，这是对美丽乡村的最基本的保障通行的要求，有条件的村庄可以设置消防车道和专门的停车区域。

图 8-2　美丽乡村道路示例

对“给排水”的评价是从有无给水设施、排水设施和污水乱排现象等方面来考查。给水和排水是村庄内最常见的生活现象，根据目前山东省内供水现状，要求自来水普及率达到 90%为满分(20 分)。不同条件和地域的村庄可设置不同的排水系统，污水设施应定期维护，所以未对具体的排水系统和排水设施类型进行考查，只要求具有排水设施且运行正常，村内无污水乱排现象。

图 8-3　美丽乡村给排水示例

对“供电、照明”的评价主要是从供电设施、道路和公共场所的路灯安装运行情况两方面进行考查。村庄内供电设施符合 GB/T 156、DL/T 5118 标准要求，保证无安全隐患。村庄主干道和公共场所路灯安装率达到100%是山东省文明村镇的考核标准，次干道及宅间道可根据需要设置路灯，同时路灯运行正常，这些指标可以满足村内基本的照明要求。路杆和路灯类型的选用可根据村庄不同的条件进行选择，未对其作具体要求。

对“通信”的评价主要是对通信设施设置的基本要求进行考查，有满足村民使用的通信设施且齐全为满分(15分)，不对线路的架设进行考核，鼓励采用管道地下敷设。

图8-4 美丽乡村供电照明示例

图8-5 美丽乡村通信示例

对“安全”的评价要求防火、防自然灾害等安全设施齐全，标识明确，这是为农村和农民安全提供的最基本保障，标识不明确的相应扣分。

图8-6 美丽乡村安全设施示例

由于不同的村庄类型具有不同的地域特点、气候和设施条件等，所以未对桥梁、供热设施、燃气设施等作相关考核。

【标准条文】

山东省美丽乡村评价指标表(续表)

序号	评价内容	评价指标及分值		分值	考核方式	备注
9	三、村容环境(280分)	房屋建设(30分)	村庄房屋建设具有整体特色风格(10分)，村庄房屋布局科学合理(5分)，外墙整洁美观，热水器、空调等设施安装规范(5分)，无危房和影响景观的棚舍、残破或倒塌的墙体(5分)，无乱搭乱建现象(5分)	30	现场考查	
10		村容维护(30分)	村庄内干净整洁，宣传栏、广告牌等整洁有序，无乱贴乱画现象(5分)，生产生活用品集中有序存放，无安全隐患(5分)	10	现场考查、资料考查	
11			无露天焚烧垃圾和秸秆现象	10	现场考查、资料考查	通过查阅投诉记录、询问村民等方式考查
12			村民家庭卫生整洁，村民卫生习惯良好，自觉维护村庄环境，无乱倒填埋生活垃圾现象	10	资料考查	
13		环境卫生(70分)	村庄按标准配备垃圾箱、运输车辆和保洁队伍(10分)，村庄干净卫生、无垃圾死角(10分)，垃圾分类收集与存放(10分)	30	现场考查	委托第三方开展农村卫生维护的村可不配备运输车辆和保洁队伍
14			建立村庄环境卫生长效机制	10	现场考查	

续表

序号	评价内容	评价指标及分值		分值	考核方式	备注
15	三、村容环境（280分）	环境卫生（70分）	村庄无土堆、粪堆、柴草堆等情况	10	现场考查	
16			划定畜禽养殖区域，人畜分离，无畜禽乱跑现象	10	资料考查	无畜禽养殖的村，此项不扣分
17			有污水处理设施，并运行正常	10	现场考查	
18		村庄绿化（40分）	林草覆盖率山区≥80%，丘陵≥50%，平原≥35%，每降低10%，扣2分，扣完为止	10	现场考查	林草覆盖率（%）＝林草地面积之和/全村土地总面积×100%，以相关部门提供的数据为准
19			村庄街道、河道两侧及农宅之间适宜绿化的全部绿化（15分），村庄建有一定面积的公共绿地（5分）	20	现场考查	
20			村庄内庭院合理绿化美化	10	现场考查	
21		池塘保护（10分）	村庄池塘保护良好并进行生态化治理	10	现场考查	村内无池塘的，此项不扣分
22		户用厨房（10分）	传统农村厨房得到改造（5分），厨房内清洁卫生（5分）	10	资料考查、现场考查	随机抽查10户，按照达标比率计分
23		户用厕所（40分）	户用卫生厕所覆盖率≥90 %，每减少10%扣5分，扣完为止	25		以当地主管部门提供的数据为准
24			卫生厕所实行粪便无害化处理，符合GB 7959国家标准要求，并建立长效机制	15		
25		病媒及有害生物综合防治（10分）	每年定期对鼠、蝇、蚊、蟑螂等病媒及有害生物进行有效综合防治	10		

续表

序号	评价内容	评价指标及分值		分值	考核方式	备注
26	三、村容环境（280 分）	农业污染防治（30 分）	农膜回收率≥80%（5 分），每减少 10%扣 2 分，扣完为止；农作物秸秆综合利用率≥70%（5 分），每减少 10%扣 3 分，扣完为止	10	资料考查、现场考查	1. 农膜回收率（%）＝农田回收薄膜量（吨）/农田使用薄膜总量（吨）×100% 2. 农作物秸秆综合利用率（%）＝农作物秸秆综合利用量（吨）/秸秆产生总量（吨）× 100%。以相关部门提供的数据为准
27			畜禽粪便（粪污）综合利用率≥80%（10 分）；病死畜禽无害化处理率达 100%（5 分），水产养殖废水达标排放（5 分）	20		1. 畜禽粪便综合利用率（%）＝畜禽粪便综合利用量（吨）/畜禽粪便总量（吨）×100% 2. 病死畜禽无害化处理率（%）＝无害化处理的病死畜禽数量（吨）/病死畜禽总量（吨）×100%。以相关部门提供的数据为准。无畜禽水产养殖的，此项不扣分

续表

序号	评价内容	评价指标及分值		分值	考核方式	备注
28	三、村容环境（280分）	工业污染防治（10分）	工业企业污染物排放达标率100%	10		工业污染源达标排放率(%)=污染物达标排放的工业企业数/工业企业总数×100 %，以相关部门提供的数据为准。无工业企业的，此项不扣分

【释义】

依据《美丽乡村建设规范　第2部分：基础设施与村容环境》(DB37/T 2737.2—2015)的内容，对“村容环境”的评价主要是从房屋建设、村容维护、环境卫生、村庄绿化、池塘保护、户用厨房、户用厕所、病媒及有害生物综合防治、农业污染防治和工业污染防治等10个方面进行考查，根据各方面的权重和目前村庄实际情况，分别赋予30分、30分、70分、40分、10分、10分、40分、10分、30分、10分。

对“房屋建设”的评价内容主要是从村容整洁美观和房屋安全的角度考虑，要求村庄房屋建设具有特色风格，布局合理，规范太阳能热水器、屋顶空调等设施的安装和危房、残破或倒塌的墙体，要求无乱搭乱建现象，以达到安全和视觉整洁的效果，以30分为满分。

图8-7　美丽乡村房屋建设示例

对“村容维护”的评价内容主要从宏观村貌到微观细节的规范，村内干净整洁有序，生产生活用品有序存放，无安全隐患分别占5分。山东省是农业大省，作为我国粮食和经济作物的主要产区，具有丰富的秸秆资源，根据《山东省文明村镇考核标准(试行)》，规定村内无露天焚烧垃圾、秸秆等污染环境现象，无污染事故发生，满分为 10 分。此外，从村民家庭卫生的角度作出评价，村民家庭卫生整洁、卫生习惯良好、无垃圾乱倒现象为满分(10 分)。由于不同的村庄有不同的丧葬习俗，故未从殡葬管理方面进行考核。

图 8-8 美丽乡村村容维护示例

对“环境卫生”的评价内容主要是以“三清”(清理粪堆、清理垃圾堆、清理柴草堆)为重点，努力解决农村“脏、乱、差”问题，改善农村生活环境和村容村貌，创造整洁、舒适、文明的生活环境。对“环境卫生”的评价是从最容易解决和投入少、见效快的问题入手，村庄应按标准配备垃圾箱、运输车辆和保洁队伍，也可委托第三方开展卫生维护。村庄应达到干净卫生、无垃圾死角、垃圾分类收集与存放的要求。清理“三堆”现象，有畜禽养殖的应整治畜禽散养，完善村庄排水体系，实现污水合理排放。

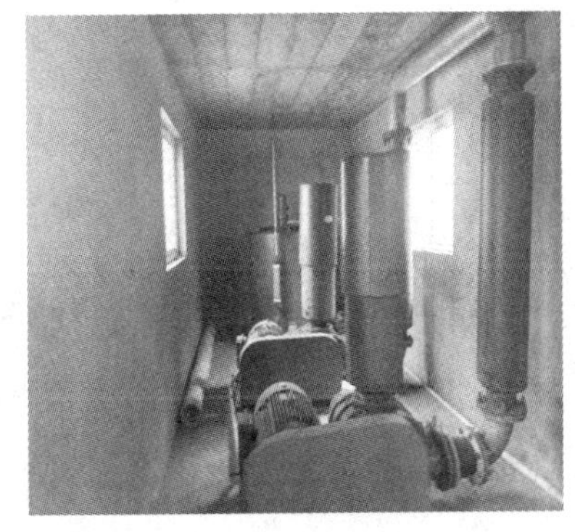

图 8-9 美丽乡村环境卫生示例

对“村庄绿化”的评价内容主要是对不同地区的林草覆盖率、村内绿化和庭院绿化情况作出评价，实现最基本的绿化和美化效果。林草覆盖率山区≥80%，丘陵≥50%，平原≥35%。村庄主要街道、河道两侧及农宅之间适宜绿化的应全部绿化，村庄内有公共绿地，庭院合理绿化。由于地域的不同，未对具体的树种和古树名木作相关要求。

图 8-10 美丽乡村村庄绿化示例

对于村庄内有池塘的，增加对池塘保护的评价，村庄池塘应保护良好并进行生态化处理。

对“户用厨房”的评价是从传统厨房改造目标提出要求，传统厨房得到改造且清洁卫生，具体的能源利用可根据当地资源情况进行选择，不进行考核。

图 8-11 美丽乡村户用厨房示例

中央和山东省对农村改厕工作高度重视，进行粪便的无害化处理是加强疾病综合防治的治本之策，也是改善农村环境卫生面貌、提高农民群众文明素质的重要手段。对"户用厕所"的评价是从户厕覆盖率和是否进行无害化处理两个方面进行考查。美丽乡村户用卫生厕所的覆盖率应达到90%及以上，不同的农村可选用不同的厕所类型进行改造，目标是卫生厕所达到无害化处理，具有长效的机制。不同地区对公厕设置有不同的习俗，故未对公厕设置进行评价。

图 8-12　美丽乡村户用厕所示例

根据《美丽乡村建设指南》(GB/T 32000—2015)的要求，应定期组织生态物理措施开展对鼠、蝇、蚊、蟑螂等病媒生物的综合防治，使用的药物应符合国家相关要求，保障村民的生命健康安全。对"病媒及有害生物综合防治"的评价是每年定期对鼠、蝇、蚊、蟑螂等病媒及有害生物进行有效综合防治，不对具体防治过程进行考核。

良好的生态环境是人和社会持续发展的基础。为增强对生态环境的保护，针对大部分村庄存在的普遍问题，对"农业污染防治"和"工业污染防治"的农膜回收率、秸秆利用率、畜禽粪便综合利用率、病死畜禽无害化处理率、废水达标排放、工业企业污染物排放达标率等具体指标进行考查。无畜禽水产养殖和无工业企业的村，废水达标排放、工业企业污染物排放达标率不考查。具体的处理过程不作考核指标。

【标准条文】

山东省美丽乡村评价指标表(续表)

序号	评价内容	评价指标及分值		分值	考核方式	备注
29	四、产业发展(120分)	主导产业(35分)	产业发展思路明确、布局和结构合理,目标符合当地实际,注重生态循环经济和清洁生产	10	资料考查、现场考查	
30			村庄有主导产业,特色突出,并形成一定规模,一、二、三产业融合发展	10		
31			村级集体经济有稳定的收入来源(5分),能够满足开展村务活动和保障公共服务的需要(10分)	15		
32		农村经济水平(10分)	农村经济总收入较上年有所增长(5分),村庄无贫困户(5分)	10	资料考查	
33		农民人均可支配收入(15分)	农民人均可支配收入高于全省平均水平10%,每减少1%扣1.5分	15	资料考查	以相关部门提供的数据为准
34		新型经营主体(10分)	有种养大户或家庭农场、专业合作社、龙头企业等新型经营主体,且运行良好	10	资料考查、现场考查	
35		农业生产基础设施与装备(10分)	农业基础设施完善,配备先进、适用的现代化农业生产设施设备(或委托农业社会化服务机构)	10	资料考查、现场考查	

续表

序号	评价内容	评价指标及分值		分值	考核方式	备注
36	四、产业发展（120分）	农产品质量（15分）	主要农产品采用标准化生产、有特色农业品牌（5分），主要农产品中有机、绿色食品、无公害农产品种植面积的比重≥60%（5分）。农产品能够实现可追溯（5分）	15	资料考查、现场考查	有机、绿色食品、无公害农产品种植面积比重（%）＝有机、绿色食品、无公害农产品种植面积（公顷）/农作物种植总面积（公顷）×100%
37		乡村工业（10分）	发展农产品产地初加工、精深加工和综合利用，提高产品附加值。引导企业进入工业园区，防止高污染、高耗能、高排放企业向农村转移	10	资料考查、现场考查	
38		乡村服务业（15分）	依托乡村资源，加快发展各类服务业	15		无相关资源，此项不扣分

【释义】

依据《美丽乡村建设规范　第3部分：产业发展》（DB37/T 2737.3—2015）的内容，对“产业发展”的评价主要是从主导产业、农村经济水平、农村人均可支配收入、新型经营主体、农业生产基础设施与装备、农产品质量、乡村工业和乡村服务业等8个方面进行考查，根据各方面的权重和目前村庄实际情况，分别赋予35分、10分、15分、10分、10分、15分、10分、10分。

推进山东省美丽乡村产业发展建设，需要明确整体产业发展目标和方向，逐步形成与村庄环境相协调、与区域产业发展政策相统一、具有山东特点的农村产业发展模式，全面提高村庄发展和村民收入水平，带动山东省社会主义新农村建设的全面提升。应从战略发展的角度制定产业发展规划，优化产业结构，实现三产融合发展，注重规划培育惠及面广、效益高、有特色的主导产业。村级集体经济是农村经济中重要的组成部分，其发展程度关系整个农村经济发展大局，应保证村级集体经济的稳定收入来源，以满足开展村务活动和保障公共服务的需要。对“主导产业”的评价符合山东省的实际特点，对产业发展方向，主导产业和一、

二、三产业，村级集体经济等进行考查。

增加农民收入是实现农业现代化的必然需求，是启动农村市场、解决经济运行深层次问题的必由之路。大力发展农村经济，促使农民收入提升，提高农民人均可支配收入，使农民享受到更加优越的生产生活条件，不断提高农村人口生活质量。美丽乡村的农村经济发展水平应较普通乡村高一些，农村经济总收入较上年有所增长，村庄无贫困户，农民人均可支配收入要高于全省平均水平10%。

随着农村土地产权关系进一步明晰，种养大户、家庭农场、农民合作社、龙头企业等新型农业经营主体开始崭露头角，呈现"四位一体"互惠共赢、共同发展的良好态势，对于保障农产品有效供给、建设现代农业、推进"四化同步"发挥着越来越重要的促进和支撑作用。培育新型经营主体应在美丽乡村建设中有很好的体现，并作为考核指标之一。此外，美丽乡村应具有完善的农业生产基础设施、现代化的农业生产设备(可委托农业社会化服务机构)以及标准化生产模式、特色的可追溯的农产品品牌。在附录A中，对农产品质量的评价把标准化生产模式、农产品中有机、绿色食品、无公害农产品种植面积的比重和农产品是否可追溯作为考核指标。

我省是农业大省，广大农村拥有丰富的农产品资源、大量的农业劳动力和多种多样的农副产品加工传统，发展农副产品加工业，是农村工业发展的必然选择之一，是一种比较普遍的发展形式。美丽乡村建设应立足区位条件、自然禀赋和产业基础，鼓励发展农产品加工业，发展传统工艺、手工制作等特色产业，延长产业链，提高产品附加值，引导企业进入工业园区，但是不能违反环境保护的原则，应防止高污染、高能耗、高排放企业向农村转移。

各地农村地域特点、资源禀赋等差异较大，具有特色资源的乡村，应依托区域的优美景观、自然环境、建筑和文化历史等资源，挖掘乡村生态休闲、旅游观光、文化教育价值，发展形式多样、特色鲜明的乡村旅游以及生产性、生活性等各类服务业。无相关资源的乡村，对乡村服务业的评价不扣分。

【标准条文】

山东省美丽乡村评价指标表(续表)

序号	评价内容	评价指标及分值		分值	考核方式	备注
39	五、农村公共服务(200分)	为农服务中心建设(20分)	建有为农服务中心并且运行规范	20	现场考查	
40		医疗卫生(30分)	农村卫生室建筑面积不小于80平方米,设有诊断室、治疗室、公共卫生室、观察室、值班室和药房(10分);设备符合山东省村卫生室基本设备配置标准要求(5分);从事预防、保健和医疗服务的村卫生室人员取得相应执业资格,并遵守医务人员医德规范及医疗机构从业人员行为规范(5分);遵守县级卫生计生行政部门制定的村卫生室有关规章制度(5分);村民普遍享受公共卫生服务(5分)	30	资料考查、现场考查	在村2千米范围内有具备条件的医院或卫生室的,不需重复建设,此项不扣分
41		公共教育(30分)	学前三年毛入园率≥85%。无适龄儿童的,此项不扣分	15	资料考查、现场考查	学前三年毛入园率=实际适龄儿童入园人数/应入园适龄儿童人数
42			九年义务教育巩固率≥98%。无适龄儿童的,此项不扣分	15	资料考查、现场考查	九年义务教育巩固率=毕业人数÷入学人数(含正常流动生)×100%

续表

序号	评价内容	评价指标及分值		分值	考核方式	备注
43	五、农村公共服务（200分）	文化体育（30分）	综合性文体服务中心，面积不低于200平方米，基本功能空间包括图书报刊阅览室（农家书屋）、公共电子阅览室、文体活动室、综合展览室（10分），面积每减少50平方米或者每缺少一个功能空间扣5分，扣完为止；文体公共活动广场，面积不低于500平方米，并有灯光、有源音箱、球类设施、健身器材等配套设施设备（10分），面积每减少100平方米扣5分，扣完为止；建有公共阅报栏、村级广播系统（10分）	30	现场考查	在村2千米范围内有具备条件的文体活动场所的，不需重复建设
44		社会保障（50分）	落实各项村庄困难群体和老年人、残疾人、孤儿等特殊群体社会保障制度（5分）；定期组织开展送温暖、献爱心等志愿服务活动（5分）	10	资料考查	
45			实现居民基本养老保险全覆盖	5	资料考查	以相关部门提供的数据为准
46			居民基本医疗保险参保率≥97%	5	资料考查	以相关部门提供的数据为准
47			农村最低生活保障目标人群覆盖率达到100%	5	资料考查	以相关部门提供的数据为准
48			农村五保供养目标人群覆盖率达到100%（5分）；集中供养率≥70%（5分）	10	资料考查	以相关部门提供的数据为准

续表

序号	评价内容	评价指标及分值		分值	考核方式	备注
49	五、农村公共服务（200分）	社会保障（50分）	符合民政部门补贴要求的失能老年人，护理补贴覆盖率达到100%	5	资料考查	以相关部门提供的数据为准
50			低收入家庭身故者殡葬补贴覆盖率达到100%	5	资料考查	以相关部门提供的数据为准
51			被征地村民按相关规定参加相应的社会保障	5	资料考查	无相关工作此项不扣分
52		公共安全（20分）	治安制度健全、有村级综治管理人员（5分）；建有村庄治安防控体系及公共安全视频监控系统（5分）	10	资料考查、现场考查	
53			近三年内无消防安全事故；无用电安全事故；无食品安全事故；无校车安全事故；无校园安全事故。发生任一事故，此项不得分	5	资料考查	
54			设有自然灾害应急避难场所（2分）；突发事件应急预案（3分）	5	资料考查、现场考查	
55		便民服务（20分）	建有便民服务机构（5分）；代办农业服务、社会事业服务、劳动保障、救助服务、法律援助、资源交易等服务（5分），缺一项服务扣1分，扣完为止	10	资料考查、现场考查	
56			村庄有客运站点	5	现场考查	
57			建有完善的商业服务网点，设有服务设施，能提供多项或综合服务	5	现场考查	

【释义】

依据《美丽乡村建设规范　第 4 部分：公共服务》(DB37/T 2737.4—2015)的内容，对“公共服务”的评价主要是从为农服务中心、医疗卫生、公共教育、文化体育等 7 个方面进行考查，根据各方面的权重和目前村庄实际情况，分别赋予 20 分、30 分、30 分、30 分、50 分、20 分、20 分。

为农服务中心是与农民联结紧密、服务功能更完备、市场化运行更高效的合作经济组织体系，可以提供农机服务、土地托管服务、统防统治、农民培训等服务项目。通过提供机械化、专业化服务，帮助农民降低生产成本，推动当地农作物的标准化种植，提高农民组织化程度和农产品产量、质量，促进农业规模化经营，为农业增效、农民增收发挥积极作用。因此，为农服务中心的建设及运行情况是美丽乡村创建的重要指标之一。

图 8-13　美丽乡村为农服务中心示例

为保障农村安全、质优、方便的医疗服务，村卫生室是农村开展医疗卫生服务的重要载体和基础，村卫生室的建设面积、功能、设施设备、医护人员、规章制度、服务人群等各个方面都作为考核指标。参考山东省《关于加快提升村卫生室服务能力的意见》(鲁政办发[2008]47 号)中“按 2000～4000 人的服务人口设置 1 所村卫生室，村卫生室服务半径以 2.5 千米为宜”的要求，附录 A 中指出在村 2 千米范围内有具备条件的医院或卫生室的，不需重复建设。

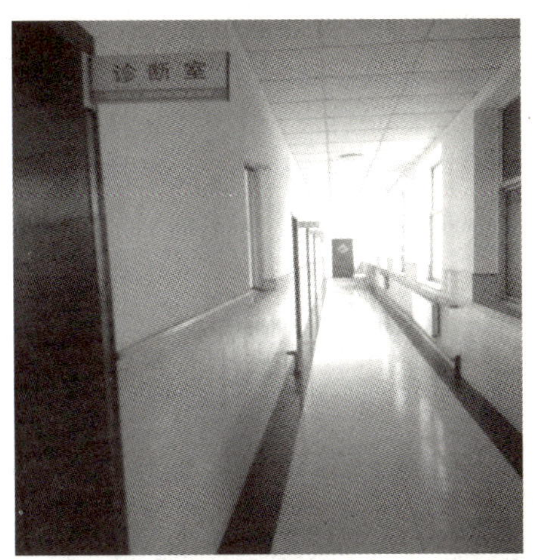

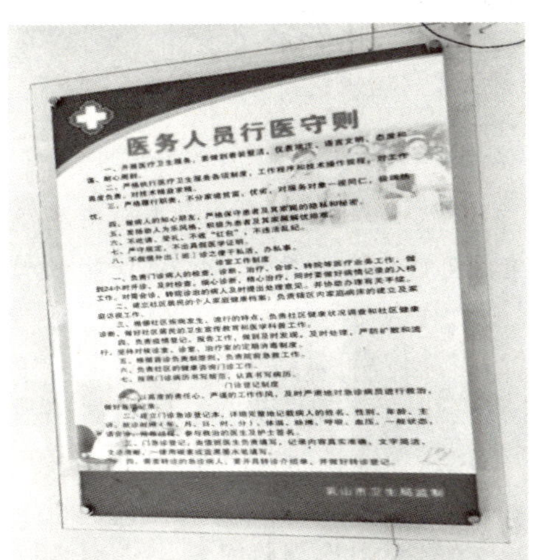

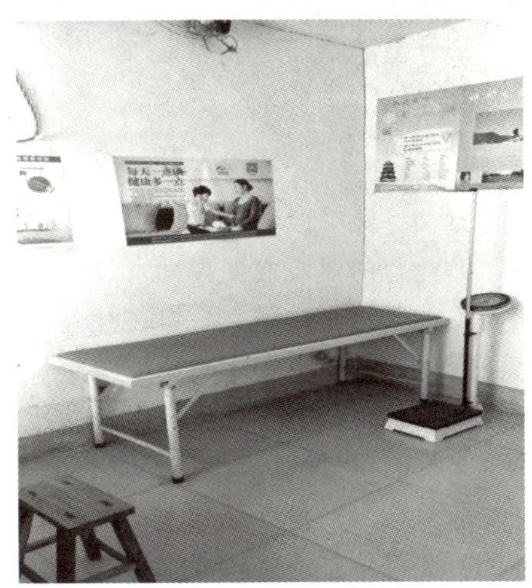

图 8-14　美丽乡村医疗卫生示例

学前教育和农村基础教育是重要的社会公益事业，关系群众的切身利益。附录 A 只对学前三年毛入园率和九年义务教育巩固率进行考核。广大农民群众的教育可以开发利用各种资源，采取各种形式开展各种以提升个人素质、职业技能的教育活动，但不作为量化评价指标。

依照山东省办公厅出台的《关于加快构建现代公共文化服务体系的实施意见》(鲁办发[2015]25 号)中的要求，应以保障人民群众基本文化权益为出发点，有效统筹资源，丰富服务供给，提升公共文化服务效能，为加快建设经济文化强省提供强大的精神动力和文化支撑。群众性的文体活动需要的场所最基本的就是综合性文体服务中心和文体公共活动广场。附录 A 把综合性文体服务中心的面积、功能空间和文体公共活动广场的面积、设施设备等作为评价指标。根据服务人群的数量，在村 2 千米范围内有具备条件的文体活动场所的，不需重复建设。此外，为丰富村民文化生活，及时传播信息，提高村民素质，美丽乡村应建有公共阅报栏、村级广播系统。

图 8-15　美丽乡村文化体育示例

社会保障是经济社会发展到一定阶段的必然产物，是社会化生产与市场经济正常运行的客观需要，社会保障对于促进经济社会健康发展、提高人民生活水平具有非常重要的意义。农村社会保障是整个社会保障体系的重要组成部分，建立健全与经济发展水平相适应的农村社会保障体系，是建设美丽乡村的必然要求。对“社会保障”的评价主要是从几个可量化的指标进行考查，包括居民基本养老保险、居民基本医疗保险参保率、最低生活保障目标人群覆盖率、农村五保供养目标人群覆盖率和集中供养率、护理补贴覆盖率、低收入家庭身故者殡葬补贴覆盖率等。此外，为了保障特殊群体享受公平的社会保障服务，将美丽乡村落实各项村庄困难群体和老年人、残疾人、孤儿等特殊群体社会保障制度，定期组织开展送温暖、献爱心等志愿服务活动，作为评价指标，被征地村民按相关规定参加相应的社会保障。

农村发展过程中存在众多影响公共安全的因素，主要包括自然灾害、消防、用电和治安等，为了保障农民生产和生活有序进行，保障村民和学生的安全，需要对公共安全服务提出相关的指标要求。附录 A 主要是从村级治安、安全事故和自然灾害应急措施等方面进行评价。

图 8-16　美丽乡村公共安全示例

随着乡村治理体系的不断创新，农民公共服务需求不断增长，作为美丽乡村，应具有更为完善的便民服务机构和更多类型的便民服务设施。因此，附录 A 将便民服务机构、服务内容、客运站点、商业服务网店等作为评价指标，以更好地提高村民生活质量和服务质量，促进农村经济发展。

图 8-17　美丽乡村便民服务示例

【标准条文】

山东省美丽乡村评价指标表(续表)

序号	评价内容	评价指标及分值		分值	考核方式	备注
58	六、乡风文明(80 分)	村风民俗建设(20 分)	有村规民约	5	资料考查、现场考查	
59			每年开展政策宣讲活动	5		
60			建有规范的道德评议会、红白理事会、禁毒禁赌会等群众组织(2 分),村内无封建迷信、婚丧大操大办的现象(3 分)	5		
61			有公共墓地或灵堂(2 分),无乱埋乱葬等现象(3 分)	5		
62		道德风尚建设(15 分)	开展爱国主义、集体观念、道德、法治、诚信等教育活动	5	资料考查、现场考查	
63			每年开展读书学习活动(2 分)、道德模范和身边好人评选表彰活动(3 分)	5		
64			每年定期宣传和普及农村绿色环保意识、质量安全意识(3 分),无铺张浪费现象(2 分)	5		
65		村民素质提升(15 分)	有计划地组织开展科普知识和农村实用技术培训,卫生健康知识、计划生育和防灾减灾、避险自救技能宣传活动(5 分),村民普遍掌握一门以上实用技术(5 分)	10	资料考查、现场考查	
66			开展文明信用户、星级文明户、好媳妇、好婆婆等创建活动	5		

续表

序号	评价内容	评价指标及分值		分值	考核方式	备注
67	六、乡风文明(80分)	文化建设(20分)	利用重要纪念活动和传统节日开展特色健康民俗活动	5	资料考查、现场考查	
68			建有相对固定的文体队伍(2分),定期开展文体活动(3分)	5		
69			定期开展党员远程教育活动	5		
70			通过宣传栏、阅报栏、公开栏、文化墙、文化大院、乡村大舞台、农家书屋、乡情村史陈列室等形式,丰富农村精神文明建设内容	5		
71		文化保护与传承(10分)	注重保护乡村风情风貌,村内的物质和非物质遗产得到保护和继承,保护历史文化名村、古村落	5	资料考查、现场考查	村内无需要保护内容的,此项不扣分
72			建立乡村传统文化和历史文化管护制度、落实管护责任单位和责任人	5		

【释义】

依据《美丽乡村建设规范 第5部分:乡风文明》(DB37/T 2737.5—2015)的内容,对"乡风文明"的评价主要是从村风民俗建设、道德风尚建设、村民素质提升、文化建设和文化保护与传承等5个方面进行考查,根据各方面的权重和目前村庄实际情况,分别赋予20分、15分、15分、20分、10分。

美丽乡村建设不仅包含经济的发展、设施建设等硬件方面的建设,而且还包含农村精神风貌的改善、村民素质的提高和文化水平发展等软件的建设,两者之间相互协调、相互促进。党的十七届六中全会让精神文明建设迎来了大发展、大繁荣的时机,要紧紧抓住这个大环境下的机遇,通过挖掘传统文化习俗、发展特色文化产业、开展多彩文体活动、加强地域文化宣传等途径，大力推进农村精神文明建设，突出乡村文化特色，推动美丽乡村的建设和发展。乡风民俗建设应以村风、民俗、习惯为重点，积极推进移风易俗，形成文明进步向上的新风尚。充分发挥村级自治组织的积极作用，引导村民自我教育、自我管理，培育文明新风。美丽乡村应有村规民约，每年开展政策宣讲活动。为引导村民群众崇尚科学，抵制封建迷信，杜绝黄赌毒，反对邪教，破除陋习，应建有相应的群众组织并积极发挥其作用。应建设良好的道德风尚，包括开展读书学习活动和表彰活动、宣传环保意识和质量安全意识、无铺张浪费现象等。农民的道德素质和文化水平是美丽乡村建设的精神动力和思想保证，应组织开展各种实用技术培训、文明新用户等的创建活动、文体活动、党员远程教育活动，采用各种形式丰富农村精神文明建设内容，提升农民文化素质和农民文明水平。

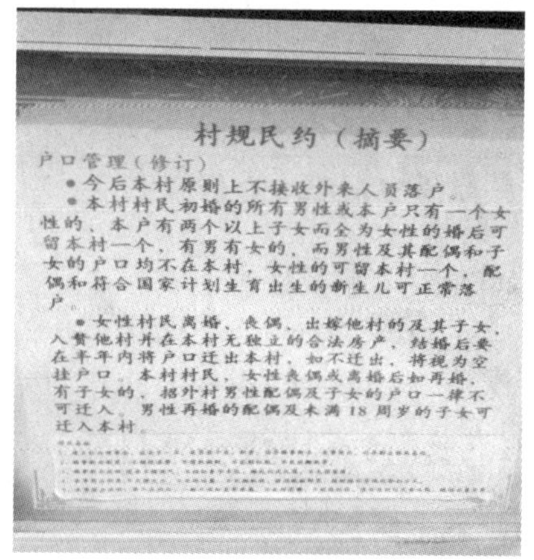

图 8-18　美丽乡村村务管理示例

不同自然条件、社会经济发展水平下，不同地区的村民文化观念和生活方式也存在较大差异。具有乡村传统文化，包含实体文化和非物质文化的村庄，应整体推进实体文化遗产与周边环境的综合保护，重视非物质文化的发掘传承，努力保存历史的真实性，突出乡村风貌的完整性，体现生活的延续性以及保护利用的可持续性。村内无保护内容的，此评价指标不扣分。

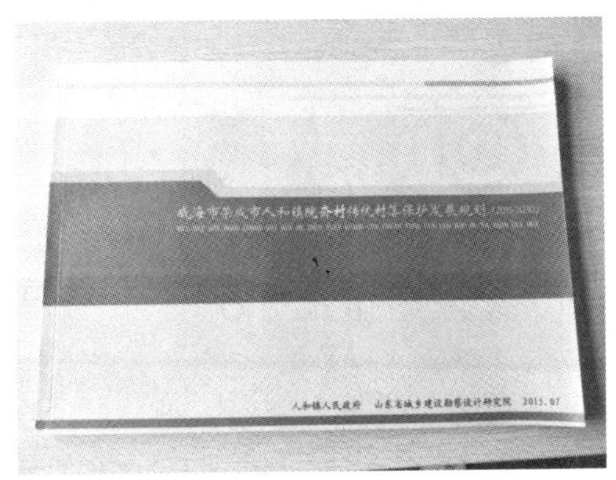

图 8-19　美丽乡村传统村落保护示例

【标准条文】

山东省美丽乡村评价指标表(续表)

<table>
<tr><th>序号</th><th>评价内容</th><th colspan="2">评价指标及分值</th><th>分值</th><th>考核方式</th><th>备注</th></tr>
<tr><td>73</td><td rowspan="5">七、村务管理(60分)</td><td rowspan="2">基层组织建设(15分)</td><td>村级基层组织健全，工作制度完善，村两委贯彻党的路线方针政策坚强有力，干群关系融洽</td><td>5</td><td>资料考查、现场考查</td><td></td></tr>
<tr><td>74</td><td>村党组织战斗堡垒作用和党员先锋模范作用充分发挥(5分)，村干部廉洁自律、作风民主、办事公道，无违法违纪行为(5分)</td><td>10</td><td>现场考查</td><td></td></tr>
<tr><td>75</td><td rowspan="3">规范化管理(20分)</td><td>村庄建设、运行管理、服务等制度健全(5分)，管理程序规范、操作严谨(5分)</td><td>10</td><td rowspan="3">资料考查</td><td></td></tr>
<tr><td>76</td><td>村内重大事项民主决策</td><td>5</td><td></td></tr>
<tr><td>77</td><td>村务财务每月公开一次</td><td></td><td></td></tr>
</table>

续表

序号	评价内容	评价指标及分值		分值	考核方式	备注
78	七、村务管理(60分)	平安建设(25分)	深入开展普法教育，村民遵纪守法意识强，合法权益得到保障	4	现场考查	
79			人民调解委员会、治保组织健全，及时化解群众矛盾，无影响恶劣的村民纠纷	4	资料考查、现场考查	
80			社会治安秩序良好，无刑事案件、安全事故发生，无黑恶势力和邪教活动，无黄赌毒等社会丑恶现象。发生以上任一现象，此项不得分	10		
81			村民依法生产、诚信经营，无造假售假现象	2		
82			建立畅通的信访工作机制，无非正常上访现象发生	5		
83	八、加分项(100分)		承担国家级、省级美丽乡村、农村综合改革等相关试点工作或建设经验得到国家、省的总结推广或作为生态文明乡村(美丽乡村)建设现场会现场，并较好地完成组织工作。国家级加50分，省级加30分。此项最高不超过50分	50		以文件或会议通知等为依据
84			获得各类国家级奖励或荣誉称号(20分)，获得各类省级奖励或荣誉称号(10分)，此项最高不超过30分	30		以文件或证书为依据
85			开展村民满意度调查，且满意度高于95 %以上	20		以满意度测评结果为依据

【释义】

农村的村务管理关系着农民的切身利益，关系着农村的稳定和发展，意义重大。完善和健全村务管理制度是切实保障村务公开民主管理工作能够顺利开展的重要保证。如果没有一个健全完善的村务管理法规，村务公开民主管理也就无从谈起。规范村务管理工作，是发展基层民主，增强基层组织的凝聚力和战斗力，构建和谐农村社会，推动广大农村党员干部群众积极参与民主决策、民主管理、民主监督，维护村集体、村干部、村民根本利益，从源头上预防和治理腐败现象发生的根本途径。依据《美丽乡村建设规范　第6部分：村务管理》(DB37/T 2737.6—2015)的内容，对“村务管理”的评价主要是从基层组织建设、规范化管理和平安建设等3个方面进行考查，根据各方面的权重和目前村庄实际情况，分别赋予15分、20分、25分。

健全的农村基层组织建设是党的全部工作和战斗力的基础。建设美丽乡村，必须大力加强农村基层党组织建设，不断增强农村基层党组织的创造力、凝聚力和战斗力，为推进美丽乡村建设提供坚强的组织保障。农村基层组织包括村党组织、村民委员会、共青团、妇女代表会、村务监督机构、村集体经济组织、村民兵连及其他民间组织，所有基层组织都应具有完善的工作制度、有力的党的路线方针政策、融洽的干群关系，此项作为评价指标之一。尤其是村党组织是党在农村的最基层的组织，是农村各种自治组织和各项工作的领导核心，是团结带领广大党员和群众建设美丽乡村的战斗堡垒，应具有遵纪守法、廉洁自律、民主管理的作风，这是较为重要的评价指标。

美丽乡村从长效管理和维护村民权益两个角度提出规范化管理和平安建设的评价指标。规范化管理涵盖了村庄建设、民主决策、村务财务等方面，涵盖面较广，未从细节一一列出作为评价指标。平安建设是对影响平安的一些事项进行评价，包括遵纪守法情况、村民纠纷及协调部门情况、社会治安情况、依法生产情况、信访工作情况等。

最后，附录A列出了加分项作为评价指标。承担国家级、省级美丽乡村、农村综合改革等相关试点工作或建设经验得到国家、省的总结推广或作为生态文明乡村(美丽乡村)建设现场会现场，并较好地完成组织工作的、获得各类国家级奖励或荣誉称号的、获得各类省级奖励或荣誉称号的以及开展村民满意度调查，且满意度高于95%以上的都可根据等级高低获得加分，具体以文件、会议通知或证书为依据。

【标准条文】

美丽乡村考核参考附录B　山东省美丽乡村评价考核评分依据表

附录B　（规范性附录）山东省美丽乡村评价考核评分依据表

评价内容	评价指标及分值		分值	考核评分依据
规划编制 （60分）	制定并严格实施美丽乡村建设规划或建设方案		20	应提供以村为单位编制的规划或建设方案（有条件的村可提供专业规划设计第三方设计的规划）
	规划或方案有特色，科学合理，操作性和指导性强，符合DB37/T 2737.1的要求		15	规划应体现该村的特色，符合该村的发展实际，操作性和指导性强，不应千篇一律、流于形式、浮于表面
	涵盖现状分析、定位与规模、村庄建设、村容环境、产业发展、公共服务、村务管理、保障机制等要素。缺一项要素扣5分，扣完为止		25	应涵盖现状分析、定位与规模、村庄建设、村容环境、产业发展、公共服务、村务管理、保障机制等要素
基础设施 （200分）	道路 （80分）	村庄道路布局科学合理，道路质量符合相关标准	10	村庄道路布局应科学合理，方便出行，道路质量应符合相关标准要求
		主干道硬化率达100%	25	主干道都应进行硬化，硬化的路面应维护良好，无大面积破损
		次干道及宅间道采用多种形式硬化	20	次干道和宅间道可就地取材进行多种形式硬化，硬化的路面应维护良好，无大面积破损
		村内主干道道路标志清晰	2	村内主干道应有符合相关标准规范要求的道路标志
		有必要的排水沟	13	主干道应配有必要的排水沟，保证主干道排水通畅
		道路设施齐全	10	村内主干道应有必要的配套道路设施
	给排水 （40分）	有符合要求的给水设施，自来水普及率达到90%，每减少10%扣5分，扣完为止	20	配有符合相关标准要求的给水设施，自来水普及率应超过90%
		有符合要求的排水设施并运行正常	10	有符合要求的排水设施并且运行正常
		村庄无污水乱排现象	10	村庄内没有污水乱排的现象

续表

评价内容	评价指标及分值		分值	考核评分依据
基础设施（200分）	供电、照明（50分）	供电设施符合GB/T156、DL/T 5118标准要求，无安全隐患	5	供电设施应符合国家标准、行业标准的要求，村庄内没有用电安全的隐患。电线线路安全、整齐、规范，无私拉乱扯现象
		村庄主干道和公共场所路灯安装率达100%，每降低10%扣5分	15	村庄主干道和公共场所都应安装路灯
		次干道和宅间道根据需要设置路灯，满足照明要求	10	次干道和宅间道也应根据照明需求安装路灯，以满足村民夜间出行需求
		路灯100%运行正常。每降低10%扣5分，扣完为止	20	路灯出现故障应及时维修，保证所有路灯运行正常
	通信（15分）	村庄内广播、电视、电话、网络、邮政等通信设施齐全，满足村民使用需求。缺一项扣5分，扣完为止	15	村庄内应设有广播、电视、电话、网络、邮政等通信设施，应保证齐全并满足村民使用需求
	安全（15分）	防火、防自然灾害等安全设施齐全	10	村庄内应有灭火器等必要的防火、防自然灾害等安全设施，有设施缺项的，一项扣5分，扣完为止
		标志明确	5	应有清晰明确、符合相关标准要求的标志。有标志不明确的，一项扣5分，扣完为止
村容环境（280分）	房屋建设（30分）	村庄房屋建设具有整体特色风格	10	村庄房屋建设应因地制宜体现当地的特色风格，建筑材料可就地取材
		村庄房屋布局科学合理	5	房屋布局规划应科学合理
		外墙整洁美观，热水器、空调等设施安装规范	5	房屋外墙应整洁美观，不应有小广告等乱贴乱画现象，热水器、空调等设施在外墙应安装规范
		无危房和影响景观的棚舍、残破或倒塌的墙体	5	不应有危房、乱搭乱建、残破或倒塌的墙体或影响村庄村容的棚舍等现象
		无乱搭乱建现象	5	不应有乱搭乱建等现象

续表

评价内容	评价指标及分值		分值	考核评分依据
村容环境（280分）	村容维护（30分）	村庄内干净整洁，宣传栏、广告牌等整洁有序，无乱贴乱画现象	5	村庄内应保持卫生干净整洁，宣传栏、广告牌等应有序摆放，不应有乱贴乱画现象
		生产生活用品集中有序存放，无安全隐患	5	机动三轮车、收割机等生产生活用品应集中有序存放，不应存在安全隐患
		无露天焚烧垃圾和秸秆现象	10	村庄内不应有露天焚烧垃圾和秸秆的现象，秸秆可统一回收进行再利用
		村民家庭卫生整洁，村民卫生习惯良好，自觉维护村庄环境，无乱倒填埋生活垃圾现象	10	村民家庭卫生应保持整洁，村民具有良好的卫生习惯，能够自觉地维护村庄环境，没有乱倒填埋生活垃圾的现象
		村庄按标准配备垃圾箱、运输车辆和保洁队伍	10	村庄应按照标准配备足数的垃圾箱，可委托第三方开展垃圾收运工作，并应有相对固定的保洁队伍维护村庄卫生环境
		村庄干净卫生、无垃圾死角	10	村庄应保持干净卫生，不应有垃圾死角
	环境卫生（70分）	垃圾分类收集与存放	10	垃圾箱应设有分类标识，垃圾进行分类收集与存放
		建立村庄环境卫生长效机制	10	应建有村庄环境卫生长效管护的制度性文件，并按照制度进行实施
		村庄无土堆、粪堆、柴草堆等情况	10	村庄不应有土堆、粪堆和柴草堆等影响村容的现象
		划定畜禽养殖区域，人畜分离，无畜禽乱跑现象	10	畜禽养殖应划定区域，人居与畜禽饲养分开、生产区与生活区分离。村庄内没有猪、羊等畜禽乱跑的现象
		有污水处理设施，并运行正常	10	村庄应建有污水处理设施或者并入污水处理管网，并运行正常
	村庄绿化（40分）	林草覆盖率山区≥80%，丘陵≥50%，平原≥35%，每降低10%，扣2分，扣完为止	10	以第三方提供数据为依据。林草覆盖率(%)=林草地面积之和÷全村土地总面积×100%，以相关部门提供的数据为准。并应达到相应百分比的要求
		村庄街道、河道两侧及农宅之间适宜绿化的全部绿化	15	村庄道路、河道两侧及农户住宅之间适宜绿化的应全部进行绿化

续表

评价内容	评价指标及分值		分值	考核评分依据
村容环境（280分）	村庄绿化（40分）	村庄建有一定面积的公共绿地	5	村庄还应建有一定面积的公共绿地
		村庄内庭院合理绿化美化	10	村民庭院应进行合理绿化美化。绿化可采取种植果树、蔬菜、花草等各种形式，庭院应保持干净整洁，物品摆放合理
	池塘保护（10分）	村庄池塘保护良好并进行生态化治理	10	村庄中有池塘的应进行保护和生态化治理，不应有垃圾等废弃物
	户用厕所（40分）	传统农村厨房得到改造	5	传统农村厨房应改为煤气、天然气等
		厨房内清洁卫生	5	厨房内应保持清洁卫生
		户用卫生厕所覆盖率≥90%，每减少10%扣5分，扣完为止	25	以第三方提供数据为依据。村庄应进行无害化卫生厕所改造，覆盖率≥90%
		卫生厕所实行粪便无害化处理，符合GB 7959国家标准要求，并建立长效机制	15	卫生厕所应实行粪便无害化处理，符合GB 7959国家标准要求，并建立长效清运管护机制
	病媒及有害生物综合防治（10分）	每年定期对鼠、蝇、蚊、蟑螂等病媒及有害生物进行有效综合防治	10	每年通过设置鼠药投放点、定期发药等方式对鼠、蝇、蚊、蟑螂等病媒及有害生物进行有效综合防治
	农业污染防治（30分）	农膜回收率≥80%，每减少10%扣2分，扣完为止	5	以第三方提供数据为依据。农膜应进行回收，回收率≥80%
		农作物秸秆综合利用率≥70%，每减少10%扣3分，扣完为止	5	农作物秸秆应进行还田等方式回收综合利用，农作物秸秆综合利用率≥70%
		畜禽粪便（粪污）综合利用率≥80%	10	以第三方提供数据为依据。利用畜禽粪便生产有机肥、饲料和沼气等方法实现畜禽粪便综合利用，畜禽粪便（粪污）综合利用率≥80%
		病死畜禽无害化处理率达100%	5	病死畜禽应进行无害化处理，病死畜禽无害化处理率达100%

续表

评价内容	评价指标及分值		分值	考核评分依据
村容环境（280分）	农业污染防治（30分）	水产养殖废水达标排放	5	水产养殖废水排放质量应达到相关标准要求
	工业污染防治（10分）	工业企业污染物排放达标率100%	10	以第三方提供数据为依据。具有工业企业的村庄污染物的排放应达到相关标准要求，不应将未经处理的污染物排到河道、坑塘及地下水中，污染物排放达标率应达100%
	主导产业（35分）	产业发展思路明确、布局和结构合理，目标符合当地实际，注重生态循环经济和清洁生产	10	村庄应有思路明确、布局结构合理的产业发展模式，产业发展的目标应切合当地实际情况，并应注重生态循环经济和清洁生产
		村庄有主导产业，特色突出，并形成一定规模，一、二、三产业融合发展	10	村庄应有主导产业，特色应突出且具有一定的规模，能够实现一、二、三产融合发展
		村级集体经济有稳定的收入来源	5	村级集体经济应有稳定的收入来源，不限于各种形式
		能够满足开展村务活动和保障公共服务的需要	10	能够满足开展村务活动和保障公共服务的需要
	农村经济水平（10分）	农村经济总收入较上年有所增长	5	村庄经济总收入应比上年有所增长
		村庄无贫困户	5	村庄实现脱贫
	农民人均可支配收入（15分）	农民人均可支配收入高于全省平均水平10%，每减少1%扣1.5分	15	以第三方提供数据为依据。农民人均可支配收入高于全省平均水平10%，全省农民人均可支配收入可参见每年相关部门提供的数据
	新型经营主体（10分）	有种养大户或家庭农场、专业合作社、龙头企业等新型经营主体，且运行良好	10	村庄内有种养大户或家庭农场、专业合作社、龙头企业等新型经营主体，能够规范有序运行

续表

评价内容	评价指标及分值		分值	考核评分依据
村容环境（280分）	农业生产基础设施与装备（10分）	农业基础设施完善，配备先进、适用的现代化农业生产设施设备（或委托农业社会化服务机构）	10	农业基础设施应配置完善，配有先进适用的如耕地器械、播种器械、育苗器械等现代化农业生产设施设备，或委托农业社会化服务机构进行统一运作、管理。实现农业生产机械化
	农产品质量（15分）	主要农产品采用标准化生产、有特色农业品牌	5	主要农产品采用标准化生产，并有特色农业品牌
		主要农产品中有机食品、绿色食品、无公害农产品种植面积的比重≥60%	5	主要农产品中有机食品、绿色食品、无公害农产品应取得相应资格证书，且种植面积的比重≥60%，以第三方提供数据为依据
		农产品能够实现可追溯	5	农产品应通过纸质记录等多种方式实现追溯
	乡村工业（10分）	发展农产品产地初加工、精深加工和综合利用，提高产品附加值。引导企业进入工业园区，防止高污染、高耗能、高排放企业向农村转移	10	应因地制宜地发展农产品产地初加工、精深加工和综合利用，提高产品附加值，如面粉、豆腐、粉条、果脯、果汁加工等。企业应引导进入工业园区，防止高污染、高耗能、高排放企业向农村转移
	乡村服务业（15分）	依托乡村资源，加快发展各类服务业	15	应依托乡村资源，加快发展农家乐、渔家乐、乡村旅游等各类服务业
农村公共服务（20分）	为农服务中心建设（20分）	建有为农服务中心并且运行规范	20	应建有为农或社区服务中心（或具有相应功能的办公场所），应提供各项服务，运行规范
	医疗卫生（30分）	农村卫生室建筑面积不小于80平方米，设有诊断室、治疗室、公共卫生室、观察室、值班室和药房（10分）	10	应设有村卫生室（在村2千米范围内有具备条件的医院或卫生室的，村民可以便捷地享受到医疗公共卫生服务的，不需重复建设），建筑面积不小于80平方米，并有诊断室、治疗室、公共卫生室、观察室、值班室和药房

续表

评价内容	评价指标及分值		分值	考核评分依据
农村公共服务（20分）	医疗卫生（30分）	设备符合山东省村卫生室基本设备配置标准要求	5	卫生室设备应符合山东省村卫生室基本设备配置标准要求
		从事预防、保健和医疗服务的村卫生室人员取得相应执业资格，并遵守医务人员医德规范及医疗机构从业人员行为规范	5	从事预防、保健和医疗服务的村卫生室人员应具有相应执业资格，并遵守医务人员医德规范及医疗机构从业人员行为规范
		遵守县级卫生计生行政部门制定的村卫生室有关规章制度	5	卫生室应遵守县级卫生计生行政部门制定的村卫生室有关规章制度
		村民普遍享受公共卫生服务	5	村民能够普遍享受公共卫生服务
	公共教育（30分）	学前三年毛入园率≥85%。无适龄儿童的村，此项不扣分	15	以第三方提供数据为依据。村庄适龄儿童应进行相应的幼儿园教育，学前三年毛入园率≥85%
		九年义务教育巩固率≥98%。无适龄儿童的村，此项不扣分	15	以第三方提供数据为依据。村庄适龄儿童应进行相应的九年义务教育，九年义务教育巩固率≥98%。无因贫失学现象
	文化体育（30分）	综合性文体服务中心，面积不低于200平方米，基本功能空间包括图书报刊阅览室（农家书屋）、公共电子阅览室、文体活动室、综合展览室，面积每减少50平方米或者每缺少一个功能空间扣5分，扣完为止	10	村庄应建有综合性文体服务中心（或活动中心），面积不小于200平方米，基本功能空间包括图书报刊阅览室（农家书屋）、公共电子阅览室、文体活动室、综合展览室，为村民提供读书阅览等公共服务

续表

评价内容	评价指标及分值		分值	考核评分依据
农村公共服务（20分）	文化体育（30分）	文体公共活动广场，面积不低于500平方米，并有灯光、有源音箱、球类设施、健身器材等配套设施设备，面积每减少100平方米扣5分，扣完为止	10	村庄应建有文体公共活动广场，面积不小于500平方米，并有灯光、有源音箱、球类设施、健身器材等配套设施设备，为村民文体活动提供服务
		建有公共阅报栏、村级广播系统	10	村庄应建有公共阅报栏、村级广播系统，方便村民及时获取信息
	社会保障（50分）	落实各项村庄困难群体和老年人、残疾人、孤儿等特殊群体社会保障制度	5	村庄困难群体和老年人、残疾人、孤儿等特殊群体都应得到相应的社会保障制度
		定期组织开展送温暖、献爱心等志愿服务活动	5	村庄应定期为其组织开展送温暖、献爱心等志愿服务活动
		实现居民基本养老保险全覆盖	5	以第三方提供数据为依据。村民应全部实现基本养老保险参保
		居民基本医疗保险参保率≥97%	5	以第三方提供数据为依据。村民应全部实现基本医疗保险参保
		农村最低生活保障目标人群覆盖率100%	5	以第三方提供数据为依据。村庄应享受低保的人群，全部享受低保待遇。最低生活保障目标人群应达到全覆盖
		农村五保供养目标人群覆盖率达到100%	5	农村五保供养目标人群应达到全覆盖，以第三方提供数据为依据
		集中供养率≥70%	5	五保集中供养率≥70%，以第三方提供数据为依据
		符合民政部门补贴要求的失能老年人，护理补贴覆盖率100%	5	以第三方提供数据为依据。符合民政部门补贴要求的失能老年人，护理补贴应达到全覆盖
		低收入家庭身故者殡葬补贴覆盖率达到100%	5	以第三方提供数据为依据。低收入家庭身故者殡葬补贴应达到全覆盖
		被征地村民按相关规定参加相应的社会保障	5	被征地村民按相关规定应参加相应的社会保障

续表

评价内容	评价指标及分值		分值	考核评分依据
农村公共服务（20分）	公共安全（20分）	治安制度健全，有村级综治管理人员	5	村庄应建有健全的治安管理制度文件，设有村级综治管理人员
		建有村庄治安防控体系及公共安全视频监控系统	5	村庄应建有公共安全视频监控系统和治安防控体系
		近三年内无消防安全事故；无用电安全事故；无食品安全事故；无校车安全事故；无校园安全事故。发生任一事故，此项不得分	5	村庄近三年内应无消防安全事故、用电安全事故、食品安全事故、校车安全事故、校园安全事故
		设有自然灾害应急避难场所	2	村庄应设有自然灾害应急避难场所（无划定专有区域可利用文体活动广场），并设有清晰标志
		突发事件应急预案	3	村庄应设有突发事件应急预案文件
	便民服务（20分）	建有便民服务机构	5	村庄应建有便民服务机构
		代办农业服务、社会事业服务、劳动保障、救助服务、法律援助、资源交易等服务，缺一项服务扣1分，扣完为止	5	代办农业服务、社会事业服务、劳动保障、救助服务、法律援助、资源交易等服务
		村庄有客运站点	5	村庄应建有客运站点，方便村民出行
		建有完善的商业服务网点，设有服务设施，能提供多项或综合服务	5	村庄应建有完善的商业服务网点，设有小超市等并具有服务设施，能提供多项或综合服务
乡风文明（80分）	村风民俗建设（20分）	有村规民约	5	应有村规民约并保存完好，并依据村规民约办理村内事务
		每年开展政策宣讲活动	5	每年应开展政策宣讲等活动，普及国家、省、市、县等的政策文件精神
		建有规范的道德评议会、红白理事会、禁毒禁赌会等群众组织	2	建有规范的道德评议会、红白理事会、禁毒禁赌会等群众组织，并有相应的文件，且正常运转

续表

评价内容	评价指标及分值		分值	考核评分依据
乡风文明（80分）	村风民俗建设（20分）	村内无封建迷信、婚丧大操大办的现象	3	村内无封建迷信、婚丧大操大办的现象
		有公共墓地或灵堂	2	村庄建有公共墓地或灵堂
		无乱埋乱葬等现象	3	无乱埋乱葬等现象
	道德风尚建设（15分）	开展爱国主义、集体观念、道德、法治、诚信等教育活动	5	开展爱国主义、集体观念、道德、法治、诚信等教育活动，宣扬社会主义核心价值观，并建有照片或纸质版的存档记录
		每年开展读书学习活动	2	每年开展读书学习活动，并建有照片或纸质版的存档记录
		每年开展道德模范和身边好人评选表彰活动	3	每年开展道德模范和身边好人评选表彰活动，并建有照片或纸质版的存档记录
		每年定期宣传和普及农村绿色环保意识、质量安全意识	3	每年定期宣传和普及农村绿色环保意识、质量安全意识，并建有照片或纸质版的存档记录
		无铺张浪费现象	2	村民无铺张浪费现象
	村民素质提升（15分）	有计划地组织开展科普知识和农村实用技术培训，卫生健康知识、计划生育和防灾减灾、避险自救技能宣传活动	5	应有计划地组织开展科普知识和农村实用技术培训，卫生健康知识、计划生育和防灾减灾、避险自救技能宣传活动，并建有照片或纸质版的存档记录
		村民普遍掌握一门以上实用技术	5	村民普遍掌握一门以上实用技术，以维系家庭基本生活
		开展文明信用户、星级文明户、好媳妇、好婆婆等创建活动	5	公开开展文明信用户、星级文明户、好媳妇、好婆婆等创建活动，并在村庄进行张榜或者建有照片或纸质版的存档记录
	文化建设（20分）	利用重要纪念活动和传统节日开展特色健康民俗活动	5	利用国庆节、中秋节等重要纪念活动和传统节日开展特色健康民俗活动，并建有照片或纸质版的存档记录

续表

评价内容	评价指标及分值		分值	考核评分依据
乡风文明（80分）	文化建设（20分）	建有相对固定的文体队伍	2	村庄建有相对固定的文体队伍
		定期开展文体活动	3	能够定期开展文体活动，应建有照片或纸质版的存档记录
		定期开展党员远程教育活动	5	定期开展党员远程教育活动，有远程教育相关设备，并建有照片或纸质版的存档记录
		通过宣传栏、阅报栏、公开栏、文化墙、文化大院、乡村大舞台、农家书屋、乡情村史陈列室等形式，丰富农村精神文明建设内容	5	通过宣传栏、阅报栏、公开栏、文化墙、文化大院、乡村大舞台、农家书屋、乡情村史陈列室等张贴、摆放和宣扬农村精神文明建设内容
	文化保护与传承（10分）	注重保护乡村风情风貌，村内的物质和非物质遗产得到保护和继承，保护历史文化名村、古村落	5	注重保护乡村风情风貌和历史沿革。村内具有物质和非物质遗产应对其进行保护和继承，设有保护标志等。具有保护价值的祠堂、寺庙、墓群等古建筑、古树木等得到有效保护
		建立乡村传统文化和历史文化管护制度，落实管护责任单位和责任人	5	历史文化名村和传统古村落应进行保护，并建有保护制度文件、规划等，并落实管护责任单位和责任人
村务管理（60分）	基层组织建设（15分）	村级基层组织健全，工作制度完善，村两委贯彻党的路线、方针、政策坚强有力，干群关系融洽	5	村级基层组织健全，应有工作制度文件，村两委贯彻党的路线、方针、政策坚强有力，干群关系融洽，村民满意度高
		村党组织战斗堡垒作用和党员先锋模范作用充分发挥	5	村党组织战斗堡垒作用和党员先锋模范作用充分发挥
		村干部廉洁自律、作风民主、办事公道，无违法违纪行为	5	村干部廉洁自律、作风民主、办事公道，无违法违纪行为

续表

评价内容	评价指标及分值		分值	考核评分依据
村务管理60分	规范化管理（20分）	村庄建设、运行管理、服务等制度健全	5	村庄建设、运行管理、服务等均有相应的制度文件
		管理程序规范、操作严谨	5	管理程序规范、操作严谨
		村内重大事项民主决策	5	村内重大事项应民主决策，并应建有相应的记录
		村务财务每月公开一次	5	村务财务每月应在公开栏或宣传栏等供村民参阅处进行公开
	平安建设（25分）	深入开展普法教育，村民遵纪守法意识强，合法权益得到保障	4	深入开展普法教育，村民遵纪守法意识强，合法权益得到保障，应建有照片或纸质版的存档记录
		人民调解委员会、治保组织健全，及时化解群众矛盾，无影响恶劣的村民纠纷	4	人民调解委员会、治保组织健全，并建有相应组织和文件，能够及时化解群众矛盾，无影响恶劣的村民纠纷
		社会治安秩序良好，无刑事案件、安全事故发生，无黑恶势力和邪教活动，无黄、赌、毒等社会丑恶现象。发生以上任一现象，此项不得分	10	社会治安秩序良好，无刑事案件、安全事故发生，无黑恶势力和邪教活动，无黄、赌、毒等社会丑恶现象
		村民依法生产、诚信经营，无造假售假现象	2	村民依法生产、诚信经营，无造假售假现象
		建立畅通的信访工作机制，无非正常上访现象发生	5	建立畅通的信访工作机制，无非正常上访现象发生
		承担国家级、省级生态文明乡村（美丽乡村）、农村综合改革等相关试点工作或建设经验得到国家、省的总结推广或作为生态文明乡村（美丽乡村）建设现场会现场，并较好地完成组织工作。国家级加50分，省级加30分。此项最高不超过50分	50	承担国家级、省级生态文明乡村（美丽乡村）、农村综合改革等相关试点工作或建设经验得到国家、省的总结推广或作为生态文明乡村（美丽乡村）建设现场会现场，并较好地完成组织工作，并有照片或纸质版的存档记录

续表

评价内容	评价指标及分值		分值	考核评分依据
加分项（100分）		获得各类国家级奖励或荣誉称号（20分），获得各类省级奖励或荣誉称号（10分），此项最高不超过30分	30	获得各类国家级奖励或荣誉称号，获得各类省级奖励或荣誉称号，并有相应的证书、文件等证明材料
		开展村民满意度调查，且满意度高于95%以上	20	开展村民满意度调查，且满意度高于95%以上，并有满意度测评的记录

第三篇

山东省美丽乡村建设标准化实践

（案例）

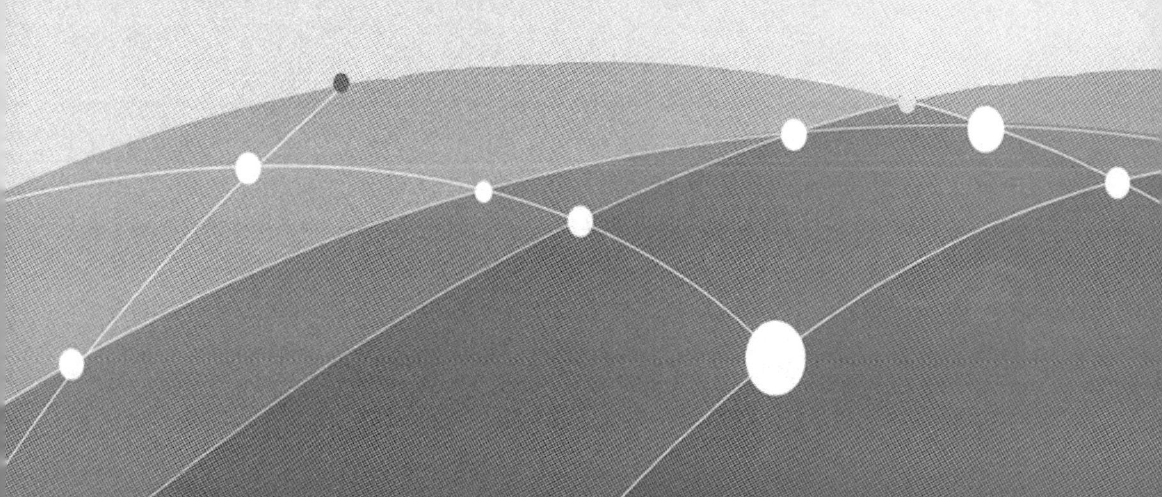

第九章　人间仙境　美丽乡村

——蓬莱市美丽乡村标准化试点实践

蓬莱市以建设“村容整洁环境美、村强民富生活美、村风文明人文美、村稳民安和谐美”的“四美”乡村为目标，以健全和推广美丽乡村标准化体系为重点，统筹谋划、扎实推进项目建设工作，取得了明显成效，成功实施了全国美丽乡村建设标准化示范区项目，成功创建了山东省生态文明乡村建设示范县，并参与起草了山东省《美丽乡村建设规范》系列地方标准，荣获“中国最美丽县”称号；中央电视台《新闻联播》和《人民日报》等100多家媒体对蓬莱市的创建工作进行了宣传报道，初步叫响“人间仙境、美丽乡村”的靓丽品牌。

一、标准化工作主要做法

2012年，中共蓬莱市委、市政府超前谋划，科学引领，适应新型城镇化和新农村建设发展的新形势，率先创造性地开展了以“村容整洁环境美、村强民富生活美、村风文明人文美、村稳民安和谐美”为主要内容的蓬莱美丽乡村创建活动。

（一）领导重视、健全组织、夯实基础

成立领导小组，分管市长为组长，新农办、组织部、市场监管局等部门负责人为成员，负责示范区建设的组织协调和整体管理；组织制定示范区的实施方案和年度实施计划；组织检查，开展监督，进行考核。办公室（市委新农办）牵头抓总负责，推进创建工作和处理日常事务，积极召开蓬莱美丽乡村标准化示范区创建工作调度会议及座谈会。

（二）创新机制、有效推动、形成合力

一是整合智慧。美丽乡村建设涉及面广，内容丰富，为确保各方面成果、经验得到有效转化，组建了由20余名新农村建设及标准化专家组成的美丽乡村标准化专家库，专门从事指导美丽乡村标准化示范区建设工作，形成了人才保障机制。二是汇合智力。结合全市“情系万家进基层”和“三包一驻”活动，采取领导干部蹲点、部门单位包村、机关干部包户、第一书记驻村的形式，为每个重点创建村居都安排1名市级领导联系、2个市直部门帮建和1个"第一书记"驻村帮助开展工作，形成强有力的配套联动机制，汇聚了各方智力。三是凝聚合力。加强与参建部门沟通，采取"4＋X"模式整合社会资源，集合领导、财政、部门和企业四方面力量，即市级领导联系、财政资金支持、市直部门帮扶、民营企业共建，吸引聚集社会其他资源和力量，各司其职，群策群力，实现了社会帮扶的效果最大化。四是增强动力。制定出台了《蓬莱市美丽乡村示范片创建财政奖补资金使用管理办法(试行)》，明确了奖补范围和标准，充分发挥财政资金的导向和撬动作用，四年投入专项资金2.5亿元，带动全市村居、企业和社会各方力量累计投入15.5亿元，启动创建项目1671个。五是传导压力。严格督导考核，将美丽乡村创建纳入对镇街的岗位目标责任制考核，科学设置考核事项和计分权重，推行项目化管理办法，对创建单位逐一建立重点项目工作台账，实行"销号"管理，根据项目开工时序和时间节点，采取分散和集中相结合的方式，定期、不定期地深入现场进行督导，及时总结经验，发现并协调解决问题。六是激发活力。发挥新闻媒体作用，对新农村建设典型及动态进行宣传报道，在《人民日报》《大众日报》《山东侨报》《烟台日报》等多家媒体刊发文章100多篇，组织了"蓬莱美丽乡村主题摄影大赛""新闻媒体走进美丽乡村"等大型活动，打响了品牌。蓬莱市美丽乡村标准化试点工作机制如图9-1所示。

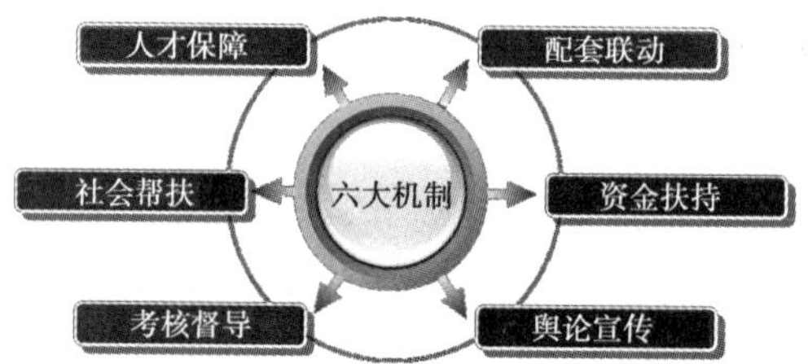

图9-1　蓬莱市美丽乡村标准化试点工作机制

(三)立足实际、制定标准、完善体系

一是突出村庄特色。培植特色村庄，是蓬莱美丽乡村创建活动的一项重要任务，打造特色是"美丽乡村"的根基所在、优势所在，丢了特色就远离了创建活动的初衷。要紧紧围绕"四美"标准，结合各自实际，明确主攻方向，更多地在挖掘资源、彰显特色上做文章，努力做到"人无我有、人有我优、人优我精"。二是突出长远发展。创建美丽乡村只是起点，最终目的是要实现富民强村。因此，要引导各级始终绷紧"经营"这根弦，按照有利于村庄长远发展的原则，谋划工作，推进工作，要注重通过完善基础设施、改善村容村貌，努力打造村庄的外在美，更要通过挖掘资源、发展产业，加快提升村庄的内涵美，要保证打造的美丽乡村典型都能“树得起、立得住、站得稳、留得下”，而不是昙花一现。三是突出长效管理。围绕村庄产业发展、环境卫生、精神文明、和谐稳定等方面，尽快建立起一套完善的长效管理体系，健全完善村规民约，落实各方工作责任，实现美丽乡村建设的持久化、规范化、制度化。

二、标准化试点建设内容

（一）坚持统筹谋划、整体推进，不断完善美丽乡村标准化建设思路

牢固树立“民心所向即行动方向”理念，根据形势发展和群众期盼，适时调整工作思路和工作重点，真正把美丽乡村建成民生工程、民心工程，实施了“五年三步走”战略：一是培植典型，以点带面。创建工作启动伊始，蓬莱市按照“典型示范、辐射带动”的思路，通过集中力量培植打造一批先进典型，引导他们高点定位，着力提升“四美”水平、丰富“四美”内涵、展现“四美”风貌。市里通过领导评议、组委会考核、媒体投票相结合的方式，发动全民参与评选，并大张旗鼓地进行表彰奖励和宣传推介，在全市树立标杆、营造氛围，用实实在在的成绩，让群众看到变化，看到实惠，变“要我创”为“我要创”，有效启动了内力，挑起了竞争。二是串点成线，连片打造。“一枝独放不是春，百花齐放春满园。”随着典型的成熟和数量的积累，蓬莱市逐步把创建重点放到示范片打造上。按照“彰显特色、串点成线、连片打造”的思路，在全市规划建设了 8 个美丽乡村示范片区，覆盖 150 多个村居，集中连片打造，进一步凸显了工作成效，放大了规模效应和辐射效应。截至目前，大辛店镇丘山山谷示范片、潮水镇女王山示范片、刘家沟镇葡萄长廊示范片等示范片区已经成功打造成为“有看点、能接待、促增收”的精品示范片区。其中，丘山山谷旅游区还荣获“山东省休闲农业与乡村旅游示范点”称号。三是普惠共建，整体达标。典型示范是手段，全面提升才是目的。2015 年，蓬莱市在总结以往工作的基础上，积极打造美丽乡村升级版，主要是围绕实现美丽乡村全域覆盖达标，在全市实施了以惠农资金支持为主的普惠政策，全面推动农村基础设施建设和环境整治，推动美丽乡村建设与乡村旅游融合发展，努力实现美丽乡村建设制度化、常态化。

（二）坚持分类指导、综合施策，精准把握美丽乡村标准化建设重点

蓬莱市共有 576 个村，村情各异。在思路落地工作中，蓬莱市坚持因地制宜，分类指导，分批推进。

一是突出“四美标准”树标杆。把“村容整洁环境美、村强民富生活美、村风文明人文美、村稳民安和谐美”作为争创美丽乡村的共同标准和指导性目标，并细化为 4 大类 29 项具体工作，每年按照“村庄自主申报、镇街筛选提报、市里研究审核”程序，从基础较好、环境优美、交通便利、特色突出、具有乡村旅游发展潜

力的规划保留村中筛选确定一批重点创建村，采取领导联系、部门包帮、干部驻村、村企共建、政策倾斜等措施，集中力量重点培植打造；每年年底坚持好中选优原则，采取公众参与、考核评议等综合评选方式，通过镇街推荐、组委会考核、群众投票、镇街部门评议等办法进行评选，对评选出的“蓬莱美丽乡村”和“蓬莱幸福社区”给予奖励资金40万元。截至目前，全市已累计评选出“蓬莱美丽乡村”67个、“蓬莱幸福社区”16个，成功打造了一批风格迥异、特色鲜明的美丽乡村。

二是推进“四化四有”抓普惠。围绕“在烟台地区率先实现全域美丽”的目标，蓬莱市在全市启动实施了“四年行动计划”，即每年筛选确定100个左右村居，集中各方力量按照“四化四有”标准抓达标，争取到2020年全市基本实现美丽乡村达标村全域覆盖。工作中，把“硬化、绿化、亮化、净化，有办公场所、有文化阵地、有文明一条街、有长效保洁机制”作为普惠共建、整体达标的切入点和着力点，专门制定出台奖补政策，支持农村大力实施环境改善、百村硬化、万户改厕、水系整治、农网改造、文化惠民、保障安民、平安建设等八大工程，切实改善农村生产生活条件。截至目前，12个镇街全部建设了垃圾中转站，576个村居全部纳入城乡环卫一体化管理；农村公路网化工程累计硬化乡村道路450千米，新增村内道路硬化300多万平方米，实现了由“村村通”到“村内通”“路路通”“网络化”的转变；全市改建三格化粪式无害化卫生厕所3.8万座，完成无害化厕所改造10.6万户，无害化厕所普及率达到73.1%；完成了29座中小型水库除险加固任务，高效节水灌溉面积达到12.9万亩；新增绿化造林5.6万亩，森林覆盖率达到48%以上；对483个行政村进行了农网改造升级，极大地提高了农村供电保障能力。全市共建成“四化四有”达标村217个，A、B两级村庄达标率为56.08%。

三是落实“四个提升”上档次。美丽乡村建设不能一蹴而就，必须持续用力、久久为功。为此，蓬莱市健全完善了美丽乡村动态管理机制，制定出台了《“蓬莱美丽乡村”动态管理办法》，将所有获评村居全部纳入动态管理，按照“环境提升、景观提档、经营提效、服务提质”要求，指导获评村居科学制定巩固提升方案，努力在更高层次创先进、出精品。尤其是立足旅游城市资源、区域、品牌优势，充分整合好“仙、海、阁”“酒、湖、马”和“山、林、泉”旅游资源，把县域当作美丽景区来规划，把美丽乡村当代景点来设计，把交通沿线当作风景长廊来建设，大力发展休闲度假、养生养老、农耕体验等农村新业态，使农村发展主动融入全域旅游战略，切实增强村庄发展后劲，成功打造了一批立得住、叫得响的先进典型，实现了美丽乡村建设与乡村旅游发展互惠共赢。截至目前，全市共创建省级旅游强乡镇5个、旅游特色村10个、省级工农业旅游示范点9处和休闲农业与乡村旅游示范点1处；木兰沟村、马家沟村获评中国乡村旅游模范村；马家沟村还被评为

“2013 中国最有魅力休闲乡村”，并连续三年获得“好客山东最美乡村”称号。

(三)坚持资源整合、齐抓共管，多方凝聚美丽乡村标准化建设合力

美丽乡村标准化建设是一项系统工程，涉及面广，工作量大。工作中，蓬莱市采取“4＋X”模式，即通过市级领导联系、市直部门帮扶、财政资金支持、民营企业共建等途径，多方凝聚合力，支持村庄开展创建活动。市级领导联系。安排所有市级领导联系镇街和重点创建村，定期深入村居现场办公，协调解决工作中遇到的困难和问题。市直部门帮扶。深入开展“情系万家进基层”“三包一驻”等活动，本着党群部门包难村、经济部门包穷村、农科部门包专业村的原则，安排 134 个市直部门、单位与村庄开展结对帮扶。近年来，各包村部门、单位累计启动帮扶项目 542 个，协调投入 7000 多万元。财政资金支持。市财政每年都安排专项资金，采取以奖代补形式，支持美丽乡村创建活动。5 年来，财政专项扶持资金累计达到 2.7 亿元。民营企业共建。发挥基层商会及工商联作用，动员全市企业界朋友反哺乡村、回报社会，支持创建工作开展。先后有 340 多家企业参与到活动中来，累计实施基础建设、民生改善、产业发展等项目 800 多个，完成投入 7.2 亿元。

三、试点取得的成就

经过三年的创建，蓬莱先后打造出 67 个美丽乡村，获批山东省生态文明乡村建设示范县创建单位和“一事一议”奖补美丽乡村建设试点县、山东省卫生厕所改造试点县，荣获“中国最美丽县”称号，中央电视台《新闻联播》等 100 多家新闻媒体宣传报道了建设成果，新华社《山东参考》和山东省人民政府《参事建议》专题刊发有关做法，得到领导肯定，初步实现了“宜居宜业宜游”的目标。2016 年，蓬莱市美丽乡村农业综合标准化示范项目顺利通过了专家评审。

(一)实现了宜居

通过标准化规划引导，村庄空间更加合理，农民建房更加有序，农居风貌更加和谐，以前的“脏乱差”农村变成了“洁绿亮净美”的美丽乡村。全市农村生活垃圾收集覆盖率达 100％，太阳能特色村覆盖面达到 98.3％，80％的行政村实现生活污水无害化处理，解决了 15.5 万农村人口的安全饮水问题，10.6 万户完成了旱厕改造，90％行政村建立了标准化劳动保障平台，农村医疗、教育、社保、文化、通信等基本公共服务项目与城镇种类无差异，质量相一致。

(二)实现了宜业

“蓬莱美丽乡村”标准化示范区建设，彻底改变了传统的农业生产和发展模式，农业、旅游业、制造业、食品加工等产业项目齐头并上，已发展苹果矮砧集约栽培示范园、生态循环农业示范园、联网系统应用技术示范园 8 处，标准化示范

养殖场12个，渔业科技示范基地2处，建成无公害农产品生产基地30万亩(20000公顷)，绿色食品基地15万亩(10000公顷)，生态循环示范基地28个，畜禽养殖标准化示范场12处，省级海洋牧场5600亩(373.3公顷)，优质葡萄基地种植面积达到16.8万亩(11200公顷)，30余个产品通过了无公害农产品认证，50余个产品获得绿色食品标志使用权，拥有省级旅游强乡镇5个、省级旅游特色村10个、"好客人家"星级渔(农)家乐102家。

(三)实现了宜游

通过示范创建，整体撬动了蓬莱农村地区的旅游资源，打造出了北部沿海示范片的"仙、海、阁"，丘山山谷示范片的"酒、湖、马"和艾崮山示范片的"山、林、泉"等独特景观，实现了一村多景、一片景相连的乡村游格局，丰富了农家乐、渔家乐、民俗游、采摘游等个性化体验。马家沟村荣获"2013年中国最有魅力休闲乡村"，是山东省唯一获评村；木兰沟获评第四届全国文明村镇；丘山山谷旅游区获评山东省休闲农业与乡村旅游示范点等乡村旅游品牌，年均接待游客近122.8万人次，实现旅游综合收入5.3亿元。

第十章　坚持标准引领　打造高效农业型美丽乡村

——威海汪疃镇美丽乡村标准化试点实践

汪疃镇作为农业大镇，乡村旅游资源独特，拥有葡萄、樱桃、苹果、草莓等特色水果，为进一步发挥汪疃镇农业大镇的优势，抢抓市场机遇，大力发展城郊旅游型高效农业，2016 年 6 月，汪疃镇被山东省质量技术监督局确立为山东省美丽乡村标准化试点。汪疃镇政府以辖区两条主干路威石线和新初张路为轴线，投资建设集现代农业、旅游观光及科研示范推广为一体的高效农业型美丽乡村建设标准化示范区。

一、标准化工作的主要做法

2016 年 6 月，《2016 年度"山东标准"建设行动计划》下发，威海市临港区汪疃镇以全省综合排名第一的成绩入选山东省美丽乡村标准化试点项目。围绕"现代农业＋乡村旅游"的美丽乡村建设特色，汪疃镇建立了突出产业发展特色的美丽乡村标准体系框架及标准明细表，探索美丽乡村建设"汪疃模式"。

(一)领导重视，共绘美丽乡村建设蓝图

汪疃镇政府高度重视标准化工作，主动邀请财政部、国家农发办、省农发办等到汪疃镇指导和帮助美丽乡村标准化工作。2016 年 9 月，汪疃镇组织召开美丽乡村标准化试点专题培训会议，邀请山东省标准化研究院农业标准化研究中心安洁主任讲解汪疃镇美丽乡村标准体系建设的内容，镇班子全体成员、农村主要负责人、全镇重点涉农企业及农业生态园、威海日报创客共计 110 余人参加了此次培训会。通过此次专题培训会议，领导干部的标准化意识得到了显著提高。另外，汪疃镇领导班子还多次组织召开美丽乡村建设座谈会，邀请威海市住建局领导、临港区管委领导、中国建设科技集团专家、山东大学(威海)旅游规划研究院教授、镇龙头企业负责人、相关村负责人以及拟参与运营的社会资本公司负责人等共同参加，有效提升了美丽乡村建设的水平和质量。

（二）高端定位，突出彰显汪疃地域特色

汪疃镇位于威海市临港经济技术开发区，南临米山水库，是威海市水源地二级保护区，生态资源丰富，境内交通发达，农业资源、气候水源、区位优势突出。作为农业大镇，汪疃镇强化产业带动作用，坚持以三产深度融合打牢美丽乡村根基，采摘园和家庭农场得以迅速发展，并逐具规模，让汪疃镇发展城郊休闲农业的优势越发明显。但同时也存在着采摘园分布零散、农产品质量和服务水平参差不齐的问题，这使得当前的发展急需提档升级。2016 年，威海市构筑全域旅游大格局的战略要求和精准扶贫的内生需求，再次让汪疃镇重新审视了自身优劣势，最终确立了"运用标准化工具发展高效农业，指导美丽乡村建设"的发展思路，用标准引领，以产业立镇，着力打造高效农业型的美丽乡村"汪疃样本"，逐步在农业产品、旅游服务两个关键领域形成统一的、高质量的标准并逐步推广，进而全面提升游客的满意度和舒适度。

图 10-1　毓景种植专业合作社标准化生产基地

全镇规划一张图，建设一盘棋。汪疃镇目标清晰——到 2020 年，园区将打造成为美丽乡村标准化示范基地、高标准农田建设创新试点基地、区域生态循环农业项目基地、特色乡村旅游示范基地以及全国一、二、三产业深度融合样板、国家优质安全农产品生产示范样板和现代农业发展先行先试样板。

（三）深化试点，全面打造标准化升级版

近年来，汪疃镇抢抓机遇、自我加压。汪疃镇美丽乡村标准化试点、聚缘生态园农业标准化试点 2 个项目成功入选省级标准化立项，并凭借多年发展高效农业的有力实践和建设美丽乡村的基础优势，一举夺得全市唯一一个创建省级高效农业型美丽乡村标准化示范区立项。示范区将以威石路和新初张路为轴线，覆盖两轴沿线数十家生态农业园区，以及沿线 20 多个村庄，全面规范提升产业发展、基础设施、村容环境、公共服务、乡风文明等，同时还将结合地域特色，探索建立休闲旅游配套服务区、空心房流转度假区、古村落历史记忆探寻等独有板块，全面带动和辐射威海地区城郊旅游及农业现代化迈上新台阶。

汪疃镇积极对接上级部门，邀请质监、农业、旅游、建设、文化等领域的资深学者专家对项目进行指导，同时重点打造示范区内的樱聚缘生态园农业标准化试点项目，逐步探索建立园区内全产业链条质量标准管理体系，充分保障农产品质量安全和休闲旅游服务标准，进一步提升生态汪疃、休闲福地的知名度和美誉度。

图 10-2　樱聚缘生态园

（四）夯实基础，推动环境卫生长效管护

基础设施是支撑农业和农村经济社会发展的“硬件”，也是解决“三农问题”的重中之重。村容环境是美丽乡村建设的重要内容之一，是村庄和村民精神风貌的体现，也是衡量村民生活质量的重要标准。汪疃镇建设美丽乡村，高度重视基础设施与村容环境。一方面加快基础配套，加大投资，先后对全镇 56 千米的路网进行改造，建设了汪疃休闲湿地公园、初张路景观工程等，建设了垃圾中转站、污水处理站，全面提升了基础设施配套水平；另一方面着重改善生态环境，高标准实施了 58 个村的农村环境综合整治，广泛开展城乡环卫一体化工作，严格落实水源地保护措施，全面改善生态环境。汪疃镇人民政府、各村高度重视农村环境卫生，从思想上将农村环境卫生工作作为一项日常工作常抓不懈，通过层层传导压力，实现全民关注。同时完善制度保障，坚持从村情出发，在农村党员考评等次的评定、村民福利的分配、保洁员工资的发放等方面进行制度化约束，实现制度管人管事，推动农村环境卫生管护工作制度化。

图 10-3　绿色环保宣传语

二、标准化试点建设内容

(一)建立健全美丽乡村标准体系

根据因地制宜的原则,围绕汪疃镇"现代农业＋乡村旅游"的美丽乡村建设特色,秉承水源地保护原则,以村居美、产业强、农民富为根本出发点进行标准梳理,具体聚焦产业发展、村庄建设、生态环境、公共服务、乡风文明、村务管理等领域,制定相关的建设、运行、管理、维护标准和规范,对欠缺的标准以企业标准和地方标准的形式进行补充完善,形成国家标准、行业标准、地方标准以及企业标准相配套的美丽乡村标准体系,使汪疃镇美丽乡村在建设、管理、维护的各个环节都有统一标准,实现试点执行标准覆盖率达到 85%以上。力争将汪疃镇打造成基础设施完善、产业基础扎实、文化底蕴深厚、生态环境优美的美丽乡村示范镇、样板镇。

(二)因地制宜制定特色亮点标准

根据标准体系框架,结合试点内农业园区实际种植物种类型和已有的规章制度及操作规范,形成《日光温室草莓水肥一体化生产技术规程》《良好农业规范　出口樱桃操作指南》等特色亮点标准,在此基础上进一步强化品牌意识、质量意识,积极推广现代果业栽培新模式,着力提升果品品质,切实保障质量安全,推动果业发展加快转型升级,努力打响威海现代果业品牌。坚持因地制宜,进一步扩大现代果园规模,同时拉长现代果业发展链条,与休闲旅游等产业紧密融合,促进一产向二、三产业跨越延伸。

(三)突出特色着力打造乡村旅游

一直以来,汪疃镇把举办节会活动作为扩大镇域影响力、提升镇域形象的有效手段。一系列节会活动将"生态汪疃、休闲福地、美丽乡村"的品牌进一步打响，与此同时，已有的镇域品牌效应也让园区精准招商初见成效。一是文化节庆活动促销。先后组织了威海市首届“花饽饽”面食技艺大赛以及赏荷、赏樱摄影大赛和垂钓比赛等节庆赛事，承办了“威海市太极拳比赛”“钓竿钓力”全国巡回赛总决赛，举办了威海市首届桑葚养生文化节、第两届草莓文化旅游采摘节、第三届“生态休闲年”活动以及第五届葡萄文化旅游采摘节。二是统一对外宣传促销。每年由镇政府统一出资在《威海日报》《威海晚报》和威海电视台、电台作整体形象宣传推广，并免费为重点乡村旅游基地制作广告牌，印制宣传画册。三是联合旅行社促销。目前，已有多家旅行社与汪疃的乡村旅游示范点建立了紧密合作关系，每周都会有旅行社带团到汪疃旅游。

（四）积极组织开展专业宣传培训

为推动标准化建设有序深入开展，汪疃镇前期积极组织辖区农业大户西去潍坊、北去北京、南下江苏等地，学习当地先进的休闲农业、农业标准化建设经验。同时，广泛利用威海市现有的各类培训资源，调动辖区龙头企业发挥示范作用，带领农民合作社成员学农业科技、学休闲农业服务方式、学旅游推介营销手段，提升农业现代化建设技能。在此基础上，汪疃镇在美丽乡村标准化的具体实施过程中，采取有计划、分层次的方式，开展更加专业的宣传培训，积极组织对示范区内的技术人员、标准化管理人员进行标准化知识培训，建立一支有效的农业标准化人才队伍，真正让广大农民从美丽乡村建设战略的贯彻执行者变成主动参与者。

（五）严格执行标准重视效果评价

汪疃镇美丽乡村标准化建设，严格对照标准明细表，对各领域、各环节的标准采取切实可行的措施，确保纳入标准体系的标准得到有效实施，并做好标准实施的记录。同时加强示范区标准化实施的监管，规范农业投入品的使用，严格按标准规定施肥用药，建立生产记录；加强对种植环境和农产品的检验，监督指导农业标准的严格实施；规范乡村旅游的服务流程、服务人员和服务要求，实施服务满意度调查评价。对于实施过程中出现的问题进行及时的反馈，并对标准内容进行调整，达到持续改进的目的。同时还建立标准实施情况的检查、考核机制，定期组织内部检查和自我评价，提升管理和服务的标准化水平。

三、试点取得的成效

（一）产业发展深度融合

一汪碧水、万疃良田。汪疃镇坚持打造“生态汪疃，休闲福地”，坚持以龙头企业、合作组织为主体，乡村旅游特色户为补充，打造乡村旅游示范点，以点带面，连点成线，重点扶持培育樱聚缘、神山等农业龙头企业，引领传统农业向二、三产延伸，实现一、二、三产全产业链深度融合发展。一个个特色园区，连起了汪疃特色旅游线路，串起了威海近郊四季不间断的休闲旅游链条。汪疃镇域内毓景、文峰、太公缘等重点休闲旅游基地不断突出特色、提档升级，已经形成共同抱团集聚发展的态势。

汪疃曾承担国家首批农业综合开发万亩高标准农田创新试点项目。借此契机，汪疃镇在万亩高标准农田的基础上规划建设威海市现代农业综合园区，并创新性地采用建工业园区的理念打造农业园区，通过对园区实行网格化分区，做好基础设施建设，整合园区内现有企业或专业合作社，对土地集中流转，并对外精准招商，朝着打造"威海后花园"的目标，为威海市农业供给侧结构性改革和一、二、三产业融合发展探索新路。

结合园区建设，汪疃镇深入挖掘村级民俗旅游特色，结合"一村一品"旅游发展定位，因地制宜地开发乡村旅游特色项目，进一步探索闲置房屋流转、打造特色民宿、发展民宿经济等，不断丰富城郊旅游的形式和内容，实现从低层次采摘游到综合体验式休闲游的转变，把汪疃建设成为市民休闲旅游的首选地。

（二）品牌产品引领方向

汪疃镇山东樱聚缘农业科技发展股份有限公司和威海神山葡萄科技有限公司依法合规、功能完备、辐射带动功能较强、产业融合发展趋势明显，成功入选农业部 2017 年全国农村创业创新园区（基地）目录。2017 年 10 月，威海市首批知名农产品区域公用品牌和威海市首批知名农产品企业产品品牌名单公布，汪疃镇山东樱聚缘农业科技发展股份有限公司祝果牌苹果、威海神山葡萄科技有限公司神山牌葡萄、威海大风车葡萄家庭农场胡纪大风车牌葡萄 3 家企业的产品被认定为首批知名农产品企业产品品牌。此次授牌的威海知名农产品企业品牌，代表着威海农业各个产业的最高水平，是使用"威海农产"整体品牌标识的"第一梯队"，将引领着"威海农产"未来的发展方向。

（三）环境卫生全面提升

汪疃镇着力推动农村环境卫生管护工作制度化，坚持以干群融合聚力为基础，以三产深度融合为依托，以生态宜居、产业发展、生活富裕为目标，综合运用标准化工具，加快农村改厕、绿化、亮化等基础工作，完善农村服务体系，推动村庄环境提档升级，着力打造全省美丽乡村样板以及威海市最高标准的高效特色农业示范园区。汪疃镇开拓创新，充分利用各村的交通、资源、土地等优势，将环境卫生管护工作与经济发展、改善民生相结合，因地制宜地进行空心村改造，发展乡村旅游，增强自身造血功能，提高自身发展活力，科学有效地改善农村环境卫生，推动农村环境卫生管护工作规范化、制度化和常态化。

（四）乡村旅游提档升级

美丽乡村建设促进汪疃乡村旅游提档升级。在美丽乡村建设中，汪疃镇依托优越的山水人文环境，深度挖掘特色旅游产品，加快基础设施配套建设，强化乡村旅游平台建设，积极做大、做优、做特乡村旅游。2016 年，汪疃镇山东欣旺农业发展有限公司、大明葡萄家庭农场、大风车葡萄家庭农场、汪疃花饽饽面食技艺协会获批山东省农业旅游示范点，樱聚缘农业科技发展有限公司获批山东省精品采摘园，老船长大酒店获批“好客人家”三星级农家乐。

汪疃镇美丽乡村标准化建设，带来巨大的经济效益、社会效益和生态效益。提高生产效率，狠抓农产品质量安全，积极打造品牌产品，实施品牌带动战略，提高农产品附加值，提高农业企业农产品生产年收入产值，带动采摘园、生态园、垂钓园及周边农户增加观光采摘旅游收入。美丽乡村标准化建设有助于推动企业的发展，促进汪疃农业向规模化方向发展，同时发挥企业的带动作用，吸纳农村大批剩余劳动力，促进就业，带动周边农民致富。标准化体系的建立和实施，要求企业在生产过程中注重环保，进行农业污染防治，提高生态环境质量，促使农业生态结构合理。同时，可以完善生态景观，与特色乡村旅游发展紧密结合。

第十一章　黄河乡居狮子刘　一景一品写乡愁

——滨州狮子刘美丽乡村标准化试点实践

狮子刘乡村旅游片区位于滨州市城区南部，南依黄河，东临南海国家级水利风景区，北连AAAA级秦皇河公园景区，南环河环绕穿行，毗邻“滨州古八景”之“古井琉璃”景区，地理位置优越，生态环境资源具有绝佳的优势，以水系、湿地、田园为主体的旅游资源十分丰富，具有特色且深厚的文化底蕴。按照“政府主导，群众主体，企业融入，示范带动，突出特色，形成产业，实现增长”的28字方针，充分发挥政策扶持和财政补贴“四两拨千斤”的作用，引进企业资本、民间资本对乡村旅游开发投入，形成了乡村旅游与各项工作良性互动、相互促进的生动局面。

狮子刘村依托所具有的环境资源禀赋优势积极招商引资，吸引各方资本投入，大力发展乡村旅游业；做好科学规划编制，明确发展方向与定位，有效整合现有的资源，打造了具有鲜明特色的乡村旅游品牌；做好村民的思想工作，积极引导农民自主转变思想观念，摆脱之前只依靠外出打工发展经济的旧观念。大力发展民宿和农家乐，加强引导，提高村民参与共建的积极性，鼓励群众在旅游开发中增加收入，真正成为旅游开发建设的参与者和受益者。

一、标准化工作主要做法

狮子刘村美丽乡村建设源于市、区两级对习近平总书记“注意乡土味道，体现农村特点，保留乡村风貌，坚持传承文化，发展有历史记忆、地域特色、民族特点的美丽城镇”的深刻理解。2016年年初，狮子刘村作为山东省美丽乡村标准化试点正式通过立项审批，自此之后，狮子刘村迎来了一个规范、高速发展的新阶段。由“建生态·美丽乡村，创全国文明城市”的宣传语可以看出狮子刘村对美丽乡村建设的决心。

图 11-1　狮子刘村美丽乡村宣传语

(一)领导重视，坚定了借力标准化推动产业提档升级的决心

国家、省、市各级领导充分关注、支持狮子刘村的发展，多次到现场视察、指导工作。2016 年 4 月 13～14 日，在山东省副省长王随莲到滨州专题调研标准化工作期间，中共滨州市委书记张光峰陪同省领导专程到狮子刘视察。狮子刘村也曾多次主动邀请山东省标准化研究院相关专家到村进行指导，向村干部和村民深入浅出地讲解标准化知识理念，提高村干部和村民的标准化意识，帮助其开展美丽乡村标准化工作。省、市领导对开发区提出的通过借力标准化手段，开展乡村旅游服务标准化建设和美丽乡村标准化建设，推动整个产业再上新台阶的想法给予了充分的肯定和支持。

(二)以人为本，切实围绕农民需求

滨州经济技术开发区按照“标准化建设，规范化管理”的原则，用标准化打造乡村生活新环境、开辟乡村生产新空间、推动乡村公共服务新发展、注入乡村管理新模式，通过标准化来规划引导，使得村庄布局更加合理，农居风貌更加和谐，通过深入挖掘整合生态资源和人文资源，有效显现一村一景、一村一品的韵味。“给群众看，带着群众干”，第一批 13 户商家的打造，起到了很好的示范带动作用，现在已有数十家积极行动起来。滨州经济技术开发区努力使辖区群众家家干旅游，户户有项目，让村民群众在家门口就能实现创业就业，实现增收致富，真正培植起狮子刘村的新经济增长点。

(三)示范引领，差异发展，及时将经验转化为标准

狮子刘村把乡村特色旅游作为重中之重的一项工作来抓，着力发挥黄河、南海、中海尤其是秦皇河公园轴心景观带的吸引力，结合城市居民周末假期的娱乐

消费需求，确定了以点带面、重点突破的整体工作思路。农民穷怕了，从不轻易花一分钱，只相信看到的，但一旦看准了，就会自发地投资。村干部带头参与，做给群众看，短短几个月的时间，先期的创业户成了示范户。大家的热情有了，如何协调地发展就成了更加重要的问题，为此，狮子刘村提出了差异化、错位发展的理念，倡导村民不要看到别人干什么就一窝蜂地上什么。同时，积极推进市场化运作，制定了农家院落租赁方面的相关政策，切实保护好群众与开发商的相关利益。从民间艺术馆、老粗布坊、豆腐 DIY 坊，到传统婚礼体验、乡村慢酒吧、陶塑泥塑馆等各种各样的创业实体如雨后春笋般地冒了出来。实践证明，这样的做法是正确的，经过一年来发展乡村旅游，村民的思想观念得到解放，生活条件和生活水平得到显著改善，村集体和群众收入渠道进一步拓宽。村里有钱了，村委首先想到的是加大公共服务的投入，全民健身广场、农家书屋、村民活动室、村卫生室等都建了起来，村委的凝聚力、号召力得到了极大的提升。

（四）加大投入，落实美丽乡村建设各项保障措施

政府持续加大对狮子刘村的投入，使其基础设施、村容环境得到大大改善。政府投入 1300 余万元，用于街巷硬化、绿化亮化、燃气入户、给排水、弱电工程、农村改厕等项目。农村旱厕改造工作是消除粪便污染、改善农村整体环境、减少疾病传播的重要手段。狮子刘围绕农村改厕这个重点，规划建设了日处理 100 吨的污水处理中心，满足了包括狮子刘在内的周边 6 个村、1 万人的生活污水处理需求。除此之外，政府适时组织村民外出学习，举办电子商务培训班，聘请滨州市全网慧通网络科技有限公司相关专家向有志从事电商创业的青年介绍宏观的电子商务基本概念、发展历程以及网页设计和网络营销等方面的内容，为村民从事电商经营打下了基础，助力实现乡村致富。

二、标准化试点建设内容

（一）深化试点，全面打造美丽乡村标准化升级版

滨州经济技术开发区结合地理位置、资源和群众等的实际情况，确定优先启动以狮子刘村为主的乡村旅游片区，倾力打造“示范农家＋示范农庄”模式的乡村旅游示范点。狮子刘片区特色鲜明的乡村游，成为农民生活就近城镇化、带动经济增长的新兴产业。狮子刘村严格执行《美丽乡村建设规范》，按照生态环境标准化建设、农村产业标准化经营、农村公共服务标准化推进、农村事务标准化管理等各方面的要求，从农村建设规划、村容环境、产业发展、公共服务、乡风文明和村务管理等方面开展工作，以“美丽乡村”标准化试点创建为契机，持续加大投入。通过开展“乡村建设＋标准化”“公共服务＋标准化”，推动狮子刘村的基础设施和村容环境持续改善，村务管理更加公开透明，公共服务更加优质完善，

村风民俗和乡村道德更加文明。通过开展“古镇文化＋标准化”“古镇旅游＋标准化”，以寻找北方乡村记忆为主线，按照“一村一品”“一户一特色”错位发展的目标定位，打造乡土气息、文化氛围浓郁的度假小镇。

狮子刘努力建设乡村旅游的示范区、示范带、示范户，实现以点连线、以线成面，强化试点示范带动发展；积极开展丰富多彩的乡村旅游节庆活动，加快形成营销态势，强化旅游营销推动发展；制定乡村旅游的规范，扎实做好服务培训，切实提升服务水平，努力开创旅游发展新局面，强化规范管理；加快推进旅游片区天然气、改厕、绿化等工程进度，完善配套设施建设，打造水系相通、路网相连的乡村美景，推动乡村旅游成方连片、全域发展。

（二）特色打造，建设特色旅游模范村

狮子刘积极打造特产民俗，将当地特产和民俗梳理好、利用好、经营好、保护好，围绕民俗展示（体验）馆，通过各种方式和渠道，积极向村民群众搜集相关的农用器具，建设乡村博物馆，开展对织布机、碾、磨、犁、胶皮车等物品的收集、整理和修复工作。狮子刘坚持用艺术文化的独特魅力提升乡村旅游的品味档次，将辖区人文资源挖掘好、整理好、演绎好。开发区联合打造的大地乡居项目吸引了多位艺术家，解均工作室、三宽苑、爱莲说艺术驿站、李金生工作室等纷纷在此设立。艺术家的入驻，让这个小小的村子充满了艺术气息，秧歌队、锣鼓队、村民演出活动、正月十五灯会重新被组织了起来。对外大力响了“狮子刘是感受乡愁的目的地、户外休闲的集结地、艺术创作的唱响地！”

图 11-2　手工艺品陈列馆

（三）突出高点定位，加快全域旅游

滨州经济技术开发区坚持将乡村旅游置于国际旅游发展大坐标中进行谋划布局，突出特色找定位，放眼全球谋发展，用更开阔的视野、更科学的理念，推动全区乡村旅游在高起点上规划、建设、发展。围绕秦皇河公园、黄河三角洲文化

产业园、狮子刘片区、黄河古村风情带等“一河一片一带”旅游资源，聘请北京笛东设计公司、清华大学设计院、杭州中翰设计院等院校完善旅游规划，同步启动林家、小周家、蔡家、纸坊等7个村的旅游开发，实现城乡统筹、景村统筹、区域统筹、效益统筹。加强与全市旅游资源的紧密互动，把各个旅游点和主要景区串成线、连成片，打造精品特色线路，实现资源共享、产品互补、市场互动、客源互送。充分发挥旅游产业关联性强、带动作用大的优势，将乡村乡情、文化历史、工业生产、城市商贸、体育竞技、大众创业、万众创新等各类因素融入旅游，形成旅游全产业链，叫响具有地方特色的开发区乡村旅游品牌，使旅游产业成为经济增长点、惠民支撑点、城市形象新亮点、聚集人气引爆点，倾力打造黄河三角洲地区最具吸引力的特色旅游集聚区。

三、试点取得的成效

（一）完成狮子刘村美丽乡村建设的提档升级

狮子刘村开展美丽乡村标准化试点建设了以来，基础设施、村容环境、产业发展、公共服务等方面均得到了极大提升。

基础设施方面，狮子刘村房屋规划集中、整齐，具整体特色风格，外墙整洁美观，道路布局合理，主干道标识清晰，且主干道及次干道采取多种铺装方式，实现100%硬化。

村容环境方面，狮子刘村厕所改造全面完成，厨房卫生整洁，生产生活用品有序摆放，村内庭院合理绿化，村内整洁干净，建立卫生长效机制，实现垃圾分类收集和存放，村内建有污水处理设施，并运行正常。目前正在实施燃气、暖气入户。

图11-3　道路布局合理、标识清晰

产业发展方面，狮子刘成立了村集体与企业联营的旅游股份公司，民宿、特色农家乐、书画院等进村。狮子刘民宿发展已初具规模，干净整洁，配备卫生间、澡堂、空调和无线网络等公共设施。住宿房间设有不同的套间供不同类型的游客居住，床铺整洁干净。民宿内设有室外长廊供游客休憩与喝茶等。狮子刘村内已有张三炒鸡、八大碗等多家农家乐，院内十净整洁，公共设施齐全，食材多为绿色有机蔬菜，并配有冷藏箱、消毒柜，保证了干净卫生。

图 11-4　特色民宿、农家乐

公共服务方面，狮子刘村设有便民服务中心，能满足村民存取款、办理各种证件、新农合参保等各种手续的需求。文体广播、健身设施一应俱全，实现村内公共服务公开共享。狮子刘村农家书屋被山东省新闻出版广电局授予“示范农家书屋”。值得一提的是，狮子刘村内建有“悦读”共享书屋，村民可通过扫描二维码实现图书的借阅和归还，还可直接通过投递的方式进行图书捐赠，极大满足了村民的阅读体验。

图 11-5　共享书屋

（二）村民生活水平提高，村风民风良好

狮子刘村自开展美丽乡村标准化试点建设以来，发展迅速，成绩有目共睹，具体表现为规划设计起点高、配套建设标准高、群众参与热情高、典型示范引领好、上下联动配合好、村风民风良好。文化的熏陶是无形的，打架斗殴、赌博酗酒的没有了，尊老爱幼、邻里互助的多了，好婆婆、好媳妇、好邻居越来越多了。村委办公室前的诚信驿站，是一个无人值守的小货架，每件商品标有价签，所有商品和自动投币箱里的钱数总是分文不差。这些不起眼的细节，反映了民风的淳朴。经过一年来发展乡村旅游，村民的思想观念得到解放，生活条件和生活水平得到显著改善，村集体和群众收入渠道进一步拓宽，村委的凝聚力、号召力得到极大提升。

（三）全面提升狮子刘村的知晓度

在平原上崛起的狮子刘村堪称一个奇迹。自开展美丽乡村标准化试点以来，狮子刘村致力于打造中国乡村旅游模范村，在全省乃至全国作出了示范，打响了美丽乡村狮子刘村品牌，成功入选首批乡村旅游“千千万万”品牌名单和旅游特色村，张三炒鸡店获评“好客人家农家乐”。狮子刘村致力于打造生态高地、发展乡村旅游，通过调整播种期，错开盛花期，让辖区每月都有花可赏、有景可观，同时整合旅游资源，丰富文化内涵，不断提升乡村旅游的影响力。狮子刘片区特色鲜明的乡村游，成为农民生活就近城镇化、带动经济增长的新产业。狮子刘村坚持面向市场，突出特色，策划开展了民俗婚礼、舰模比赛、科普寻宝、少儿朗诵大赛、以举行升旗仪式和播放抗战电影的形式纪念抗战胜利70周年、举行汪洋口才曲艺大赛、相亲会等一系列喜闻乐见的活动。狮子刘村还被选为第二届中国古村镇大会举办地，对提升滨州辐射力、影响力和知名度起到积极的推动作用。

第十二章　标准引领　构建幸福家园

——济南市孝直镇美丽乡村标准化试点实践

平阴县孝直镇于2014年7月经省局批准承担了省局美丽乡村标准化示范项目建设，由和圣苑社区具体承担建设工作。以“生态宜居、生产高效、生活美好、人文和谐”的美丽乡村建设为目标，平阴县孝直镇形成了具有特色的美丽乡村建设标准化指标体系，构建了包括法律法规、基础标准、产业发展、人居环境、公共服务、村风文明、村务管理七个子体系的和圣苑社区美丽乡村标准化体系框架，编写了《社区精神文明管理制度》《农村殡葬管理制度》《农村传统文化管理制度》《美丽乡村信息服务平台建设要求》等社区标准，并充分发挥标准化在美丽乡村建设中的作用，提升了“美丽乡村”建设品质，实现了产业发展、生活舒适、民生和谐的美丽乡村建设。

图12-1　和圣苑社区美丽乡村标准化示范区

一、标准化工作主要做法

和圣苑社区位于平阴县孝直镇东部的济荷高速公路延长线与店演路交界处。2014年7月，经山东省质量监督局批准，平阴县孝直镇承担了省局美丽乡

村标准化示范项目建设，由和圣苑社区具体承担建设工作。和圣苑社区规划整合了前洼、中洼、后洼、东张、西张、葛楼、黄楼、展小庄等8个行政村，以主导支撑产业、农村基础设施和生态环境治理标准体系为重点，在农业资源综合利用、农村生活基础设施、生活环境治理和农村社会化服务等领域开展美丽乡村标准化体系建设工作。

（一）健全领导组织，加强多方协作

美丽乡村建设是推进城乡一体化和生态文明建设的重要载体和主要抓手。平阴县孝直镇成立了镇长为组长，分管镇长为副组长，镇建设办、经贸办、环卫所、民政办、财政所、农业综合服务中心、蔬菜站、和圣苑建设指挥部等部门负责人为成员的美丽乡村标准化示范区创建工作领导小组，并在和圣苑建设指挥部设立办公室，具体负责示范区创建工作和处理日常事务，力促镇各部门积极参与，密切配合，发挥优势，加强指导，搞好服务。结合社区优势，开展多种形式的美丽乡村建设活动，集合政府、村委、社区委员会等多方力量，拓展共建思路，深化共建内容，夯实共建基础，创新共建方式，提升共建水平。

（二）成立技术小组，加强技术推广

和圣苑社区美丽乡村建设标准化示范区工作领导小组抽调专职人员成立标准制定工作组，负责标准的起草、制定以及标准体系的建立工作，成立美丽乡村标准化示范区建设专家组，邀请相关研究机构、科研院校的专家进行标准编写指导和标准体系建设指导。在领导小组协调下，定期召开标准制定及实施协调会，充分发挥领导小组统筹、配合作用，促进标准的顺利贯彻实施。

图12-2　标准化知识培训

（三）科学规划，制定实施方案

为完善政策配套、指导督促推进美丽乡村建设，孝直镇制定出台了《和圣苑社区美丽乡村建设标准化示范区的实施方案》，明确了指导思想、目标任务和工作原则，切实推进了和圣苑社区美丽乡村建设进程和项目建设质量。《和圣苑社区美丽乡村建设标准化示范区的实施方案》强调科学合理编制规划，按照宜居、宜业、宜行的要求,依据现有乡村规划,突出文化特色,对村庄规划进行完善提升,编制好特色民居改造、产业发展、环境综合整治和社会事业发展规划;加强村庄环境综合整治;以便民、助民、利民、安民、富民为出发点推进农村社区建设;健全农村民主管理制度,加强农村干部队伍建设,促进农村社会和谐。

(四)加大资金整合力度,强化运行管理

按照“渠道不变、统筹协调、统一安排、捆绑使用、各计其攻”的原则,整合涉农项目资金,增加美丽乡村建设投入。对纳入整合的资金强化资金管理,按照镇委、镇政府的统一部署,由职能部门提出资金安排计划,按程序报镇政府批准,由相关部门负责实施。

美丽乡村建设标准化示范区建设完成后,成立专门的运行管理机构,建立以社区党组织为核心、社区管理委员会、社区服务中心、社区合作经济组织、社区监督委员会“五位一体”的项目实施管理体系,制定《和圣苑社区标准化管理办法》《孝直镇和圣苑社区标准化示范区专项资金使用管理办法》,发布关于确定和圣苑社区美丽乡村建设标准化示范区建设有关部门职责分工的通知,用于强化项目管理。建立健全项目民主决策机制和群众参与机制,切实保证项目安排进度合理,保障美丽乡村标准化工作有序快速推进。

二、标准化试点建设内容

(一)构建标准体系

以“生态宜居,生产高效,生活美好,人文和谐”的美丽乡村建设目标,借鉴其他地区美丽乡村建设经验,围绕农业生产、农民生活和农村发展密切相关的最基本的设施及生态环境治理,根据农村生产基础设施、农村生活基础设施、农村公共基础设施、农村生活环境治理、农业资源综合利用、产业支撑体系要求,形成了具有平阴县孝直镇特色的美丽乡村建设标准化指标体系,构建了和圣苑社区美丽乡村标准化体系框架,充分发挥标准化在美丽乡村建设中的作用,提升“美丽乡村”建设品质,实现产业发展、生活舒适、民生和谐的美丽乡村建设。标准体系包括法律法规、基础标准、产业发展、人居环境、公共服务、村风文明、村务管理七个子体系,其中包括国家标准 75 项(强制性 31 项、推荐性 44 项)、行业标准 39 项(强制性 24 项、推荐性 15 项)、地方标准 36 项目、新制定社区标准 60 项,涵盖了与社区管理及居民生产生活相关的各方面。

(二)编制特色标准,完善社区管理

平阴县孝直镇和圣苑社区规划整合了 8 个行政村,为促进社区文明和谐、乡风淳朴,和圣苑社区编写了《社区精神文明管理制度》《农村殡葬管理制度》《农村传统文化管理制度》等社区标准,引导了社区精神文明、殡葬管理、传统文化等村

风文明的建设;梳理了社区管理体系,编写了32项村务管理标准,规范了社区党务、村务管理;通过搜集国家标准、行业标准以及编写社区标准等建立了社区物业保洁、保安等公共服务的管理标准、服务标准、质量标准等。通过标准化示范区的建设,改善了社区整体环境,进一步规范了社区五位一体管理模式,明确了部门职责和工作标准,提高了社区管理及服务水平。

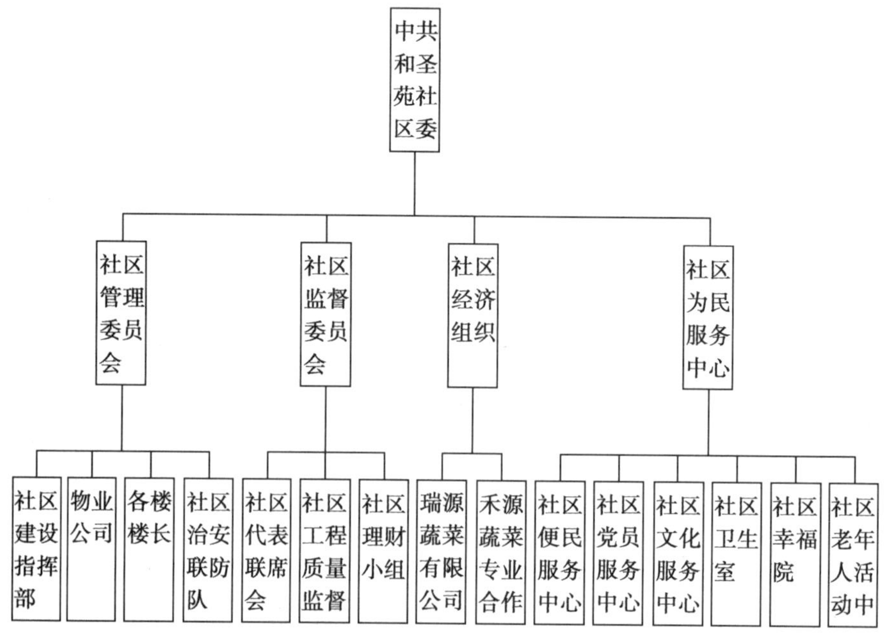

图12-3 和圣苑社区管理服务模式框架

(三)强化宣贯,加强标准实施

为争取群众的理解、支持和广泛参与,孝直镇和圣苑社区充分发挥报纸、广播、电视、网络等媒体的作用,通过发放倡议书、悬挂横幅、张贴标语、建设文化墙、现场推进等多种形式,开展生动活泼的宣传教育活动,及时总结先进经验,深入宣传先进典型。此外,和圣苑社区还组织开展了多次标准化知识培训,对《村庄整治技术规范》(GB 50445—2008)、《农村户厕卫生规范》(GB 19379—2012)、《美丽乡村建设指南》(GB/T 32000—2015)等标准进行了详细讲解,把美丽乡村标准化试点项目建设的目的和意义宣传到基层,形成全社会关心、支持、参与美丽乡村建设的良好氛围。

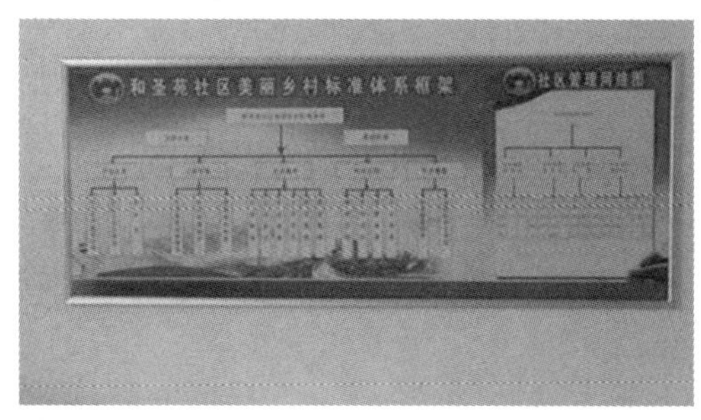

图 12-4 美丽乡村标准体系宣传贯彻

三、试点取得的成效

孝直镇是一个有着独特文化传承的历史古镇，镇东部的展洼村是“和圣”柳下惠的故里。在美丽乡村建设过程中，孝直镇把握地域文化优势，因势利导地将周边 8 个村统一规划为展洼中心社区。社区建设突出了“和圣”文化的导向作用，建设了“和圣”文化广场，倡导邻里和谐，以“和圣”特色文化为核心，较好地推动了社区文化整合，促进了新社区文化共识的形成。

（一）经济效益显著

孝直镇在美丽乡村示范区建设中，通过农业标准的实施，综合运用新技术、新成果，普及推广新品种，在促进传统优势产业升级的同时，促进农业生产结构向优质高效品种调整，实现农业资源的合理利用和农业生产要素的优化组合，促进农业素质的整体提高，为提高农业效益奠定了基础。通过对玉米、白菜、马铃薯等先进种植技术、无公害技术的推广以及对《农村生活污染控制技术规范》《农药合理使用准则》《肥料合理使用准则通则》等标准的宣传贯彻，从源头上控制农药残留污染，减少农药对人、畜及环境的危害，保障食品安全；通过对畜禽养殖等农业废弃物综合利用技术、农业废弃物无害化处理和资源化利用等相关标准进行宣传贯彻，提高了农民保护耕地、秸秆还田及循环利用农业废弃物的意识及能力。美丽乡村试点的建设促进了社区产业发展，实现了农业增效、农民增收。同时，农业标准化的实施改善了农产品品质、提高了农产品内在和外观质量，成为品牌、名牌产品的质量保证，是实现优质优价、增加农民收入的基本保障。

（二）社区环境和居民素质得到提升

通过美丽乡村的建设，社区基础建设得到明显完善，实现了水、电、暖、路、天然气、电视、电话、宽带网络入户，社区教育、医疗、文体活动中心、幸福院等公共服务设施得到进一步完善和有效管理；强化了社区的美化、亮化、硬化、绿化、净化，社区环境更加整洁，社区居民素质显著提升。

图 12-5　和圣苑社区面貌

（三）社区公共服务能力得到提升

在美丽乡村试点建设中，为提高社区管理水平，孝直镇与平阴县广电网络公司合作，结合实际建设了和圣苑美丽乡村信息服务平台。该平台充分体现了“为民”“便民”的服务理念，成为当前农村政务工作中效果最好、最成熟的模式，也是美丽乡村工程最美丽的体现之一。凭借和圣苑美丽乡村信息服务平台，遥控器一点，信息尽收眼底，居民足不出户即可享受舒适便捷的优质服务。平台还具有 IP 电话的功能，居民之间可以免费通话、查看社区内实时监控。同时，和圣苑示范区提托自身优势，制定了《美丽乡村信息服务平台建设要求》标准，以利于美丽乡村信息服务平台的推广，促进“智慧社区”建设覆盖率的提高。

图 12-6　美丽乡村信息服务平台

此外，通过美丽乡村建设，社区规范了公共服务和社区事务管理，形成了“事事有标准可依、岗岗有标准规范、人人按标准履职”的良好状态，社区居民幸福指数得到显著提升。目前，社区已搬迁入住 42 栋住宅楼、1029 户，社区服务中心、文化广场、商业区、学校、幼儿园、卫生室、老年人活动中心等设施已建成并投入使用。三期住宅楼和老年公寓正在建设。社区基础设施实现了“八通、六化、两排、一集中”（通水、电、暖、路、天然气、电视、电话、宽带网络；美化、亮化、硬化、绿化、净化、文化；雨水、污水分离排放；生活垃圾集中收集）。

第十三章　沂蒙竹乡　泉上古村

——临沂市铜井镇美丽乡村标准化试点实践

竹泉村位于诸葛亮故里、红嫂家乡——山东省沂南县北部，距县城12千米，占地面积1800亩(120公顷)。该村有400多年的历史，明朝称“泉上庄”，清乾隆年间改名“竹泉村”。2007年，沂南县利用竹泉村的“清泉”“翠竹”以及古村落的生态和民俗文化资源进行了保护性开发，走村落文化保护开发的路子。2008年起，由山东龙腾竹泉旅游发展有限公司投资进行保护性开发，竹泉村由此成为山东省第一个系统开发的古村落景区。总体定位就是以沂蒙古村生态和古村民俗为资源优势，以“竹”“泉”“村”为突出特色，打造具有显著沂蒙特色、泉乡个性、竹乡景观、农家风情，融观光、度假、休闲等功能于一体的北方沂蒙山乡休闲旅游目的地。2010年10月，正式成为沂南县第一家AAAA级旅游景区。2011年以来，竹泉村先后被农业部、水利部、住建部等授予“全国休闲农业与乡村旅游示范点”“国家水利风景区”“中国人居环境范例奖”等荣誉称号，2014年荣膺“CCTV中国十大最美乡村”，是山东省唯一“逍遥游”示范点和“到山东不可不去的100个地方”。2015年4月，国家旅游局局长李金早到沂南调研，现场评价竹泉村是“中国乡村旅游模范村”，并在8月国家旅游局黄山会议上正式授牌。2016年，被山东省人民政府命名为“山东省服务业名牌”。

这里，泉依山出，竹因泉生，村民绕泉而居，砌石为房，农耕为业，竹林隐茅舍，家家临清流，田园瓜果香，居者乐而寿，是中国北方难得一见的桃花源式的生活环境。历经数年开发，已逐渐成为集生态观光、休闲度假、民俗体验于一体的综合性乡村休闲旅游度假区。

竹泉村景区将竹泉景观、沂蒙民俗与自然生态有机地融合起来，开创了旅游休闲的一种全新模式。

一、美丽乡村建设的主要做法

（一）政府指导、市场运作与村民自主有机结合

公司作为竹泉村投资开发的主体决定了市场主导的首要原则，开发、经营和管理均采取市场化运作。在景区的开发过程中，县、镇两级人民政府分别成立了旅游开发建设指挥部，选派专人靠上开展工作，出台扶持政策，协调处理利益关系，解决制约因素。

（二）规划先行，统筹兼顾

景区的开发建设首先是秉承“保护性开发”的原则，高起点规划，将生态保护和地方历史文化内涵的发掘作为规划的重点，坚持在传承中发扬、在保护中开发。通过有效的开发，形成了新、旧两个竹泉村，景观相互映衬，功能互为补充，形成互利共赢的局面，周边环境也得到了极大的提升。

（三）因地制宜，打造发展新模式

景区利用竹林、泉水、古村落的资源优势，以古村生态和沂蒙民俗为文化特色，所以乡村旅游的概念一经推出，就被各方面广泛认可。原有的小山村蜕变为“一古一新”两个竹泉村：古村保留原有风貌，成为旅游胜地；新村按照新农村的标准，为村民提供了宽敞舒适的居住环境。村民利用宅院，发挥专长，围绕“古村”做起旅游生意。两村和谐发展，村民安居乐业。这种超前的规划理念、新颖的产品设计、多赢的开发方式被誉为“竹泉模式”。

（四）以人为本，生产、生活、生态和谐发展

一是居住环境得到改善。新村按照高标准的规划设计，对生活用电、自来水、路灯架设、路面硬化、水冲厕所、沼气等设施进行了统一的配套建设，并栽植绿化树木，形成了规划整齐、环境整洁、配套完善的生态宜居村落。二是生态环境得到保护。确定控制区域，对控制区内地下水开采、矿产资源、植被保护等进行严格管理。在景区的精心管理下，村内竹林面积逐步扩大，品种逐年增多。原有的臭水沟变成绿柳垂阴、鱼虾戏水的景观河道。三是村民的文明水平明显提高。优美的居住环境使村民的文明程度得到了极大提高。游客的增多带来了更多的信息，改变了村民的观念。城市游客的增多，使村民剩余而零星的农副产品成为商品，不仅增强了村民的商品意识，而且还增强了村民根据社会需求生产商品的意识。四是劳动就业得到改善和提高。景区开发建设时，对规划区内的农民土地采取了租赁政策，村民有了旱涝保收的土地收入，同时景区建设和管理需要大量的劳动力和辅助劳力，又有一大部分村民有了新的经济来源。旅游区的经营又带动了周边特别是竹泉新村的第三产业，如零售商业、餐饮业、农家乐服务业等。

（五）管理规范，公共服务体系完善

竹泉村安全管理制度、环境卫生等各项制度健全，并设有应急预案，通过几年的完善，已逐渐形成一套具有普遍性和标准化的制度体系。标准的游客服务中心和医疗救护点，垃圾集中处理，所有污水经处理后达标排放，形成了整洁、完善的环境基础设施。2014 年，竹泉村内的古民居建筑群因为保护得当，被山东省文物局列为省级重点文物保护单位，同年被列为山东省古村落保护名录，2015 年被列入中国古村落保护名录，目前正在编制保护规划，所有的管理制度、公共服务及配套设施都围绕规划进行完善。

（六）保障项目投入，推进建设进度

公司按照建立涵盖农村基础设施建设标准体系、环境提升标准体系、服务保障标准体系、产业经营标准体系和公共服务标准体系的美丽乡村标准体系，每年安排专项资金投入美丽乡村建设，目前已累计投入近 2 亿元。同时，努力争取各种渠道的政策资金，为美丽乡村的开发建设提供资金保障，力求打造生态旅游精品。

（七）积极参与旅游标准化示范企业创建，提供项目支撑

2015 年，景区所在的沂南县被国家旅游局列为旅游标准化试点县，竹泉村被列为第一批试点单位，各项标准化建设正在不断提升和完善，旅游环境得到进一步优化，服务质量进一步提升，为生态文明（美丽）乡村标准化示范区建设提供了有力的支撑。

二、试点取得的成就

“十二五”国家科技支撑计划课题“田园社区城郊型美丽乡村建设综合技术集成示范”工作会议选择在沂南县竹泉村旅游度假区举办，为沂南县田园社区城郊型美丽乡村集约规划布局与控制和生态环境保护建设提供样板，推动农业与乡村景观规划，起到观念更新、科技引领，构建“宜居、宜业、宜游”的田园社区城郊型美丽乡村，具有极其重要的社会、经济和环境效益。

（一）农民收入增加

集体和村民走向了可持续发展的富裕之路。旅游扶贫开发，对规划区内的农民土地采取了租赁政策，土地、停车场、竹林、商业摊点集体每年收入 40 多万元，旅游税收增长额的 5%奖励给村。集体和村民不仅有了旱涝保收的稳定土地收入，而且景区建设、管理也需要大量的劳动力，不少村民从事旅游纪念品、农副产品销售、农家乐餐饮服务。旅游带动了竹泉村的经济发展，成立了临沂市第一家乡村旅游专业合作社，组织农民从事餐饮、住宿、购物、采摘、农耕体验等，为游客服务的同时，增加农民收入。

(二)居住环境改善

竹泉村平均海拔172米,村北靠山,东面为丘陵谷地,西面为河流。村中心有一南北走向的石岭,将村庄隔断成V字形。石岭西侧泉水丰富,竹林茂密。遍地的流水,茂密的竹林,夏季湿润的空气,低矮的居舍,窄而弯曲的道路,充分展现了沂蒙山区的民居特色和传统文化。但村民依山坡分散居住,道路排水杂乱,环境脏乱差,生活极为不便。村里虽然早有规划,打算将村庄搬迁到旧村西边既平坦又交通方便的地方,但是绝大多数村民经济基础薄弱,不具备搬迁的财力。整体搬迁、整体开发成为大多数村民盼望多年而无法实现的愿望,旅游扶贫综合开发为竹泉村提供了一个改造的绝好良机。

安置新村建设2008年4月动工,一期8月交付使用。新村按照高标准规划设计,分为中青年、老年居住区和商业区,共建设平房15排147户,建筑面积3.5万平方米,投资2600万元;建设广场一处,建筑面积2万平方米;所有道路都完成了路面硬化,面积9000平方米;安装路灯60盏,家家通了自来水,建有水冲厕所、沼气等配套设施,并栽植绿化树木。新建的竹泉村院落成排成行,住房宽敞明亮,街道宽阔,车辆进出方便,成为深受村民欢迎的宜居村落。

(三)居民素质提升

村庄的文明水平大幅度提高。优美的居住环境,增加的经济收入,村民的吃住行、言谈举止,不知不觉中也发生了很大的变化。游客的增多带来了更多的商机,村民的农副产品也不愁卖了。沂蒙老区的淳朴和现代商业的文明融合,使村庄展现了勃勃的生机。

三、下一步的工作和预期效果

按照建设美丽乡村的总体要求,坚持以科学发展为指导,以"生产发展、生活宽裕、乡风文明、村容整洁、管理民主"为标准,以发展特色的乡村生态休闲旅游为目标;以竹泉村为核心,完善二期项目,包括红石寨旅游度假区(已开业,AAAA级)和桃花峪溶洞(齐鲁休闲第一洞)景区;规划三期项目,加快形成以重点景区为龙头的乡村休闲旅游大格局。

(一)发展乡村生态旅游业

利用景区资源和乡村文化,发展具有特色的乡村休闲旅游业。竹泉村是拥有独特的自然生态条件和山水景观的乡村,在增强自然休闲特色发展生态旅游的同时,将传统的农耕逐步引向农业观光、农事体验、特色农庄、农情民居等附加值高的乡村旅游。

(二)培育特色文化村

尽快完成古村落保护规划的编制,形成保护依据。在充分发掘和保护古村落、古民居、古建筑、古树名木和民俗文化等历史文化遗迹遗存的基础上，优化美化村庄人居环境，把历史文化底蕴深厚的传统村落培育成传统文明和现代文明有机结合的特色文化村。特别要挖掘传统农耕文化、山水文化、人居文化中丰富的生态思想，把特色文化村打造成为弘扬农村生态文化的重要基地。

（三）发挥更大的社会效益，进一步带动当地经济发展

深入开展标准化创建活动，发挥带动作用，提高农民文明指数。充分利用各类营销宣传渠道，推动生态文明建设，为当地村民开拓新的收入增长点，助推地方经济发展。

第十四章　以标准化为统领，打造示范康养小镇

——青岛唐家庄社区美丽乡村标准化试点实践

美丽乡村建设是优化公共资源配置，推动城乡发展一体化的需要。唐家庄社区在美丽乡村的建设中，为确保“建有规范、评有标准、管有办法”，相继开展了一系列“唐家庄特色”标准化工作，通过明确制定一系列建设规范、通用要求和实施标准，全方位编织定量及定性指标系统，多层次构筑美丽乡村建设标准体系，以“标准化”为统领，推进了美丽乡村科学化、规范化、高效化建设，使“美丽乡村”的概念成为可操作、可检验、可修正、可复制的实施行动，使“生产发展、生活宽裕、乡风文明、村容整洁、管理民主”的美好愿景成为摸得着、看得见、感受得到的现实生活。2016 年，唐家庄社区被山东省质量技术监督管理局评为“山东省美丽乡村标准化试点村”。

一、标准化工作的主要做法

唐家庄社区是青岛市崂山区王哥庄街道办事处的一个行政村。社区三面倚山，一面迎海，环境优雅，景色宜人。社区民居都是以崂山花岗岩为主材的民居，独具特色。社区内崂山茶种植面积较大，是远近闻名的崂山茶种植、加工及销售的社区。社区总的地势西高东低，景观视野开阔，整体为阳坡，便于开发，生境梯度丰富。

（一）明确社区规划总体定位

按照生态优先、文化传承、风貌保护、特色产品多元化的原则，唐家庄社区进行了规划研究，将社区总体定位为养生养老示范康养小镇、乡村休闲全景体验，将社区产业结构规划为“一心、四区”，将功能分区划分为“一轴、一核、四片区”，将规划结构确定为“一环、三谷、三片区”，将产品布局规划为由主路串成的 5 个主题片区及 29 个产品，作为社区将来进行产业运营的目标和依据。

(二)加大基础设施建设投入

投资 4280 余万元，主要对社区内的道路、街道硬化、铺装、亮化，进行景观打造。改善和优化给水管网，铺设污水管网，设置污水处理模块，集中处理污水，达到无害化排放，电力、通信、有线等线缆进行埋设下地，同时对社区内部分节点进行绿化打造。

(三)打造独具特色的景观小品

投资 3000 万元，对社区内广场进行绿化、亮化，打造独具特色的景观；对社区水库及河流进行整治，改造社区东部茶园林相，整治各小流域，规划建设景观公园，对社区 2 个进村路口进行高规格设计打造，并建设停车场。下一步将继续加大投资，进行市场化运作，充分吸收社会资本参与社区特色产业开发，实施农家精品酒店打造及运营。

二、标准化试点建设内容

(一)管网整治

一期工程为综合整治工程，投资 4300 余万元，改造给水管网约 4000 米，主要包括道路景观、线缆下地、给水及污水治理，引进了海绵城市的一些先进做法，确保区域内的雨水 80%就地消纳和吸收。对消防设施进行了规划建设，设计建设 2 处高位水池用来保障消防应急用水，对原社区给水管网进行改造，和街道主管网进行对接，确保社区全年全时段不间断供水。

(二)线缆整治

唐家庄社区是崂山区第一个进行所有线缆规整入地的社区，整治电力线缆约 21000 米、通信线缆约 7000 米。设计将社区内电力、通信、有线及监控全部进行规整入地，工程完成后，从滨海公路进入社区将不会再有架空的线缆。将社区道路分为 3 个等级，主干道路及通车道路采用沥青铺装，支路及街巷采用石板铺装，共计划铺设计沥青路 6000 余平方米，石板路 24000 余平方米。

(三)道路整治

对社区内所有道路进行硬化、铺装。其中主要进村路及村内大街道都设置了道路安保设施。滨海公路及城市轻轨从社区经过，383、617、110 等 5 条公交线路通过社区，并都在社区进村路口设置公交候车亭。

三、试点取得的成效

牢固树立标准化理念，对照《美丽乡村建设规范》，查缺补漏、提档升级、突出特色、分类施策，努力实现基础设施配置标准化、公共服务功能标准化、工程建设质量标准化、长效管护机制标准化。

(一)基础设施健全完善

社区内设置2个变电设备,确保社区用电安全,有线、联通、移动等通信配套设施全覆盖。自来水管网全覆盖,水源来自优质水源地晓望水库,水质甘甜,供水部门定期进行水质检测。村庄道路布局合理,质量达标,道路标识清晰、配套齐全。设立固定垃圾收集点,有专职环卫人员负责村内垃圾的清理和外运。垃圾全部实现集中收储、转运、清理。主要路口及街道都设置了安全监控,和开网工程实现共享。社区内设有超市、便民服务中心、健身广场、文化活动中心、幼儿园等公共服务设施。广播、电视、电话、网络等公共通信设施齐全。防火防自然灾害等安全设施齐全、标识明确。

(二)村容村貌整洁美观

村庄建设布局合理,外墙整洁,生活设施安装规范,无残垣断壁,无乱搭乱建。村内干净整洁,无卫生死角,宣传栏、广告牌整洁有序,无乱贴乱画。生产生活用品集中有序存放,无安全隐患。

(三)社区管理民主规范

唐家庄社区一直非常重视党建工作,在美丽乡村建设中,多次组织召开社区两委会、居民代表会、党员大会,结合"两学一做"及党员联户等活动的开展,及时向党员和居民传达美丽乡村建设有关精神,组织开展环境卫生清理。在规划、施工及重要节点,都走访群众,听取他们的意见。尤其是村内的胡同狭窄,施工中难免会损害居民的个人物品,但广大居民都能以集体利益为重,积极配合施工单位做好项目施工,使用项目得以顺利推进。

四、预期目标

下一步,唐家庄社区将以美丽乡村标准化试点的建设为契机,通过基础设施建设,将唐家祠堂等文化节点与自然山水肌理结合,植入药谷花田、康体理疗、养老养生和水疗SPA等项目产品,为游人开辟一处"疗心、疗身"的世外桃源,充分利用崂山湾国际生态健康城国家先行先试区的优惠政策,依托健康城的功能辐射和便利的交通优势,将唐家庄社区打造成崂山湾国际生态健康城医疗产业的后花园、都市人修心养生的避风港。

生态方面:划定唐家庄村生态红线及空间管制区域,一条生态红线管到底,通过精打细算地节地、节水、节能,促进有效资源的最大化,实现山、水、人、地的高度和谐。

文化方面:健康是国人自古以来的养生追求,规划区主打康体、养心、绿色、健康的养生文化。

产业方面：打造集接待服务、康体休闲、生态养生于一体的康养小镇，将生态养生与禅修静养相融合，为都市人提供一个静心、静气、静身的体验圣地。

风貌方面：结合村落茶文化主题，打造康养休闲、生态度假为主题的特色村落，对老建筑加以修缮修复，丰富立面材质构造，新建筑统一建筑外饰风格，并对村落环境进行整体提升，增加公共休息游憩场地、绿化区域等。

效益方面：通过旅游业及健康产业的全面发展，解决社区居民就业，为社区集体及居民个人增收打下坚实的基础，通过打造品牌茶叶，提高一产及二产收入。

第十五章　山东省美丽乡村示范村

——威海市文登区界石镇梧桐庵村

梧桐庵村坐落在昆嵛山东麓，位于威海市文登区界石镇境内。梧桐庵村以全域旅游发展为契机，深入挖掘周边自然景观发展潜力，借助昆嵛山樱桃节品牌优势，加强村级班子建设，培育特色旅游产业，同时完善村内基础设施、文化、卫生、公益事业等方面的建设，努力打造“美丽、生态、宜居”村庄。

一、规划编制

梧桐庵按照“大美昆嵛、胶东风情”的定位，聘请专业设计院进行整体规划设计，采用低影响力开发模式，在保护和延伸乡村格局的同时，融入村庄发展新功能，完善公共服务与交通体系，形成见山望水的视觉通廊与宅绿相依的宜居片区。

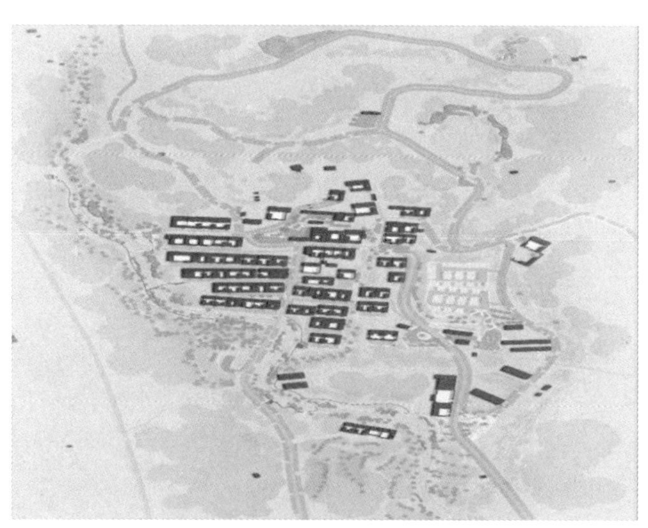

图 15-1　梧桐庵村规划

二、基础设施

美丽乡村建设，基础设施先行。梧桐庵把完善基础设施作为提升承载能力、增强发展后劲的重要抓手，进一步加大资源整合力度，加强与区水利、旅游等业务部门的沟通对接，积极争取上级在美丽宜居乡村建设、河道整治、危房改造等方面的政策资金，为基础设施建设提供保障。

以“美丽乡村”建设为依托，大力实施村路硬化、自来水入户、文化广场建设、厕所改造等基础设施建设工程，有效改善了群众生产生活条件。截至目前，居民生活区污水管网改造工作已完成，实现全村污水集中收集处理，共铺设污水管道2500米。对村内的2500米自来水管网及室内给排水进行更新改造，实现自来水户户通。进村主干道已经全面硬化，通达性好，双向车道。距村口不足100米处设有公交车站点，前往镇驻地及城区的客运班车每半小时一班，方便村民、游客出行。在全村各个道路设置LED灯，既便于群众晚间活动，又达到节约环保效果。村庄已硬化的道路两边及未硬化的道路铺设鹅卵石、自然石等，营造人与自然和谐统一的生态环境。目前，该村已经实现监控、网络、电视信号全覆盖。

图15-2 梧桐庵村碑

图15-3 梧桐庵村污水处理设施

图15-4 梧桐庵村内道路

三、村容环境

梧桐庵依山而建，伴水而居，聚落呈东西长形分布，民居错落而至，黛瓦青石，鳞次栉比，门植果树，宅居昆崙，空间布局尊重山形水势，切合地貌。民居多继承胶东民居特色，承重墙体多以本地山区石材砌筑，内充泥草浆，房顶多采用当地硬木承重，高脊横卧，房坡有摺，平瓦扣顶，冬暖夏凉。村中院落均是传统农家小院，院落用院墙全部封闭，院墙从正房山墙向前延伸，形成闭合院落。院内多种植蔬菜、花卉，田园诗意傲然。村内规划井然有序，无违规建房、私搭乱建等现象。

图 15-5　梧桐庵村容村貌

图 15-6　梧桐庵村房屋建筑

近年来，梧桐庵加大环境保护力度，大力开展农村环境综合整治和城乡环卫一体化工作。村庄保洁员正常上岗，严格按照工作时间进行卫生清理工作，确保村内环境整洁。垃圾清运车辆、垃圾处理设施正常运转。群众良好卫生习惯逐渐养成，无乱丢垃圾、乱泼脏水、恶臭等现象。村南侧建有污水处理厂，对全村居民生活污水统一进行处理，确保不对环境产生污染。

图 15-7　梧桐庵村垃圾桶

图 15-8　梧桐庵村垃圾中转站

对村内原有一处 400 米河塘进行清淤开挖，利用卵石进行砌护，引入山泉水，池内栽植荷花、放养观赏鱼，打造休闲景观点。河塘周围栽植竹子，绿意盎然，给村庄增添了一抹高风亮节之感。

图 15-9　梧桐庵村内池塘

在生态环境方面，梧桐庵村所处的昆嵛山方圆百里，峰峦绵延，林深谷幽，古木参天，多有清泉飞瀑，是中国道教全真派的发祥地、胶东革命的摇篮，素有“海上仙山之祖”美誉，有“海上仙山属蓬莱，蓬莱之祖是昆嵛”之说。梧桐庵村后矗立着一座姿态奇特的山崮，古称“龙门崮”，是昆嵛山七十二崮之一。

图 15-10　龙门崮

村中有两条水系，村南一条大河，鸭、鹅在水中嬉戏，河两岸以毛石堆砌，岸边绿树成荫，河水清澈见底。村周边种植数百棵四月雪，每年春天开白色的小花，香气扑鼻，发展旅游产业潜力巨大。借助资源优势，梧桐庵加强景观打造力度，栽植各类绿化苗木 3000 余棵，将山水村貌与自然融合，围绕“矿石书山，清波碧水,樱桃花谷映繁华"理念,着力打造樱桃花溪、悠然亭、采摘驿站等10余个景观节点,将梧桐庵建设成一座处处皆风景的美丽山村。同时,高度重视森林火灾防范工作,成立了防火护林队、应急民兵小分队,配备了灭火机、柴油发电机等应急物资,并定期进行集中训练,确保突发事件发生后第一时间处置、第一时间报告。

四、产业发展

梧桐庵所在片区是文登乃至胶东地区的优良水果产区之一,出产的杏、苹果以口感好、甜度高、品味纯正而远近闻名。村民房前屋后都栽有果树,发展起了6000多亩(400多公顷)的樱桃园,是烟威地区最大的樱桃种植连片区,樱桃种植、采摘成为主要收入来源。梧桐庵村以樱桃种植为主导产业,目前全村樱桃种植面积已达1.4万亩(约933.3公顷)。在镇政府举办的樱桃节的带动下,樱桃采摘、农家宴已初步形成规模,村内所有群众都开展了农家宴、樱桃园种植等旅游经营活动,并依托樱桃产业,开展了登山大赛、集体写生、品茶会等系列活动,不断提升节会的知名度和影响力,每年吸引数万游客来此观光旅游,成为周边区域群众旅游休闲的重要目的地。

图15-11　梧桐庵大樱桃

图15-12　樱桃节登山大赛

图15-13　梧桐庵村休憩亭

图15-14　梧桐庵樱桃谷

依托昆嵛山优质的自然资源和气候优势，进一步明确产业发展重点，着力打造以环境为载体、以樱桃为特色，包含休闲采摘、民俗文化、自然风光等内容为一体的旅游产业。充分发挥樱桃产业优势，将原有樱桃植物带与村内水系相结合，打造集聚观赏与使用功能于一体的樱桃河谷水系群。通过修建田间漫步道、设置采摘驿站、建设昆嵛樱桃植物馆等，全面提升樱桃采摘活动的体验品质，打响梧桐庵村“红樱桃”品牌。

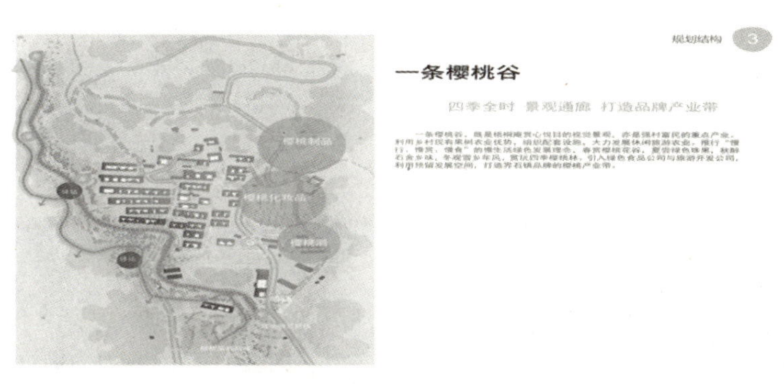

图 15-15　梧桐庵村旅游产业规划图

针对目前村内农家乐、采摘园经营规模小、层次不高、特色不鲜明等问题，通过此次美丽宜居示范村建设，对农家乐、采摘园进行统一规划、集中打造，坚持高标准打造星级示范农家乐，提升接待标准，规范细化旅游接待准则，着力改善游客体验质量，推动乡村旅游提档升级。由镇政府牵头，村委会联合旅游、食药监、工商、消防等部门进行认证，根据服务场地、服务设施、服务项目、安全保障等不同情况，将农家乐按五星标准进行划分等级，认证结果对外公示，公示结束后挂牌运营，并开展动态管理，对不符合标准的农家乐，一律不允许其经营。目前，全村所有农家乐都达到星级水平。

梧桐庵一直把优质服务作为做强旅游产业的关键，筛选原则性强、高度负责、热心服务的老党员、老干部及村民代表，成立了义务巡逻队，主动维护村内治安，及时收集游客意见，定期对所有农家宴、樱桃园服务质量进行测评打分，对发现的问题及时进行调整。同时，定期邀请上级部门对改，不断提高服务质量，对消防安全、食品安全等进行检查，开展消防、急救培训演练，确保不发生突发问题和事件。

五、公共服务

随着美丽乡村示范村的创建，梧桐庵医疗服务设施不断完善，距村 2 千米的界石镇卫生院晒字门诊部完全能满足村民公共医疗保障要求。教育服务水平不断提高，配建有小学、幼儿园，村内适龄儿童全部乘坐统一校车上放学，儿童学前三年入学率和九年义务教育巩固率均为 100%。社会保障能力不断增强，医疗保险覆盖率达 100%，养老保险覆盖率达 95%，并对全村 60 岁以上老年人每人每年给予 500 元的生活补贴，并在年终进行生活慰问，确保老有所依、老有所养。

图 15-16　界石镇卫生院

群众文化生活不断丰富，搭建了体育健身、图书阅览、共享工程、科学讲座等功能于一体的文化大院，配套了健身器材，成为群众开展文化活动的重要载体。建起了文化舞蹈队、锣鼓队，每天坚持排练，积极参加各类比赛活动，每年积极开展各类文化活动。农闲期间积极组织农业培训活动，邀请上级农业专家讲解樱桃种植等方面的知识，弘扬健康向上的精神文化。

图 15-17　梧桐庵村文体活动

六、乡风文明

每年定期组织党员、户代表培训，传授农村绿色环保、质量安全意识科普知识和农村实用技术培训、卫生健康知识、计划生育、防灾减灾、遇险自救技能等知识，提升村民综合素质。在村风民俗建设方面，按照“合法性、实用性、通俗性、参与性”的原则，在广泛征求群众意见的基础上，进一步完善了《梧桐庵村村规民约》，对村民生产、经营活动、村民整体文明行为、安全管理等进行了明确规定，并从福利发放、党员发展等方面制定了奖惩措施，提升村规民约的刚性约束力。近年来，通过贯彻落实村规民约，调动全体村民的积极性和主人翁意识，坚持民主生活会制度，重大事项集体研究，形成团结协作、务实高效的工作作风，有效提升了村庄治理规范化水平，提升了群众的文明程度，从未发生刑事案件，村内没有不稳定因素，为村庄发展营造了和谐稳定的社会环境。结合推进“两学一做”学习教育常态化、制度化，在村深入开展悬挂户牌、树牌亮明责任区、打造党员先锋“三支”队伍等活动，既改善村民生产生活环境，又提升美丽指数、幸福指数。每年开展道德模范身边好人评选活动，评选文明新用户、星级文明户、好媳妇、好婆婆等先进个人，促进村风民风提升。

图 15-18　梧桐庵村宣传活动

图 15-19　梧桐庵村健康教育宣讲

梧桐庵村于清朝康熙三十五年（1770 年）建村，距今已有 240 多年的历史。村内多清末、民国时期的村居，为挖掘和保护历史遗存，在进行旅游开发、打造美丽宜居村庄的过程中，梧桐庵村重点对这些民居进行修缮，老旧危房也本着修旧如旧的原则进行修缮，确保原汁原味，将梧桐庵村打造成“望得见山水、记得住乡愁”的特色山村。

图 15-20　梧桐庵村特色民居

村内文化资源丰富，胶东花饽饽等特色民俗传承多年。近年来，在村庄建设中充分注入胶东民俗元素，保护性整理发掘柳编、花饽饽等民间工艺，建设独具魅力的绿色农家乐等民俗体验区，在村委文化广场打造风俗文化墙，充分弘扬胶东人文气息。2017 年以来，梧桐庵村在村落文脉与石头民居群落整体保护的基础上，结合“梧桐树、凤栖地，静谧养心梧桐庵”形象定位，通过将昆嵛山神话传说和民俗文化艺术化、创意化、体验化利用，采取修旧如旧、联想发挥等工艺方式，先行先试、大胆创新，启动“凤栖谷”美丽乡村建设。

七、村务管理

梧桐庵村务运行正常，红白理事会、道德评议会、人民调解委员会、治保组织等机构健全并且正常运行，社会治安秩序良好，无刑事案件、安全事故发生，无黑恶势力和邪教活动，无黄、赌、毒等社会丑恶现象。民主管理机制健全，重大村务均严格按照“四议两公开”程序，村情稳定，无非正常上访现象发生。村内村级集体经济稳定，年总收入约为 100 万元，能满足开展村务活动、保障公共服务的需要。

图 15-21　梧桐庵村党员民主测评

图 15-22　梧桐庵村征求群众意见

坚持强农村必须强班子的思路，把村级班子建设和党员干部队伍建设作为推动农村发展的基础保障，充分发挥班子的战斗堡垒作用和党员干部的先锋模范作用，凝聚全村群众整体合力。

一是严格村级权力运行。严格落实镇村集中议事制度，积极邀请镇干部到村，一起研究村级事务，提升工作科学化水平。严格落实重要村务全程记实制度，通过文字纪实、录制影像等方式，实现村级决策全过程监管。严格落实农村干部“小微权力”清单制度，明确权力范围、责任边界，做到用权有据、办事有规等。通过这一系列制度规定，真正规范了村干部施政行为，增强了村班子的凝聚力和战斗力。

二是强化干部带头作用。农村党员干部是群众的领头羊，是推动农村发展的中坚力量。在具体工作中，不论是发展特色产业，还是建设村内基础设施，以及维护村庄环境，首先广泛发动党员干部带头开展、率先垂范、出工出力，形成干事创业的鲜明导向，为群众作好示范。目前，全村所有党员干部均带头种植樱桃，村干部带头兴建农家乐，以自身行动带动群众增收致富。

党政主要领导亲自抓布置，各责任部门具体抓落实，齐抓共管，广大人民群众积极参与，使梧桐庵村乡村建设步伐加快，村容村貌有了巨大转变，居民住户精神面貌和行为有了质的飞跃，有力地推动了生态宜居建设健康快速地向前发展。

第十六章　山东省美丽乡村示范村

——滨州经济技术开发区里则街道庄科李村

美丽乡村建设是改善人居环境、加速城乡一体化进程、促进经济全面发展、提升村整体形象的重要举措。庄科李村位于滨州经济技术开发区里则街道办事处里则社区北首，南接国道220，西邻西海水库。村民以农业生产为主，铁编产业不断壮大，相应配套的服务业也逐步跟进。庄科李村规划编制科学合理、基础设施完善、村容环境整洁美观、产业发展欣欣向荣、农村公共服务全面到位、乡风文明健康向上、村务管理规范专业，是里则街道办事处美丽乡村建设的典范。

一、规划编制

根据省、市、区美丽乡村建设相关精神，以“生态、绿色、文明、和谐”为主题，以省《美丽乡村建设规范》系列地方标准为依据，以提升村民生活满意度为目标，庄科李村制定了适合本村实际的美丽乡村建设规范，大力开展道路硬化、村庄亮化、环村绿化、环境美化等基础设施建设，制定村规民约、文明守则、卫生公约等多项制度，努力把本村建设成环境整洁、设施完善、生态优化、产业繁荣、村风文明的美丽乡村。

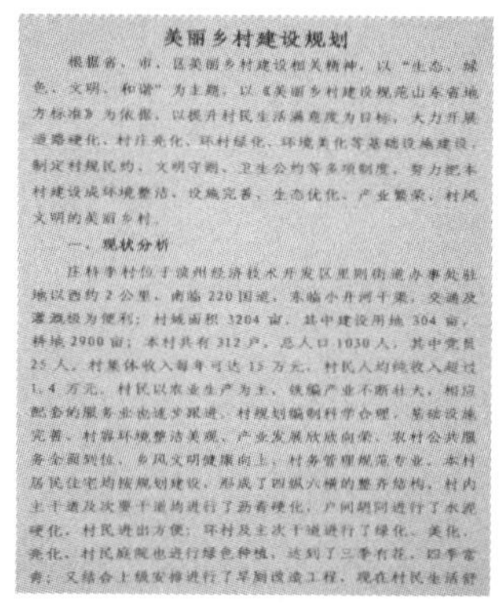

美丽乡村建设规划

根据省、市、区美丽乡村建设相关精神，以“生态、绿色、文明、和谐”为主题，以《美丽乡村建设规范山东省地方标准》为依据，以提升村民生活满意度为目标，大力开展道路硬化、村庄亮化、环村绿化、环境美化等基础设施建设，制定村规民约、文明守则、卫生公约等多项制度，努力把本村建设成环境整洁、设施完善、生态优化、产业繁荣、村风文明的美丽乡村。

一、现状分析

庄科李村位于滨州经济技术开发区里则街道办事处驻地以西约2公里，南临220国道，东临小开河干渠，交通及灌溉极为便利；村域面积3204亩，其中建设用地304亩，耕地2900亩；本村共有312户，总人口1030人，其中党员25人。村集体收入每年可达15万元，村民人均纯收入超过1.4万元。村民以农业生产为主，铁编产业不断壮大，相应配套的服务业也逐步跟进。村规划编制科学合理，基础设施完善，村容环境整洁美观，产业发展欣欣向荣，农村公共服务全面到位，乡风文明健康向上，村务管理规范专业。本村居民住宅均按规划建设，形成了四纵六横的整齐结构，村内主干道及次要干道均进行了沥青硬化，户间胡同进行了水泥硬化，村民进出方便；环村及主次干道进行了绿化、美化、亮化，村民庭院也进行绿色种植，达到了三季有花，四季常青；又结合上级安排进行了旱厕改造工程，现在村民生活舒

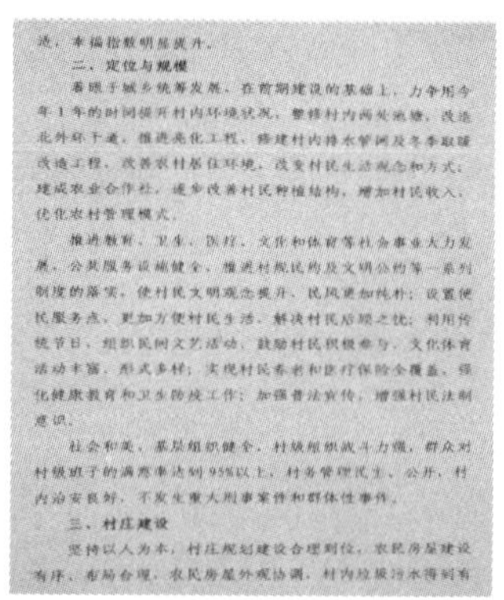

适，幸福指数明显提升。

二、定位与规模

着眼于城乡统筹发展，在前期建设的基础上，力争用今年1年的时间提升村内环境状况，整修村内两处池塘，改造北外环干道，推进亮化工程，修建村内排水管网及冬季取暖改造工程，改善农村居住环境，改变村民生活观念和方式；建成农业合作社，逐步改善村民种植结构，增加村民收入，优化农村管理模式。

推进教育、卫生、医疗、文化和体育等社会事业大力发展，公共服务设施健全，推进村规民约及文明公约等一系列制度的落实，使村民文明观念提升，民风更加纯朴；设置便民服务点，更加方便村民生活，解决村民后顾之忧；利用传统节日，组织民间文艺活动，鼓励村民积极参与，文化体育活动丰富，形式多样；实现村民养老和医疗保险全覆盖，强化健康教育和卫生防疫工作；加强普法宣传，增强村民法制意识。

社会和美，基层组织健全，村级组织战斗力强，群众对村级班子的满意率达到95%以上，村务管理民主、公开，村内治安良好，不发生重大刑事案件和群体性事件。

三、村庄建设

坚持以人为本，村庄规划建设合理到位，农民房屋建设有序，布局合理，农民房屋外观协调，村内垃圾污水得到有

图16-1　庄科李村美丽乡村建设规划(节选)

二、基础设施与村容环境

庄科李村居民住宅均按规划建设，形成了四纵六横的整齐结构。全村主干道、次干道及宅间道硬化率达100%，主干道全长4000余米，道路标识清晰，主干道两旁均有高标准的排水沟，次干道两旁也有简易的排水沟。全村道路横平竖直，四通八达，方便村民的出行。

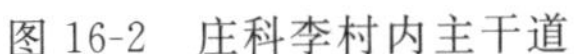

图16-2　庄科李村内主干道

图16-3　庄科李村排水沟

全村自来水普及率达100%，村委又投资80000多元购买一台大型净水器，村民采用刷卡取水的方式，可饮用到安全、健康的纯净水。庄科李村积极响应上级安排进行旱厕改造工程，已于2016年全面完成旱厕改造工程，实现户用卫生厕所普及率100%。同时，对村内道路两侧进行全方位排水管网建设，达到道路通畅，排水通畅。

庄科李村供电设施符合GB/T 156、DL/T 5118标准要求，无安全隐患。供电能满足村民基本生产生活需求，生活用电实现一户一表。全村共有大功率LED路灯130盏，从南部入村路到村庄角角落落，路灯安装率达100%，且所有路灯运行正常。庄科李村广播、电视、电话、网络、邮政等公共通信设施齐全，信号畅通，能够满足村民使用需求，且线路架设规范，安全有序。庄科李村还通过有线电视设立庄科李频道，方便村民观看身边的新闻、村委的通知以及治安监控等。

图 16-4　庄科李村主干道路灯

三、村容环境

庄科李村房屋建筑符合当地居民生活习惯和风俗民情，与环境统一协调，布局科学合理，外墙整洁美观，热水器、空调等设施安装规范，无乱搭乱建现象。房前屋后、道路、绿化带、花坛、公共场所等可视范围干净整洁，村民卫生习惯良好，自觉维护村庄环境，无乱倒填埋生活垃圾现象。

庄科李村建有生活垃圾处理长效机制，环境卫生实行市场化运作，日常保洁、环卫设施设备、垃圾清运均由专业的环卫保洁公司负责。开展村庄清洁行动，全面落实村庄卫生保洁，在主路两侧合理放置垃圾桶，并对垃圾进行分类，以保证村民生活需要，做到村庄环境卫生清洁，公共场所专人保洁，对垃圾进行定期收集、实现垃圾无害化处理，确保村内环境整洁。

图 16-5　庄科李村道路整洁干净

图 16-6　庄科李村垃圾桶

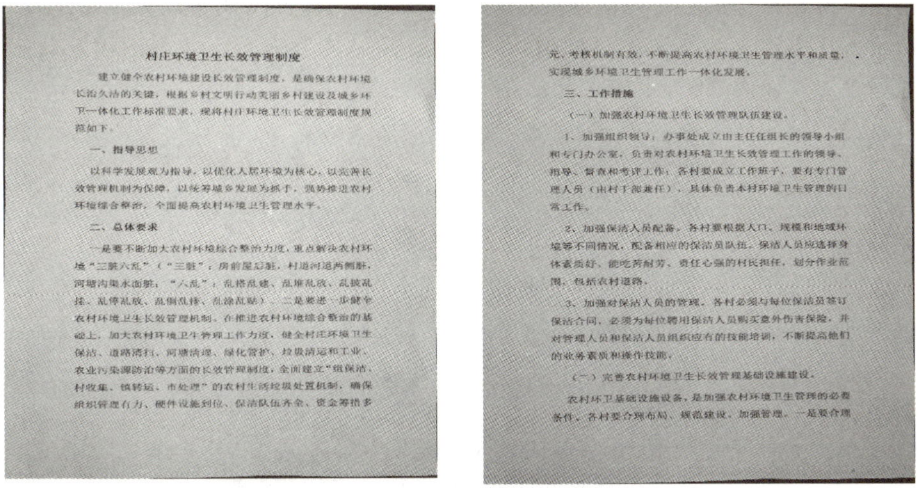

村庄环境卫生长效管理制度

建立健全农村环境建设长效管理制度，是确保农村环境长治久洁的关键，根据乡村文明行动美丽乡村建设及城乡环卫一体化工作标准要求，现将村庄环境卫生长效管理制度规范如下。

一、指导思想

以科学发展观为指导，以优化人居环境为核心，以完善长效管理机制为保障，以统筹城乡发展为抓手，强势推进农村环境综合整治，全面提高农村环境卫生管理水平。

二、总体要求

一是要不断加大农村环境综合整治力度，重点解决农村环境“三脏六乱”（“三脏”：房前屋后脏，村道河道两侧脏，河塘沟渠水面脏；“六乱”：乱搭乱建、乱堆乱放、乱披乱挂、乱停乱放、乱倒乱排、乱涂乱贴）。二是要进一步健全农村环境卫生长效管理机制。在推进农村环境综合整治的基础上，加大农村环境卫生管理工作力度，健全村庄环境卫生保洁、道路清扫、河塘清理、绿化管护、垃圾清运和工业、农业污染源防治等方面的长效管理制度，全面建立“组保洁、村收集、镇转运、市处理”的农村生活垃圾处置机制，确保组织管理有力、硬件设施到位、保洁队伍齐全、资金筹措多元、考核机制有效，不断提高农村环境卫生管理水平和质量，实现城乡环境卫生管理工作一体化发展。

三、工作措施

（一）加强农村环境卫生长效管理队伍建设。

1、加强组织领导：办事处成立由主任任组长的领导小组和专门办公室，负责对农村环境卫生长效管理工作的领导、指导、督查和考评工作；各村要成立工作班子，要有专门管理人员（由村干部兼任），具体负责本村环境卫生管理的日常工作。

2、加强保洁人员配备。各村要根据人口、规模和地域环境等不同情况，配备相应的保洁员队伍。保洁人员应选择身体素质好、能吃苦耐劳、责任心强的村民担任，划分作业范围，包括农村道路。

3、加强对保洁人员的管理。各村必须与每位保洁员签订保洁合同，必须为每位聘用保洁人员购买意外伤害保险，并对管理人员和保洁人员组织应有的技能培训，不断提高他们的业务素质和操作技能。

（二）完善农村环境卫生长效管理基础设施建设。

农村环卫基础设施设备，是加强农村环境卫生管理的必要条件。各村要合理布局、规范建设、加强管理。一是要合理

图 16-7　庄科李村环境卫生长效管理制度

庄科李村创造性地制定了义务劳动日制度，规定一年内不少于 2 次的群众“义务劳动日”，组织党员、干部、群众开展全村卫生大清洁活动，并组织人员对卫生死角进行义务清扫，动员村民适当承担相应的卫生保洁任务，共同实现村庄环境美化、农户庭院洁化、村容村貌优化目标。

庄科李村内绿化情况良好，全村林草覆盖率达 50%，村内主干道两旁以冬青和女贞为主，同时种有法桐、海棠、龙抓槐等绿化树木 1300 余棵，具有较好的绿化效果。户内庭院也通过种植蔬菜、花卉、盆栽等方式进行绿色种植，实现庭院绿化美化，达到了三季有花、四季常青。

图 16-8　庄科李村街道绿化

庄科李村积极对村内池塘进行美化和圈围改造，村内池塘以承包的形式租给个人从事渔业养殖和莲藕种植，每年可给村集体带来一定数量的固定收入。池塘种养殖较为规范，水体状况良好，无污染。

图 16-9　庄科李村池塘

庄科李村定期应用生态物理措施组织进行鼠、蝇、蚊、蟑螂等病媒生物综合防治，使用的药物应符合国家相关要求。

图 16-10　庄科李村病媒及有害生物综合防治

四、产业发展

庄科李村以传统农业种植为主。2017 年以来，村两委逐步进行产业结构调整，由传统种植向经济效益更高的作物转变，大力发展现代农业，引入节水灌溉项目，种植土豆及优质小麦 330 余亩（22 公顷），并成立了绿乐种植农民专业合作社，为合作社成员提供种植技术和市场信息，定期开展技术培训、技术交流和咨询服务，促进农民增收。庄科李村有村庄大集，为本村及附近村庄农产品、初加工品的流通提供了便利的条件。该村计划在现有村庄基础设施的基础上，努力发展乡村旅游业。

五、公共服务

村内建有卫生室一处，总面积 400 平方米左右，设有诊断室、治疗室、公共卫生室、观察室、值班室和药房等。卫生室医疗队伍健全，建筑面积、基本配置均符合要求，能遵守有关规章制度，能提供疾病的初步诊查和常见病、多发病的基本诊疗以及康复指导、护理等服务，并能够承担、参与或协助开展基本公共卫生服务，能为村民提供安全、方便、质优的卫生服务。

庄科李村制定医院文明公约、医德医风建设及违反的处罚规定，要求医务人员加强学习、牢记宗旨、热爱本职，平等对待患者，服务热情周到，坚持廉洁行医等。同时，庄科李村还制定卫生制度、药库管理制度和处方制度等，分别就卫生室的清扫范围、检查标准，药库药品的采购、存放，开具处方的要求、规定进行了统一规范，有效保障村民享受良好的卫生服务。

图 16-11　庄科李村卫生室功能空间

图 16-12　卫生室执业人员证书

村内建有幼儿园一所，总面积 700 多平方米，其中建筑面积 200 平方米，室外活动场所 500 多平方米。幼儿园共有幼师 5 人，学生 50 多人，来自周边十几个村。

村内建有一个综合性的文体服务中心，总占地面积 200 多平方米，分为办公室、农家书屋、阅览室、电子阅览室以及农民学校五部分，具有娱乐、广播、阅读、科普、教育、健身等功能，能满足村民阅读、听广播、进行公共文化鉴赏、参加大众文化活动和体育健身等需求。其中农家书屋具有各类图书近万册；阅览室共有桌椅 40 多套，可同时容纳 100 人读书学习；电子阅览室共有电脑 12 台，方便村民上网查阅各类信息。

图 16-13　庄科李村综合性文体服务中心

图 16-14　庄科李村图书阅览室

图 16-15　庄科李村文体活动室

村内建有文体公共活动广场，总占地 2000 多平方米，具有 1 处标准篮球场、25 套高质量健身器材，能满足全村村民文体活动的需求，并设置公共阅报栏和村级广播系统，及时提供惠农政策、科学技术知识、法律法规常识、文化生活、防灾预警、国家发展成就等信息的服务。

村内还有幸福院一处，幸福院共占地 700 多平方米，房间 8 间，可同时容纳

24 位老年人入住，各项配套服务设施和人员齐全。

图 16-16　庄科李村文体活动广场

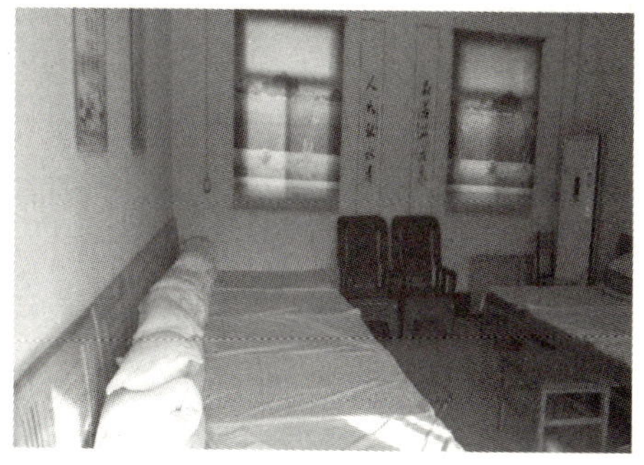

图 16-17　庄科李村幸福院

在社会保障方面，庄科李村能够落实各项村庄困难群体和老年人、残疾人、孤儿等特殊群体社会保障制度，保障村民在年老、疾病等情况下依法获得帮助的权利，并定期组织开展送温暖、献爱心等志愿服务活动，为特殊群体的基本生活提供帮助。

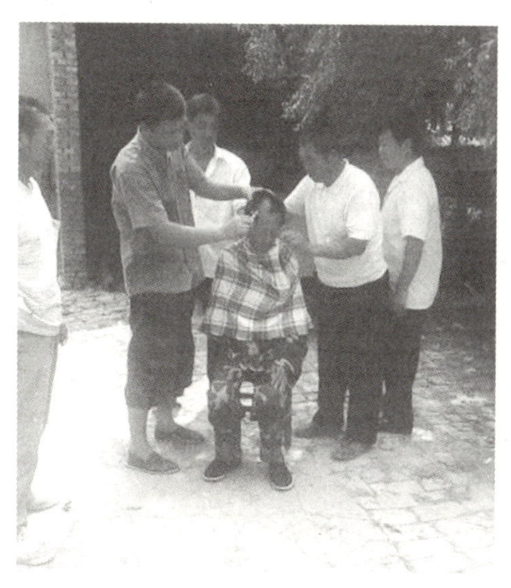

图 16-18　庄科李村送温暖、献爱心志愿服务活动

在公共安全方面，庄科李村按照市、区政府和街道办事处关于做好安全生产、消防工作一系列的重要指示精神和要求，认真贯彻落实有关安全生产和消防安全的法律、法规和政策，制定安全生产、消防安全目标管理责任书，夯实安全生产基层基础工作，全面落实安全生产责任制和目标管理，确保辖区安全生产形势

持续稳定。为进一步提高保障公共安全和处置突发公共事件的能力，最大限度地预防和减少突发公共事件及其造成的损害，里则街道办事处制定了突发公共事件总体应急预案，有力保障公众的生命财产安全，维护社会稳定。

在便民服务方面，按照里则街道办事处关于印发《里则街道办事处加强三级便民服务平台建设的实施方案》的通知要求，为进一步推进行政运行机制和政府管理方式向规范有序、公开透明、便民高效转变，建立市、乡(镇、街道)、村三级便民服务平台，打造便民服务中心、农村会计服务中心，提高公共服务能力和水平，加强农村基层党风廉政建设，庄科李村设立便民服务代办点，受理村民提出的申请，并按规定进行办理或直接向办事处便民服务中心报送，真正为民办实事。庄科李村便民服务代办点能够做到“六有”，即有牌子、有班子、有场所、有事项、有记载、有制度，便民服务事项涵盖建房审批、户口迁移、法律咨询、水利电力设施维修、种养结构调整、邻里关系纠纷调解等，真正把便民服务中心代办点作为一项民心工程来抓。

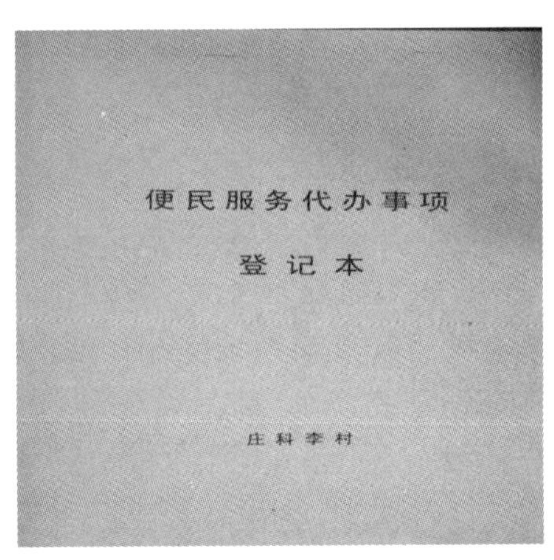

图 16-19　庄科李村便民服务待办事项登记本

六、乡风文明

庄科李村深入开展村风民俗建设，已制定符合本村实际的村规民约，有助于推进庄科李村民主法制建设，维护社会稳定，树立良好的民风、村风，创造安居乐业的社会环境，促进经济发展。庄科李村经常利用文化活动室等场所，定期组织讲文明、讲科学、讲法制、改陋习等活动，引导村民树立积极向上的价值观、婚恋观、家庭观、消费观，并设有红白理事会、道德评议会等。

在道德风尚建设方面，庄科李村积极开展爱国主义、集体观念、道德、法治、诚信等教育活动，引导村民自觉践行社会主义核心价值观。通过建设农家书屋，倡导村民读书学习，并引导村民遵守社会生活中的礼仪规范。深入实施以“孝、诚、爱、仁”为主题的“四德工程”，建立善行义举四德榜，每年举行好媳妇、好婆婆、道德好人评选活动。评选活动经推荐、投票以及公示环节推选出获奖者，并给予获奖者适当的物质奖励，引导村民自觉遵守社会公德、家庭美德，养成良好的个人品德，营造文明和谐的道德风尚。

好媳妇

好婆婆

五好家庭

支部书记为获奖者颁奖

图 16-20　庄科李村“四德工程”

近年来，经过村两委和全村村民的共同努力，庄科李村获得了一系列的荣誉，包括“市级平安村居”“里则街道办事处先进党支部”“里则街道办事处乡村卫生一体化建设特别贡献奖”“市级美丽乡村”以及区秧歌大赛一等奖。

七、村务管理

庄科李村基层组织健全，村两委能严格贯彻党的路线、方针、政策，遵循民主选举、民主决策、民主管理、民主监督的工作要求，按照《滨州市村级组织规范化运行管理办法（试行）》等有关制度的通知，制定村民自治章程，对村民会议、村民代表会议、村民委员会、村务监督委员会、村务处理程序等进行了规定，并有效实施，能够协调解决纠纷和处理应急事件，干群关系融洽和谐。

庄科李村“民主议政日”活动情况

时间	2017.[illegible]	主持人（签名）	[illegible]	记录人（签名）	[illegible]	包村干部（签名）	[illegible]
参会人员（签名）	党员			村民代表			
	[illegible]			[illegible]			
缺席人员	[illegible]			[illegible]			

（二）村民代表会议发言记录

会议纪要：

为保障土豆种植户经济收益，因土豆上市价格较低，收购商与农户签订储存合作，等明年价格上涨后再出售。储存每吨320元，十月库费每吨20元共计340元。如同意储存，收购商预付现金，收款土豆时农户[illegible]只负责过磅记数，由合作社工作人员负责装货。土豆人工、机械费、装箱费等由农户承担，村委会负责协调。

同意签字：

[illegible]

“民主议政日”活动议题

	议题
市县乡提出的议题	一、[illegible]组织学习习近平总书记有关[illegible]文章。
	二、“党员先行 聚力扶贫”主题党日。[illegible]
	三、[illegible]有关事宜的文件的通知。
	四、关于完善核对“主题党日e线通”[illegible]信息。
	五、做好安全生产及环保相关工作。
经调查和征求意见，党员和群众代表提出的议题	六、做好严重精神障碍患者的排查工作。
	七、填写[illegible]
	八、通知1957年出生[illegible]
	九、排查村内矛盾和问题。
	十、公布上月财务收支情况。
	十一、
村“两委”研究确定的议题	1、池塘护坡，植绿草、花，幸福二路排水沟建设人工费
	2、村后大集路延伸硬化路建设方案
	3、村大集进一步巩固（物资交流会）
	4、产业结构调整（土豆种植）

重大事项召开专题会议

图 16-21　庄科李村民主议政

庄科李村党组织能够贯彻执行党的路线、方针、政策和上级党组织及本村党员大会的决议，发挥领导核心和战斗堡垒作用。制定廉政自律风险防控措施，落实党风廉政建设责任制，遵守领导干部廉洁从政有关规定，充分发扬党内民主，严格按党委议事规则办事，严格执行财经纪律和财务管理制度，严格执行党务、政务、财务公开制度，加强对干部的教育管理，提高工作效能，加强群众监督，进行风险提示、廉政谈话等预防措施。

第十七章　山东省美丽乡村示范村

——菏泽市鄄城县董口镇军屯村

美丽乡村建设是优化公共资源配置、推动城乡发展一体化的需要。建设美丽乡村、发展农业经济、改善农村人居环境、传承生态文化、培育文明新风成为当前农村建设的重点，菏泽市鄄城县董口镇军屯村牢固树立标准化理念，对照《美丽乡村建设规范》，查缺补漏、提档升级、突出特色、分类施策，努力实现基础设施配置标准化、公共服务功能标准化、工程建设质量标准化、长效管护机制标准化。

一、规划编制

规划先行是美丽乡村建设的创建原则。军屯村的美丽乡村建设方案有文字材料，同时还在村口显著位置张贴图文并茂的展板，涵盖要素齐全，基本包含了现状分析、定位与规模、村庄建设、村容环境、产业发展、公共服务、村务管理、保障机制等要素。建设方案坚持以人为本、村民参与、生态优先、因地制宜、合理布局、节约用地、多规融合、协调系统的编制原则，能精准针对本村的优势、需求和问题，综合评价本村的发展条件，提出适合军屯村建设的指导思想和发展目标，符合 DB37 2737.1 的编制原则和总要求。

图 17-1　军屯村美丽乡村建设方案

二、基础设施

农村基础设施是农村经济社会发展和农民生产生活改善的重要物质基础。基础设施建设规定了道路、桥梁、给排水设施、供电设施、照明设施、通信设施、供热设施、燃气设施和安全设施的建设要求。

（一）道路

军屯村内道路布局科学合理，顺应现有村庄格局，道路通畅，主干道路边宽度能满足会车要求，并设置专门的停车区域，满足停车要求。道路质量符合相关标准，村内主干道、次干道及宅间道均全面硬化。村内主干道道路标识清晰，道路设施齐全。主干道、次干道均有必要的排水沟。

图 17-2　军屯村内主干道道路设施

图 17-3　军屯村内停车场

图 17-4　军屯村内次干道

图 17-5　军屯村内主干道排水沟

军屯村进村口有村碑，村内路口设有导向标识，方便村民出行。

图 17-6　军屯村碑

图 17-7　军屯村道路导向牌

（二）给排水

军屯村能根据村庄实际，合理确定用水量指标、供水水源和水压要求，排水设施符合要求，自来水全覆盖，保证村民用水需要。村内主干道、次干道均有排水设施并运行正常，无污水乱排现象。

图 17-8　军屯村自来水

（三）供电、照明

军屯供电设施符合 GB/T 156、DL/T 5118 标准要求，无安全隐患。供电能满足村民基本生产生活需求，生活用电实现一户一表。

图 17-9　军屯村供电设施

村庄主干道和公共场所路灯安装率达 100%，次干道及宅间道根据需要设置路灯或户灯，满足照明要求，并定期维护，保障日常照明。路杆使用水泥制作，路灯选用太阳能灯等节能灯具。

图 17-10　军屯村主干道路灯

（四）通信、安全

军屯村广播、电视、电话、网络、邮政等公共通信设施齐全，信号畅通，能够满足村民使用需求，且线路架设规范，安全有序。村委内放置有灭火器，并标识明确。

图 17-11　军屯村户内电视

图 17-12　军屯村灭火器

三、村容环境

村容环境包括房屋建筑、村容维护、环境卫生、村庄绿化、卫生厕所改造、厨房改造、病媒生物综合防治等。生态环境包括基本环境要求、清洁能源使用、生态环境保护。

(一)房屋建筑

军屯村房屋建筑符合当地居民生活习惯和风俗民情，与环境统一协调，布局科学合理，具有整体特色风格。外墙整洁美观，热水器、空调等设施安装规范，无危房和影响景观的棚舍、残破或倒塌的墙体，无乱搭乱建现象。

图 17-13　军屯村房屋建筑

图 17-14　军屯村外墙安装家电

（二）村容维护

军屯村房屋建筑房前屋后、道路、绿化带、花坛、公共场所等可视范围干净整洁，无污水溢流，基本无散落垃圾，生产生活用品集中有序无害存放。宣传栏、广告牌等设置规范，整洁有序，村庄内无乱贴乱画现象。军屯村无露天焚烧垃圾和秸秆现象。村民家庭卫生整洁，村民卫生习惯良好，自觉维护村庄环境，无乱倒填埋生活垃圾现象。

图 17-15　军屯村容环境

图 17-16　军屯村宣传栏

（三）环境卫生

军屯村建有长效卫生保洁队伍，定期对村庄环境进行打扫，并合理配置垃圾收集点、建筑垃圾堆放点、垃圾箱等，村庄干净卫生，无垃圾死角、粪堆、土石堆、柴草堆。主干道、次干道隔段放置垃圾箱，并实现垃圾分类收集与存放。划定畜禽养殖区域，人畜分离，未见畜禽乱跑现象。军屯村目前尚未建设污水处理设施。

卫生保洁制度

为加强保洁队伍的管理，提高保洁员的工作素质和思想素质，进一步搞好村庄环境卫生，就保洁员管理制订如下制度

1、保洁员由村聘用，服从村委会的管理、分配、指挥。

2、保洁员必须按村里划分的责任片(含公共区域)，完成好自己的工作任务，清扫保洁率要达到100%。

3、保洁员要积极参加镇及村组织的各种卫生突击活动，努力完成各项工作任务。

4、保洁员因病或因事外出暂不能工作时，需自己找人替班，并向村里请假，准许后方可离岗。

6、保洁员在工作中要注意安全，防止各种事故的发生，一旦发生事故后果自负。

7、保洁员要树立为村民、为社会服务的品德，做到不怕苦、不怕累，树立良好的行业形象。

8、保洁员要语言文明，以理服人。发现有乱倒垃圾、乱泼污水、乱扔杂物等现象，做到文明劝导，主动清扫。

9、保洁员在岗期间，保持个人卫生，衣服勤洗勤换，必须穿配发的工作制服。

保洁员

图 17-17　军屯村卫生保洁制度

图 17-18　军屯村垃圾桶

（四）村庄绿化

军屯村进村路及主要街道、河道两侧，按照适地适树要求，以乡土树种为主，做到树种丰富、乔灌草合理搭配、兼顾经济和景观效果，实现较好的绿化效果。但由于目前村内修建房屋的很多，导致部分次干道、农宅之间绿化欠佳，待房屋修建完毕，军屯村将尽快实施村庄绿化工程。户内庭院通过种植蔬菜、花卉、盆栽等方式，实现庭院绿化美化。

图 17-19　军屯村庭院绿化

（五）池塘保护

军屯村内无池塘，在村口有几处坑塘，水体略有污染，目前正在进行重点清理，并加以保护和利用。

（六）户用厨房

军屯村基本实现全村传统厨房改造，具有相对独立的功能区，各区域清洁卫生，有排烟和给排水设施，且厨房普遍保持清洁、卫生。

图 17-20　军屯村户用厨房

（七）户用厕所

军屯村已实现村内家庭卫生厕所全覆盖，并符合农村户厕卫生规范的要求，村内基本不存在露天粪坑和简易茅厕。卫生厕所实行粪便无害化处理，符合粪便无害化卫生的要求。村内配备2处卫生公厕，与文体活动区域结合设置，并由专人负责打扫管理。

图17-21　军屯村户用厕所

（八）病媒及有害生物综合防治

军屯村定期应用生物物理措施组织进行鼠、蝇、蚊、蟑螂等病媒生物综合防治，使用的药物符合国家相关要求。

（九）污染防治

军屯村能够按照农业固体废物资源化、减量化、无害化处理的要求，注重农膜回收利用和农作物秸秆综合利用，畜禽粪便（粪污）综合利用率较高。村内无水产养殖，不产生养殖废水。军屯村内无工业企业，不产生工业企业污染物。

四、产业发展

农村产业发展是农业结构战略性调整的风向标和建设现代农业的重要环节，包括农业、工业和服务业三大产业。推进美丽乡村产业发展建设，需要明确整体产业发展目标和方向，逐步形成与村庄环境相协调、与区域产业发展政策相统一、具有地方特点的农村产业发展模式，全面提高村庄发展和村民收入水平。

军屯村内有养殖、皮毛加工、牡丹园、果园等产业，能结合当地实际，制定明确的产业发展思路，布局和结构合理，并注重生态循环和清洁生产，一、二、三产业融合发展。军屯村部分集体土地已流转，一部分承包给企业建设扶贫车间，一部分承包给鄄城科达农业发展有限公司，经营苗木、蔬菜、牡丹、芍药等农作物种植、销售等，租金作为集体经济一项稳定的收入来源，能够满足开展村务活动和保障公共服务的需要。

图 17-22　军屯村产业规划

图 17-23　军屯村注重清洁生产

2016 年，军屯村农村经济总收入较 2015 年有所增长，但仍有贫困户，目前已成立精准扶贫工作组，并在村内建设扶贫车间，帮助贫困户实现就近就业，争取早日脱贫。

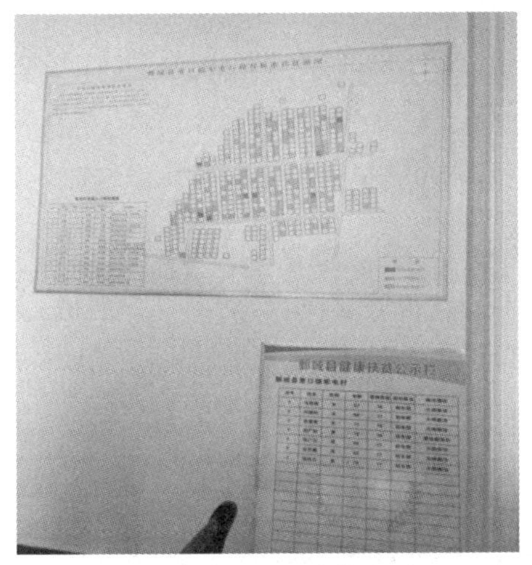

图 17-24　军屯村精准扶贫

军屯村村民较多从事养殖加工、生产经营等，农民人均可支配收入较高，高于全省平均水平 10%。村内有农林专业合作社等新型经营主体，且运行良好。农业种植、养殖基础设施建设完善，能结合产业发展，配备先进、适用的现代化农业生产设施设备，农业种植耕、种、收等可实现机械化、现代化。村内有香油坊、糕点加工厂等，能够依托优势、特色农业产业带，发展农产品产地初加工、精深加工和综合利用，提高产品附加值。村内有多家超市，能够代办快递收发、无线宽带办理、话费充值等服务业务。村内没有高污染、高耗能、高排放企业。

图 17-25　军屯村文明号糕点加工厂

五、公共服务

美丽乡村公共服务包括医疗卫生、公共教育、文化体育、养老服务、社会保障、劳动就业、公共安全、便民服务等内容。

(一)医疗卫生

军屯村卫生室建筑面积、基本配置均符合要求,能遵守有关规章制度,能提供疾病的初步诊查和常见病、多发病的基本诊疗以及康复指导、护理等服务,并能够承担、参与或协助开展基本公共卫生服务,参与或协助专业公共卫生机构落实重大公共卫生服务,能为村民提供安全、方便、质优的卫生服务。

图 17-26　军屯村卫生室

(二)公共教育

军屯村能按照要求保障所有适龄儿童、少年享有平等受教育的权利,提高基本文化素质。军屯村建有幼儿园和中小学,符合教育部门布点规划要求,能提供公益性、普惠性学前教育,学前三年毛入园率不低于 85%。协助普及义务教育,为适龄人员接受义务教育创造良好环境,九年义务教育巩固率不低于 98%。

图 17-27　军屯村村内学校

（三）文化体育

军屯村建有综合性文体服务中心，具有娱乐、广播、阅读、科普、教育、健身等功能，能满足村民阅读、听广播、进行公共文化鉴赏、参加大众文化活动和体育健身等需求。建设面积不低于200平方米，基本功能空间包括图书报刊阅览室（农家书屋）、公共电子阅览室、文体活动室、综合展览室等。

图17-28　军屯村阅览室

图17-29　军屯村文体活动室

军屯村文体公共活动广场能够结合公共绿地建设，面积不低于500平方米，能够满村民活动、休憩兼停车、集会等功能，并有灯光、有源音箱、球类设施、健身器材等配套设施设备，并设置公共阅报栏和村级广播系统，及时提供惠农政策、科学技术知识、法律法规常识、文化生活、防灾预警、国家发展成就等信息的服务。

图17-30　军屯村文体活动广场

图 17-31　军屯村音箱设施

(四)社会保障

军屯村能够落实各项村庄困难群体和老年人、残疾人、孤儿等特殊群体社会保障制度,保障村民在年老、疾病等情况下依法获得帮助的权利,并定期组织开展送温暖、献爱心等志愿服务活动,为特殊群体的基本生活提供帮助。军屯村村民普遍参加居民基本养老保险,基本实现全覆盖;村民参加居民基本医疗保险,参保率不低于97%;农村最低生活保障目标人群覆盖率达100%;农村五保供养目标人群覆盖率达到100%,集中供养率不低于70%;享受最低生活保障或农村五保供养的,能力等级判定为MZ/T 039中2、3级的老年人,失能老年人护理补贴覆盖率达100%;低收入家庭身故者殡葬补贴覆盖率达100%。军屯村部分土地被征用,被征地村民能够按相关规定参加相应的社会保障。

(五)公共安全

军屯村建立自然灾害综合减灾组织和管理机制,治安制度健全,有村级综治管理人员,村内有警务室,建有村庄治安防控体系及公共安全视频监控系统。制定事故灾难、公共卫生事件、社会安全事件等突发事件应急预案,在突发事件发生时可采取有效应急措施。

图 17-32　军屯村视频监控

图 17-33　军屯村应急避难场所

图 17-34　军屯村综合治理工作制度

图 17-35　军屯村警务室

图 17-36　军屯村应急预案

军屯村注重加强村民消防安全意识，重点宣传消防常识、初起火灾扑救、安全疏散及逃生自救技能等内容；加强农村用电安全管理，宣传、普及有关农村用电安全法律法规知识以及安全用电常识；加强道路安全宣传教育；加强食品安全宣传教育，提高村民食品安全意识；加强校园安全保卫和安全教育工作，配齐必要的安全管理人员和设施，建立健全各类安全制度和应急机制。

图 17-37　军屯村消防安全宣传

(六)便民服务

军屯村村委具备综合服务功能，能够提供代办农业服务、社会事业服务、劳动保障、救助服务、法律援助、资源交易等服务。村庄有客运站点，能够提供公共交通服务。按照村庄布局规划和生产生活需求，村内合理建设商贸服务网点，设有能提供多项或综合服务的商贸服务设施，建设流动集贸市场，引导游商小贩进店、进场规范经营。另外，军屯村积极鼓励邮政、金融、电信、供销、燃气、自来水、电力、产品质量监督等公用事业服务单位在村庄设点服务。

图 17-38　军屯村村内便民服务超市

图 17-39　军屯村公交客运站点

六、乡风文明

乡风文明的总则，即“民主和谐，文明发展；以人为本，以村为荣；传承历史，创新形式；因地制宜，各具特色”。

(一)村风民俗建设

军屯村已制定村规民约，并经全体村民讨论通过，张贴于进村口显著位置，从社会治安、消防安全、村风民俗、邻里关系、婚姻家庭等5个方面对本村村民提出了规范和约束，有助于推进军屯民主法制建设，维护社会稳定，树立良好的民风、村风，创造安居乐业的社会环境，促进经济发展，建设文明卫生新军屯村。

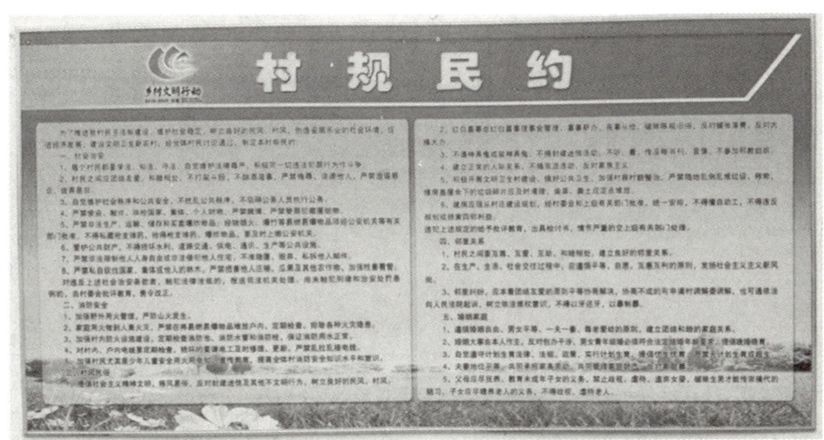

图 17-40　军屯村村规民约

军屯村经常利用文化活动室等场所，通过举办讲座、入村宣讲、入户宣传等形式，定期组织讲文明、讲科学、讲法制、改陋习等活动，引导村民树立积极向上的价值观、婚恋观、家庭观、消费观，尊重各民族的宗教信仰、风俗习惯、民俗文化，引导其适应社会主义精神文明建设。

军屯村建有道德评议会、红白理事会、禁毒禁赌会等群众组织。道德评议会强化舆论监督、正面引导，促进形成良好道德风尚；红白理事会倡导婚事新办、丧事简办，树立健康文明新风尚；禁毒禁赌会完善禁毒禁

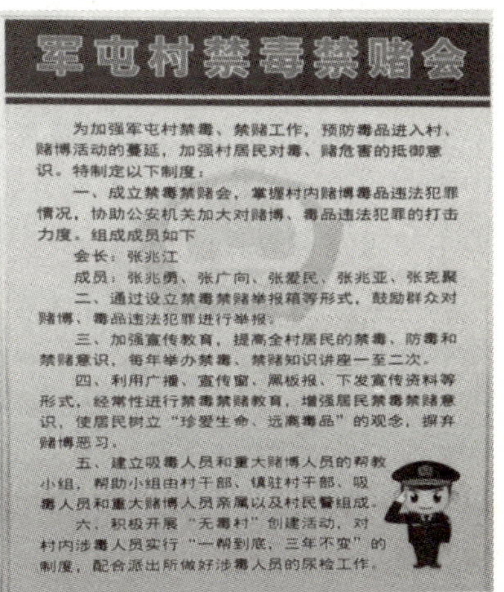

图 3-41　军屯村禁毒禁赌会

赌工作长效机制，村庄无黄、赌、毒现象。

(二)道德风尚建设

军屯村积极开展爱国主义、集体观念、道德、法治、诚信等教育活动，引导村民自觉践行社会主义核心价值观。通过建设农家书屋，倡导村民读书学习，并引导村民遵守社会生活中的礼仪规范。深入实施以“孝、诚、爱、仁”为主题的“四德工程”，建立善行义举四德榜，开展道德模范和身边好人评选表彰等活动，引导村民自觉遵守社会公德、家庭美德，养成良好的个人品德，营造文明和谐的道德风尚。军屯村通过各种形式广泛宣传和普及农村绿色环保意识、质量安全意识，引导村民低碳消费，严格遵守生产规程和技术规范。

图 17-42 军屯村四德榜

(三)村民素质提升

军屯村定期开展农业科技知识、实用技术和创业技能培训，培养村庄科技骨干和实用人才，村民普遍掌握一门以上农业先进实用技术。利用多种手段开展卫生知识宣传教育活动，引导村民养成讲卫生的好习惯，提高健康意识和卫生防病能力。定期开展计划生育宣传，普及优生优育、生殖健康知识，引导村民树立正确的生育观。定期开展防灾减灾知识和避险自救技能宣传教育活动，提升村民防灾减灾意识，建设防灾减灾应急救援队伍。通过宣传栏、阅报栏、公开栏等宣传精神文明建设相关内容，提高村民精神文明素养。开展文明信用户、星级文明户、美丽庭院示范户、好媳妇、好婆婆等创建活动，活动组织规范有序，参与面广。

图 17-43　军屯村健康教育宣传

图 17-44　军屯村美丽庭院创建活动

（四）文化建设

军屯村通过宣传栏、文化墙等形式，宣传社会主义核心价值观等，丰富农村精神文明建设内容，并鼓励村民通过广播电视、数字信息网络、手机电视、互联网信息服务等途径提高文化水平。军屯村建有文体活动队伍，定期开展庙会歌会、花会灯会、文艺演出等活动，丰富群众文化生活，并利用重要纪念活动和传统节日开展特色民俗活动。

图 17-45　军屯村社会主义核心价值观宣传

七、村务管理

农村的村务管理关系着农民的切身利益，关系着农村的稳定和发展，意义重

大。完善和健全村务管理制度是切实保障村务公开、民主管理工作能够顺利开展的重要保证。农村基层组织建设是党的全部工作和战斗力的基础。

（一）基层组织建设

军屯村基层组织健全，包括村党组织、村民委员会、妇女代表会等，各基层组织均有完善的工作制度。村两委能严格贯彻党的路线、方针、政策，遵循民主选举、民主决策、民主管理、民主监督的工作要求，制定村民组织章程、议事规则、决策程序、监督管理、财务规范等制度，并有效实施，能够协调解决纠纷和处理应急事件，干群关系融洽和谐。

图 17-46　军屯村基层组织建设

军屯村党组织能够贯彻执行党的路线、方针、政策和上级党组织及本村党员大会的决议，发挥领导核心和战斗堡垒作用，能够领导村民委员会、妇女代表会等群众组织依法充分行使职权。组织制定本村精神文明建设规划，定期对村民进行爱国主义、集体主义和社会主义教育，党的基本路线和方针、政策教育，思想道德和民主法制教育，促进村庄经济和社会全面发展，做好发展党员工作，严格“三会一课”、组织生活会等党内组织生活，定期组织党员、村干部学习相关知识与技能，提高其带领群众发展经济、建设物质文明、政治文明、精神文明的能力。

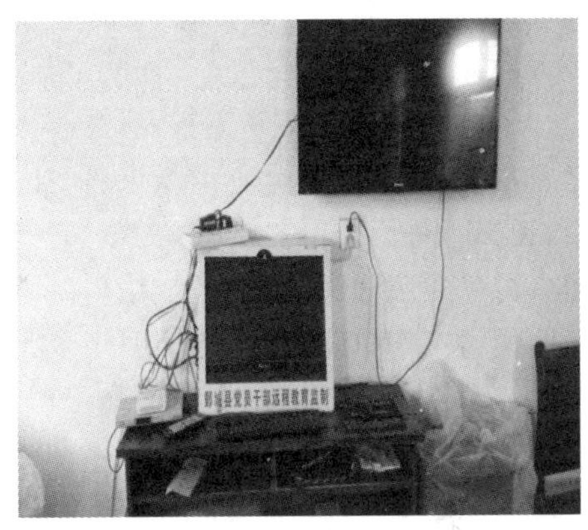

图 17-47　军屯村党员教育

军屯村村民委员会能够定期召开村民会议或村民代表会议，组织制定、修改和实施村民自治章程、村规民约等制度，讨论决定土地承包经营、征地补偿费分配使用、集体经济项目建设及收益使用等涉及村民切身利益的事项，定期开展多种形式的科教文化活动，保障本村公共事务和公益事业健康发展。注重引导村民发展多种经济，做好服务和协调工作，依法保障集体经济组织和村民、承包经营户、联户或者合伙的合法权益。村干部廉洁自律、作风民主、办事公道，无违法违纪行为，能够调解民间纠纷，并及时向上级反映村民的诉求。

军屯村创造性地制作了“本村工作人员去向牌”，能够及时对外公布值班工作人员的去向，是对村委工作的一种创新，值得推广。

村内重大事项民主决策制度

一、决策内容

凡涉及村民自治范畴之内的重大事项和与农民群众切身利益密切相关的事项，主要包括：重大决策、重大项目安排和大额资金使用等。

二、决策程序

村级重大事项民主决策按“四议两公开”程序进行。“四议”，即：村党支部委员会提议，“两委”会商议，党员大会或党员代表会议审议，村民代表会议或村民会议决议。“两公开”即：决议公开，实施结果公开。

三、决策要求

1.召开“两委”会议、党员会议、村民代表会议，实际参会人员必须达到规定人数方可开会。

2.召开村民会议，按照“应当有本村十八周岁以上村民的过半数参加，或者有本村三分之二以上的户的代表参加”的要求进行。

3.讨论表决重大事项必须经实到会人员半数以上人员通过方为有效。

4.表决形式可选择口头、举手、无记名投票三种形式之一。

5.讨论相关事项时，提议人必须参会。

四、决策实施和监督

1.按村级重大事项民主决策程序决定的事项，在村党组织的领导下，由村“两委”具体组织实施，任何组织和个人不得随意修改。

2.民主决策的事项，须向上级党委政府报告，由上级党委政府组织人员对决策事项的落实进行监督。

3.因采取不正当手段，违背事实，造成决策失误的，实行责任追究。

4.实施过程中，要及时向党员、村民代表通报决策执行进度等情况，主动接受监督，广泛听取各方面意见和建议。

图 17-48　军屯村民主决策制度

图 17-49　军屯村工作人员去向牌

（二）规范化管理

军屯村的村庄建设、运行管理、服务等均有相应的制度文件，且管理程序规范、操作严谨，村内重大事项均能实现民主决策，建立规范各项工作的档案记录并妥善保存。每月在公开栏、宣传栏进行财务和村务公开，供村民参阅。

（三）平安建设

军屯村注重开展普法教育，建有人民调解委员会、治保组织等，制度健全且运行良好，能够及时化解群众矛盾，社会治安秩序良好，无刑事案件、安全事故发生，无黑恶势力和邪教活动，无黄、赌、毒等社会丑恶现象，无影响恶劣的村民纠纷。村民遵纪守法意识强，依法生产、诚信经营，无造假售假现象。军团建立通畅的信访工作机制，第三方证明至今无非正常上访现象发生。

八、加分项

军屯村于 2017 年获得“山东省银铃之家”荣誉称号。

图 17-50　军屯村获得“山东省银龄之家”荣誉称号

主要参考文献

[1]云振宇，应珊婷. 美丽乡村标准化实践[M]. 北京：中国标准出版社，2015.

[2]中华人民共和国环境保护部，中华人民共和国财政部. 全国农村环境综合整治“十二五”规划. 2012 年 6 月.

[3]吴理财，吴孔凡. 美丽乡村建设四种模式及比较——基于安吉、永嘉、高淳、江宁四地的调查[J]. 华中农业大学学报(社会科学版)，2014(1)：15-22.

[4]浙江省美丽乡村建设行动计划(2011-2015 年)[J]. 中国乡镇企业，2011(6)：63-66.

[5]徐西胜. 多措并举真抓实干强力建设美丽乡村——济宁市农村环境综合整治领导小组办公室工作推进的经验做法[J]. 山东经济战略研究，2013(3)：47-49.

[6]农业部农村社会事业发展中心新农村建设课题组. 打造中国美丽乡村统筹城乡和谐发展——社会主义新农村建设“安吉模式”研究报告[J]. 中国乡镇企业，2009(10)：6-13.

[7]张钟福. 永春县美丽乡村建设研究[D]. 福建农林大学，2013.

[8]陈斌. 对义乌美丽乡村建设中农家乐转型升级的思考[J]. 新农村，2012(6)：10-12.

[9]黄颖. 近郊型新农村“城乡田园”规划模式研究[D]. 重庆大学，2012.

[10]周琼，曾玉荣. 福建省美丽乡村建设的现状与对策建议[J]. 福建论坛(人文社会科学版)，2014(5)：120-124.

[11]陈善鹤. 美丽乡村建设实践模式探索[D]. 华东理工大学，2014.

[12]中国国际经济交流中心课题组. 关于美丽乡村建设的调研[J]. 全球化，2014(5)：98-107.

[13]走进标准化[J]. 福建质量技术监督，2013(10)：54.

[14]刘三江. 标准竞合理论模型[D]. 武汉大学，2016.

[15]王卫星.美丽乡村建设:现状与对策[J].华中师范大学学报(人文社会科学版),2014,53(01):1-6.

[16]樊雅丽.新型城镇化过程中农村生态文明建设研究[J].中国沼气,2015,33(04):91-95.

[17]罗贤宇.社会主义新农村生态文明建设若干问题研究[D].福建农林大学,2014.

[18]冯亮.中国农村环境治理问题研究[D].中共中央党校,2016.

[19]张梦洁.美丽乡村建设中的文化保护与传承问题研究[D].福建农林大学,2016.

[20]陶涛.以乡村旅游为导向的村庄规划策略研究[D].浙江大学,2014.

[21]于少东.我国生态文明与新农村建设研究[D].中国科学技术大学,2014.

[22]游洁敏.城乡规划设计中的美丽乡村规划研究[J].智能城市,2017,3(01):221.

[23]姚茂华.生态乡村建设研究[D].华中师范大学,2013.

[24]史学楠.中国乡村休闲经济发展研究[D].中央民族大学,2012.

[25]胡柳.乡村旅游精准扶贫研究[D].武汉大学,2016.

[26]杨帆.生态文明视野下的中国城市化发展研究[D].西南财经大学,2013.

[27]马黎明.传统农业乡镇城镇化的实践逻辑——以山东省平阴县孝直镇为例[J].晋阳学刊,2015(04):95-100.

图书在版编目(CIP)数据

山东省美丽乡村建设标准化实践/安洁等编著.—济南:山东大学出版社,2019.4
ISBN 978-7-5607-6326-2

Ⅰ.①山… Ⅱ.①安… Ⅲ.①农村—社会主义建设—标准化—山东 Ⅳ.①F327.52-65

中国版本图书馆 CIP 数据核字(2019)第 079458 号

策划编辑:李　港
责任编辑:李　港
封面设计:牛　钧

出版发行:山东大学出版社
社　址　山东省济南市山大南路 20 号
邮　编　250100
电　话　市场部(0531)88363008
经　销:新华书店
印　刷:济南华林彩印有限公司
规　格:720 毫米×1000 毫米　1/16
16 印张　293 千字
版　次:2019 年 4 月第 1 版
印　次:2019 年 4 月第 1 次印刷
定　价:36.00 元